Sustentabilidade, responsabilidade social e meio ambiente

www.editorasaraiva.com.br

Sustentabilidade, responsabilidade social e meio ambiente

Adriana Camargo Pereira
Gibson Zucca da Silva
Maria Elisa Ehrhardt Carbonari

Editora Saraiva

Editora Saraiva

Av. das Nações Unidas, 7221, 1º Andar, Setor B
Pinheiros – São Paulo – SP – CEP: 05425-902

SAC
0800-0117875
De 2ª a 6ª, das 8h às 18h
www.editorasaraiva.com.br/contato

Vice-presidente	Claudio Lensing
Diretora editorial	Flávia Alves Bravin
Gerente editorial	Rogério Eduardo Alves
Planejamento editorial	Rita de Cássia S. Puoço
Aquisições	Fernando Alves Julia D'Allevo
Editores	Ana Laura Valerio Fernando Penteado Isabella Sánchez Marcela Prada Neublum Patricia Quero
Produtores editoriais	Alline Garcia Bullara Amanda Maria da Silva Daniela Nogueira Secondo
Comunicação e produção digital	Mauricio Scervianinas de França Nathalia Setrini Luiz
Suporte editorial	Juliana Bojczuk Fermino
Produção gráfica	Liliane Cristina Gomes

Arte, produção e capa	Casa de Ideias
Impressão e acabamento	Bartira Gráfica

MISTO
Papel produzido a partir de fontes responsáveis
FSC® C105484
www.fsc.org

ISBN 978-85-02-15142-0

CIP-BRASIL. CATALOGAÇÃO NA FONTE
SINDICATO NACIONAL DOS EDITORES DE LIVROS, RJ.

P489s

Pereira, Adriana Camargo
Sustentabilidade, responsabilidade social e meio ambiente / Adriana Camargo Pereira, Gibson Zucca da Silva, Maria Elisa Ehrhardt Carbonari. - São Paulo : Saraiva, 2011.

216p. : 24 cm
ISBN 978-85-02-15142-0

1. Desenvolvimento sustentável. 2. Administração de empresas - Aspectos sociais. 3. Gestão ambiental. 4. Responsabilidade social da empresa. 5. Responsabilidade ambiental. I. Silva, Gibson Zucca da. II. Carbonari, Maria Elisa Ehrhardt. III. Título.

11-8255 CDD: 658.408
CDU: 658.012.32
031806

1ª edição
1ª tiragem: 2011
2ª tiragem: 2014
3ª tiragem: 2016

304.146.001.003

Sobre os autores

Adriana Camargo Pereira

Mestre em Multimeios pela Universidade Estadual de Campinas (Unicamp) e bacharel em Comunicação Social pela Universidade Católica de Campinas. Certificou-se também em cursos na área de sustentabilidade pela *Global Report Initiative*, pelo Instituto Ethos de Responsabilidade Social e pela Fundação Getulio Vargas (FGV).

Gibson Zucca da Silva

Mestre em Relações Internacionais pela *Bristol University*, especialista em Marketing pela Escola Superior de Propaganda e Marketing (ESPM) e em Gestão de Negócios Educacionais pela Fundação Dom Cabral; bacharel em Administração de Empresas pela Universidade Católica de Campinas; curso de extensão "*Investing in a Sustainable Future*" pela *Harvard Extension School* e auditor líder ambiental certificado pela *International Register of Certificated Auditors.*

Atuou como professor de graduação e pós-graduação dos cursos presenciais e a distância da Anhanguera Educacional, bem como de sua Universidade Corporativa, voltada para a formação de gestores. Possui larga experiência em Marketing e Gestão Educacional, como resultado de passagens por empresas nacionais e multinacionais, além de contar ainda com vivência no mercado europeu.

Atualmente atua como diretor do Instituto de Ação Social e Extensão Comunitária (IASEC) da Anhanguera Educacional.

Maria Elisa Ehrhardt Carbonari

Doutora em *Educação* pela *Universidade Estadual de Campinas*, é *Avaliadora Institucional do Instituto Nacional de Estudos e Pesquisas Educacionais do Ministério da Educação e Cultura* e membro do Conselho Estadual de Educação do Estado de São Paulo.

Autora de artigos e livros sobre *Educação, Pesquisas Acadêmicas, Responsabilidade Social – Sustentabilidade*, *Meio Ambiente* e *Gestão do Ensino Superior*, atualmente é *Vice-Presidente* de *Programas Institucionais* da *Anhanguera Educacional Participações S.A.*, atuando nas áreas de *Responsabilidade Social, Sustentabilidade, Programa Ambiental, Extensão Comunitária, Publicação de Revistas Científicas, Iniciação Científica* e *Sistema de Bibliotecas* e como *Supervisora do Relatório de Responsabilidade Social da Anhanguera Educacional.*

Além destas atividades, também é *Diretora* da *Anhanguera Publicações e Comércio de Material Didático Ltda.*

Prefácio

Na história da humanidade houve momentos em que o desenvolvimento da ciência gerou em décadas progressos equivalentes ao que anteriormente tinham sido produzidos em séculos. Agora, com as novas tecnologias, vivemos um desses momentos, não foi o primeiro nem será o último, basta lembrar a transcendência que teve a aparição da imprensa na segunda metade do século XV, ou a máquina a vapor nas primeiras décadas do século XIX. Acreditar que o progresso da humanidade, o viver melhor, depende apenas dos avanços científicos, do conhecimento daqueles que compartilham o método experimental, é o que se conhece como cientificismo.

No entanto, a realidade da vida do homem e o progresso da humanidade são muito mais complexos. Esse culto à ciência não pode nos fazer esquecer que a própria ciência não garante a igualdade; que o progresso, quando não passa pelo filtro dos valores, pode tornar a sociedade mais rica, mas também mais desigual, na qual os ricos são mais ricos e os pobres mais pobres.

Ainda que o desenvolvimento científico tenha produzido uma sociedade de risco, na qual o perigo de um progresso mal-entendido, vinculado à geração de riqueza no curto prazo, traz consigo fontes de perigo que podem levar à destruição progressiva da humanidade, ninguém deve se esquecer de que um progresso não sustentável pode levar à desigualdade e ao risco de destruição.

Em nossas sociedades, talvez seja no meio ambiente que essa tensão entre a riqueza seja mais exteriorizada, o que muitas vezes não deixa de constituir um progresso apenas aparente e um risco. Pois é um falso progresso compreender a riqueza como mera acumulação de benefícios, esquecendo que por não levar em conta a continuidade das fontes de riqueza ocasiona uma situação de destruição e aumento da pobreza.

Perceber essa ambivalência requer ter consciência de que devemos desejar conhecer a realidade e que esta não será compreendida se centrarmos nosso estudo apenas nas ciências que estudam o que se repete e esquecermos que a realidade de nossas sociedades é muito mais complexa e está relacionada com os objetivos a que, coletivamente, nos propomos e que passam por meio dos valores da liberdade e igualdade.

O desenvolvimento científico não pode ser cego, pois tem, então, o risco de chegar a produzir um suicídio social, quando o risco se materializa.

O desenvolvimento deve ser sustentável, tem que reforçar e não quebrar a base da nossa sociedade. Esse princípio não pode ser ignorado quando se estuda a tensão entre a busca cega da riqueza e a manutenção das condições de vida que integram o meio ambiente e que, em último caso, tornam possível a permanência da espécie humana.

Este livro aborda essas e outras questões e destina-se ao público universitário, àqueles que serão a chave para a produção de novas descobertas e do desenvolvimento da nossa sociedade. Estamos, portanto, diante de um texto que tem o objetivo de constituir um instrumento para a formação de futuros profissionais, garantir que esses profissionais do século XXI sejam conscientes dos desafios e riscos que enfrentarão em suas atividades.

Há mais de uma década, o Santander Universidades Brasil vem apostando na educação como um fator de progresso social, que tem na sua própria essência a chave da igualdade. Por isso, é para nós um motivo de orgulho e satisfação fazer o prefácio deste livro, escrito por docentes de uma instituição criada por educadores e para a educação como é a Anhanguera Educacional.

Jamil Hannouche
Diretor Santander Universidades Brasil

Ignacio Berdugo
Assessor da presidência para assuntos de universidades

Sumário

Introdução ... 1
1 Panorama mundial ... 5
1.1 Ecossistema ... 6
1.2 Mudanças climáticas ... 14
1.3 Sinais das mudanças climáticas ... 15
1.4 Consequências das mudanças climáticas ... 35
1.5 O papel dos organismos internacionais ... 46
1.6 A hora da mudança ... 59
2 Fundamentos da sustentabilidade ... 65
2.1 Conceitos de sustentabilidade ... 66
2.2 Definições de sustentabilidade ... 74
2.3 Apresentando conceitos ... 76
2.4 Indicadores de sustentabilidade ... 88
2.5 Fatores críticos para a sustentabilidade ... 98
3 Preparando-se para a Nova Economia ... 107
3.1 Economia Verde ... 109
3.2 Empregos Verdes ... 121
3.3 O lugar da tecnologia e da inovação ... 129
3.4 Tecnologias limpas ... 135
3.5 O impasse da sustentabilidade ... 143
3.6 Futuro do desenvolvimento sustentável ... 146

4 Sustentabilidade no mundo corporativo 153

4.1 Modelo de sustentabilidade empresarial 155

4.2 A inovação no modelo de negócios das empresas 160

4.3 Competências, habilidades e atitudes dos profissionais da sustentabilidade 172

4.4 O empreendedor da sustentabilidade 185

Referências 195

Sites 199

Introdução

"Chego à sacada e vejo a minha serra,
a serra de meu pai e meu avô [...]
Esta manhã acordo e
não a encontro.
Britada em bilhões de lascas
deslizando em correia transportadora [...]."

Carlos Drummond de Andrade [1]

Drummond escreveu o poema, do qual alguns versos nos servem de epígrafe, em 1973. Estava ele lamentando a desfiguração da sua Itabira pelos efeitos da mineração desenfreada – em outro poema, sua cidade tornara-se apenas uma dolorida fotografia na parede... Alguns anos mais tarde, diante de fenômeno semelhante que ocorria na capital de Minas, chorou, em *Triste horizonte,* as "pedras que se vão desfazendo em forma de dinheiro. Esta serra tem dono. Não mais a natureza a governa".[2]

Em tempos mais remotos os homens nem sequer cogitavam, é certo, que os recursos naturais não eram inextinguíveis. Prova disso, para nos limitarmos a nossos limites geográficos, é o pouco, quase nada, que nos resta da Mata Atlântica e o caso da madeira que nos emprestou o nome: quase não há mais pau-brasil... no Brasil.

Talvez se possa dizer em defesa dos nossos antepassados (de todos os povos da Terra) que eles não tinham alternativas, que não conheciam outras formas de prover o seu sustento a não ser por meio da exploração intensa e extensiva dos recursos do planeta.

No entanto, neste quase meio século transcorrido desde os versos do poeta, alguma coisa vem mudando na maneira como encaramos a natureza e nas formas pelas quais dela nos apropriamos. Na verdade, preocupações semelhantes às de Drummond animavam um debate de

1 ANDRADE, Carlos Drummond de. A montanha pulverizada. In: *Boitempo – Menino antigo.* 3. ed. São Paulo: José Olympio, 1978.

2 Idem. Triste horizonte. In: *Discurso de primavera e algumas sombras.* Ed. especial numerada. Rio de Janeiro: Editora Record/MPM Propaganda, 1977.

alcance mundial naquela época: entre 5 e 16 de junho de 1972, em Estocolmo, já se realizava a *Conferência das Nações Unidas sobre o Meio Ambiente Humano,* marco inaugural do que poderíamos chamar, *grosso modo*, de *consciência ecológica*, termo que hoje nos é tão corriqueiro.

Nessa conferência, começou-se a falar de sustentabilidade, degradação do meio ambiente (pelo viés pioneiro de se tratar a poluição como um problema global) e da necessidade de ações positivas, em nível de cooperação internacional, em termos econômicos e sociais, para "defender e melhorar o ambiente humano para as atuais e futuras gerações".[3]

Então, a temática deste livro não é necessariamente nova, mesmo para um país em desenvolvimento como o Brasil, mas acreditamos e esperamos que ele venha para exercer um papel auxiliar na tarefa de, em primeiro lugar, manter à tona o debate a respeito de desenvolvimento sustentável e das responsabilidades sociais atreladas a esse tipo de desenvolvimento, que, como os autores procuram mostrar ao longo do livro, são, simultaneamente, causa e efeito um do outro.

Em segundo lugar – e principalmente –, este livro quer estimular atitudes e práticas de sustentabilidade que, do ponto de vista coletivo, social, dependem fundamentalmente de como se dará sua leitura, do empenho de cada indivíduo, isto é, de cada cidadão.

Para isso, os autores traçaram um roteiro que começa por mostrar, no Capítulo 1, os principais conceitos imbricados no panorama mundial da *sustentabilidade ambiental* e os impactos das ações humanas sobre o clima, e como isso afeta a qualidade de vida de todos. Seu objetivo, com o desenvolvimento desses tópicos, é demonstrar que a necessidade de *mudanças já,* baseadas na inovação, cujas âncoras devem ser lançadas nas águas do mundo globalizado, para que, uma vez fincadas no solo das nações, se possa aproveitar melhor o tempo de que dispomos. Nesse sentido, os autores apresentam ações de governos e de indivíduos que, de certa forma, vêm mudando os paradigmas e os padrões culturais dos modelos de desenvolvimento que, até agora, se pautavam apenas pelas escalas da produção industrial e pela cultura do consumo.

Em seguida, no Capítulo 2, temos a evolução histórica do que seja sustentabilidade, com especial atenção a como o desempenho das organizações interfere – e como deve interferir – nas partes nelas interessadas (fornecedores, funcionários, clientela, governo etc.), isto é, os seus *stakeholders*. Procura-se, assim, mostrar como esse desempenho – revelado por indicadores específicos – constitui-se em um dos fatores

3 Item 6 da Declaração de Estocolmo, documento resultante daquela Conferência.

críticos da sustentabilidade e do desenvolvimento sustentável. Dessa discussão afloram os conceitos de responsabilidade (empresarial, corporativa, social) e as suas implicações políticas, econômicas e sociais neste nosso mundo constantemente em mutação. Nesse momento os autores nos fazem refletir sobre a necessidade, em termos dessas implicações políticas, econômicas e sociais, de uma *Nova Ordem Mundial,* que seja marcada por mudanças no modelo de exploração de recursos naturais, de investimentos, de desenvolvimento tecnológico e dos valores institucionais, de modo a ecoar "o ambiente humano para as atuais e futuras gerações" de que se falou em Estocolmo.

Vistos esses primeiros enfoques, o Capítulo 3 atém-se à lógica de uma *Nova Economia*, que vem se firmando nos cenários globais com o objetivo de alcançar formas de prosperidade duradoura. É nesse contexto em que é destacada a necessidade de se investir em inovações sustentáveis e em novas formas de educação, a fim de que a sustentabilidade se reflita na cultura, pois os autores, fazendo coro com boa parte da *intelligentsia* mundial, demonstram que o desenvolvimento sustentável depende fortemente daquilo em que acreditamos e fazemos *agora.* Observa-se nesse capítulo que a prosperidade – de todos – não está diretamente ligada à produção das riquezas das nações nem mesmo a índices de elevada *renda per capita,* mas que é necessário reavaliar essa *visão de mundo* se realmente o queremos melhor para todos.

No Capítulo 4, o final, os autores enfatizam qual é a postura que gestores e colaboradores devem assumir na *Nova Economia,* indicando as prioridades entre as competências, habilidades e atitudes necessárias na formação dos profissionais da sustentabilidade no âmbito das organizações. Nessa parte também é destacado como as empresas devem se posicionar nesse cenário (e com quais estruturas de modelos de negócios), de forma que gestores, colaboradores e as próprias corporações persigam, em sincronia, os objetivos da sustentabilidade.

De certa forma, já que este livro está inserido no universo da educação, ele tem o propósito de mostrar, didaticamente, o que é essencial para tornar-se um empreendedor da sustentabilidade diante de um mercado de trabalho em franca expansão. Como são discutidos cenários relativamente inovadores, principalmente no Brasil, quanto às formas como as pessoas moldam a própria carreira profissional, este livro procura, à luz do estado da arte nesses assuntos, incentivar seus leitores a promover, para si mesmos e seu entorno, mudanças na visão de mundo e de condutas e atitudes diante dos novos modelos organizacionais, a fim de contribuir dialeticamente para a sua viabilização.

1

Panorama mundial

"Primeiro, precisamos decidir o que precisa ser feito. Então, fazemos. Só depois, perguntamos se é possível fazê-lo."

Paul Hawken [1]

Objetivos da aprendizagem

Ao final deste capítulo, o estudante terá condições de:

- compreender a importância de preservar os ecossistemas para a manutenção da harmonia entre o ser humano e o planeta;
- identificar que tipos de ações humanas provocam mudanças climáticas e suas consequências para a qualidade de vida do meio ambiente e dos seres humanos;
- conhecer o que deve ser feito para a mudança efetiva nas práticas humanas e qual o papel dos governos e órgãos internacionais nesse contexto.

Neste capítulo, você observará os principais conceitos que configuram o panorama mundial da *sustentabilidade ambiental*, tais como os *ecossistemas*, que são parte integrante do seu dia a dia. Mais do que isso, você verificará o impacto de nossas escolhas cotidianas sobre as mudanças climáticas, e como suas consequências, por exemplo, o efeito estufa e o aumento da temperatura no planeta, afetam direta e indiretamente a qualidade de vida de todos. Por fim, você compreenderá que é muito melhor mudar agora – por meio do avanço político da agenda de sustentabilidade na sociedade e em órgãos nacionais e

1 HAWKEN, Paul. *Commencement Address to the Class of 2009*. Discurso em aula magna na Universidade de Portland. Portland, 3 maio 2009. Disponível em: <http://www.paulhawken.com/multimedia/UofP_Commencement.pdf>. Acesso em: 4 maio 2011.

PARA FIXAR

Em ecologia, a comunidade (ou comunidade biótica) é definida como o conjunto de organismos vivos que fazem parte de um ecossistema e interagem entre si, por exemplo, todos os organismos vivos que vivem e atuam entre eles em uma floresta.
A diversidade biótica consiste na variedade de espécies de organismos que constituem uma comunidade.

internacionais, com base na inovação – do que termos que recuperar o tempo perdido.

Para compreender as alterações do clima na Terra e seus impactos na existência e nas atividades humanas, é preciso se familiarizar com alguns conceitos-chave, sem os quais é impossível acompanhar os debates sobre a importância da qualidade de vida do meio ambiente e dos seres humanos para o desenvolvimento sustentável.

Alguns desses conceitos são apresentados e discutidos a seguir, assim como alguns cenários e perspectivas de futuro diante das mudanças climáticas e das modificações que o meio ambiente vem sofrendo e seus impactos sobre a vida humana no planeta.

Finalmente, neste capítulo, serão apresentadas algumas ações que vêm sendo realizadas no plano internacional por parte dos governos e dos indivíduos, no sentido de modificar paradigmas[2] e padrões culturais que formatam o modelo de crescimento econômico pautado pelo capital especulativo, pelo consumo sem limite e pela cultura do individualismo.

1.1 Ecossistema

PARA FIXAR

O adjetivo *trófico* é referente à nutrição. Assim, a estrutura trófica de uma comunidade baseia-se nas relações alimentares entre as espécies que a constituem.
É por meio dessa estrutura que a energia e os nutrientes passam das plantas, e de outros seres que fazem fotossíntese – até mesmo bactérias fototróficas –, para qualquer ser vivo que necessite de alimento.

Os ecossistemas são unidades naturais complexas constituídas por dois grupos de componentes: os organismos vivos (plantas, animais, micro-organismos), constituintes da *biota*, isto é, do conjunto dos seres vivos, e os "não vivos" (*abióticos*). Os dois grupos estão completamente inter-relacionados.

Eugene Odum, um dos fundadores da ciência da ecologia, define que "qualquer região natural que inclua organismos vivos e substâncias abióticas interatuando para promover uma troca de matéria entre as partes vivas e não vivas é um sistema ecológico ou ecossistema".[3]

Em outras palavras, um ecossistema caracteriza-se pela interação e troca entre organismos vivos e substâncias não vivas. Nesses processos, são criadas correntes de energia que conduzem a uma estrutura trófica, a uma diversidade biótica ou a ciclos biogeoquímicos.

---

2 O conceito de paradigma foi desenvolvido pelo físico teórico e filósofo da Ciência Thomas Kuhn, no final da década de 1950, como "as realizações científicas universalmente reconhecidas que, durante algum tempo, fornecem problemas e soluções modelares para uma comunidade de praticantes de uma ciência" (KUHN, Thomas S. *A estrutura das revoluções científicas*. 3. ed. São Paulo: Perspectiva, 1995. p. 13).

3 ODUM, Eugene P. *Fundamentos da ecologia*. 2. ed. Lisboa: Fundação Calouste Gulbenkian, 1959. In: ALMEIDA, Fernando. *PLT – Responsabilidade social e meio ambiente*. São Paulo/Valinhos: Elsevier/Anhanguera Publicações, 2008.

Nos ecossistemas existem dois fatores que garantem seu funcionamento e equilíbrio:

- *Ciclos biogeoquímicos*: são os percursos realizados por elementos químicos essenciais à vida – como nitrogênio, carbono, oxigênio – nos sistemas terrestres. É por meio desses ciclos que os elementos e compostos químicos são transferidos entre organismos e diferentes partes do planeta.
- *Fluxo de energia*: consiste na fixação da energia solar na biomassa vegetal (plantas) por meio da fotossíntese, e sua transferência em vários níveis da cadeia alimentar, chegando até o homem.

> **DICIONÁRIO**
>
> **Biomassa**
> A quantidade total de matéria viva de um ecossistema.
> A dinâmica dos ecossistemas e sua capacidade de absorver as alterações sofridas – seja por acontecimentos naturais, seja pelas atividades socioeconômicas dos homens – determinam a qualidade de vida na Terra. Por isso, é fundamental compreender o que são e como funcionam os ecossistemas quando se busca a construção de uma sociedade sustentável.

A natureza e o comportamento dos sistemas ambientais

Conforme apresentado na seção anterior, existem estruturas e modos de funcionamento que regem o equilíbrio dos ecossistemas. A manutenção desse equilíbrio é essencial para assegurar a vida no mundo, de uma maneira geral, a diversidade de espécies e a qualidade de vida dos seres humanos.

No entanto, vários estudos e pesquisas realizados, principalmente a partir da segunda metade do século XX, demonstram que esse equilíbrio está em risco em várias partes do planeta, podendo acarretar a escassez dos recursos naturais necessários para manter a vida humana na Terra, nos

> **PARA SABER MAIS**
>
> As mudanças tecnológicas que fundamentaram a Revolução Industrial modificaram, de maneira profunda, a economia e a sociedade. Seu início ocorreu na Inglaterra, em meados do século XVII, tendo se expandido pelo mundo a partir do século XIX.
>
> A principal característica das inovações tecnológicas, que deram origem à Revolução Industrial, foi a utilização de máquinas, geralmente movidas a vapor, que automatizaram o processo de transformação de matérias-primas. Antes, todos os processos eram realizados artesanalmente.
>
> O processo de transformação de matéria-prima passou a ser mais rápido por conta das inovações tecnológicas, fator que ocasionou redução de custos. Por exemplo, houve queda do preço dos alimentos, o que gerou aumento do consumo. Também houve aumento da renda da população, permitindo que os mais pobres passassem a consumir produtos manufaturados. Porém, com o tempo, a Revolução Industrial também gerou um modelo econômico que se tornou insustentável do ponto de vista ambiental, além de pouco ter contribuído para promover a inclusão, em larga escala, dos setores mais empobrecidos da população mundial.
>
> Fonte: Disponível em: <www.historiadomundo.com.br>.

moldes do modelo econômico predominante desde o período histórico conhecido como *Revolução Industrial*, no século XVIII. Esse modelo econômico caracteriza a assim chamada *Era Industrial*.

Um desses estudos, anteriormente referidos, foi a *Avaliação Ecossistêmica do Milênio (AEM)*, publicada pela *Organização das Nações Unidas (ONU)*, em 2005. Nessa avaliação, 1.360 cientistas de todo o mundo avaliaram as consequências que as mudanças nos ecossistemas causam ao bem-estar humano e forneceram algumas bases científicas para ações de melhoria na preservação dos ecossistemas e para a promoção do uso sustentável dos recursos naturais.

PARA FIXAR

A Organização das Nações Unidas (ONU) foi fundada após a Segunda Guerra Mundial (1935-45), a partir do sentimento que se criou na comunidade internacional quanto à necessidade de encontrar uma forma de manter a paz entre os países. Sua atuação em prol da paz e da segurança no mundo se dá por meio do fomento a relações cordiais entre as nações, da promoção do progresso social, da qualidade de vida – principalmente dos excluídos – e dos direitos humanos. Para realizar sua missão, a organização se envolve, através de agências responsáveis por áreas específicas, em diversas temáticas, tais como educação, cultura, avanço das mulheres, desenvolvimento humano, fome, clima, meio ambiente, entre outras.

A ONU foi fundada por 26 países. Hoje, possui 192 países-membros.

Fontes: Disponíveis em: <http://www.onu.org.br/conheca-a-onu/a-historia-da-organizacao/> e <http://www.onu.org.br/conheca-a-onu/conheca-a-onu/>.

No estudo AEM, em linhas gerais, a junta coordenadora da avaliação demonstrou preocupação com o estágio em que se encontrava o suporte dos recursos naturais utilizados pela sociedade como um todo, capaz de colocar em risco a existência das futuras gerações. Entre os problemas apontados nesse documento estão as condições drásticas de várias espécies de peixes, a elevada vulnerabilidade de bilhões de pessoas que vivem em regiões secas, a queda da capacidade de os ecossistemas fornecerem água e as ameaças aos ecossistemas geradas pelas mudanças climáticas e pela poluição, cabendo destacar:[4]

4 Informações constantes em AEM. *Ecossistemas e bem-estar humano* – Vivendo além dos nossos meios. Versão em português do resumo do board *Avaliação ecossistêmica do milênio*. Conselho Empresarial Brasileiro para o Desenvolvimento Sustentável / Ministério do Meio Ambiente. Disponível em: <http://www.cebds.org.br/cebds/pub-docs/pub-MEA-Vivendo-Alem-dos-Meios.pdf>. Acesso em: 5 jun. 2011, apud ALMEIDA (2008).

- as atividades humanas levaram o planeta à beira de uma onda maciça de extinção de várias espécies, ameaçando, ainda mais, nosso bem-estar;
- as pressões sobre os ecossistemas aumentarão em escala global nas próximas décadas se as atitudes humanas não mudarem;
- a tecnologia e o conhecimento de que dispomos hoje podem reduzir consideravelmente o impacto humano nos ecossistemas, mas utilizá-los em todo o seu potencial continuará difícil enquanto os serviços oferecidos pelos ecossistemas forem percebidos como "gratuitos" e ilimitados e não receberem o devido valor;
- esforços coordenados de todos os setores governamentais, empresariais e institucionais serão necessários para que o capital natural seja mais bem protegido. A produtividade dos ecossistemas depende de escolhas concretas quanto a políticas de investimentos, comércio, subsídios, impostos e regulamentação.

ENTRE ASPAS

O "X" da questão

"O cerne desta avaliação constitui um aviso simples, mas primordial: as atividades humanas estão consumindo as funções naturais da Terra de tal forma que já não há mais certeza de que a capacidade de os ecossistemas do planeta poderão sustentar as gerações futuras.

A provisão de alimentos, água, energia e materiais a uma população crescente impõe hoje um alto custo aos complexos sistemas de processos vegetais, animais e biológicos que tornam este planeta habitável.

Com o aumento das demandas humanas nas próximas décadas, esses sistemas sofrerão pressões ainda maiores – e a infraestrutura natural da qual todas as sociedades dependem correrá o risco de se enfraquecer ainda mais.

Proteger e melhorar nosso bem-estar futuro requer um uso mais sábio e menos destrutivo de nosso capital natural. Isto, por sua vez, envolve drásticas mudanças no modo como tomamos e implantamos decisões.

Precisamos aprender a reconhecer o verdadeiro valor da natureza – tanto em um sentido econômico quanto na riqueza que ela nos fornece de diversas maneiras que não podem ser quantificadas."

Fonte: Avaliação Ecossistêmica do Milênio (AEM).

Na visão da ONU, o homem realizou, a partir da segunda metade do século XX, modificações rápidas e extensivas nos ecossistemas numa intensidade maior e impossível de ser comparada com a de outros períodos da história da humanidade. Na maioria das vezes, isso ocorreu devido à necessidade de atender a demandas crescentes de alimentos, água doce, fibras e energia para uma população mundial que vem crescendo em ritmo acelerado.

Em muitas partes do planeta, esse processo contribuiu para melhorar as condições de saúde e de vida da população. No entanto, o custo desses ganhos foi a degradação ambiental.

Esse modo de exploração do meio ambiente está relacionado ao modelo de produção difundido, em boa parte do planeta, durante a *Era Industrial*.

GRÁFICO 1.1 Estimativa do crescimento da população mundial

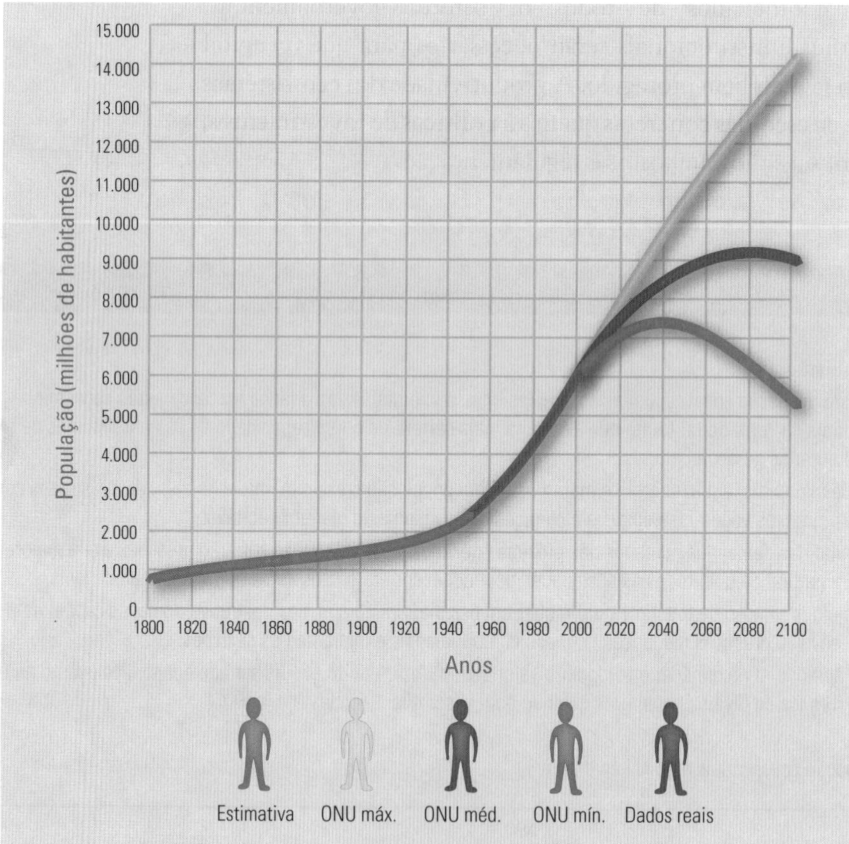

Fonte: USCB e DESA.

O conceito de serviços ambientais

Além do diagnóstico dos ecossistemas, a *Avaliação Ecossistêmica do Milênio* pôs em circulação o conceito de *serviços ambientais*, definindo-os como os benefícios que os seres humanos obtêm da natureza e que são produzidos pelas interações que ocorrem no interior dos ecossistemas.[5]

Partindo da constatação de que a provisão de alimentos, água e energia é o que mantém o planeta Terra habitável e considerando o alto custo que o acelerado crescimento da população mundial está impondo ao meio ambiente, a AEM enfatiza a necessidade de fazer mudanças drásticas, com a finalidade de promover o uso menos destrutivo do capital natural.

Tal mudança não é óbvia. Afinal, grande parte da população mundial concentra-se em cidades e tem um estilo de vida que cria a ilusão de que não dependemos da natureza, o que não é verdade.

PARA FIXAR

Muitos serviços ambientais são essenciais à sobrevivência dos seres humanos e contribuem para a melhoria do bem-estar.

FIGURA 1.1 Inventário de serviços nos diversos ecossistemas

Fonte: Avaliação Ecossistêmica do Milênio (AEM).

5 ALMEIDA, 2008, p. 7.

A AEM apresenta um inventário, reproduzido a seguir, das combinações de serviços dos vários tipos de ecossistemas obtidos pelas populações humanas.

De acordo com *Cecília Häsner* e *Shigeo Shiki*, desde 1991 os serviços ambientais são reconhecidos no âmbito da *Organização Mundial do Comércio (OMC)* – e são objeto de uma classificação que se baseia no seu grau de contaminação ou poluição.

Os serviços ambientais foram divididos em três categorias, totalizando 24 unidades. Também foi criada uma quarta categoria de serviços que dá suporte aos demais. Essas categorias são:

- *Serviços de Suporte:* incluem a ciclagem de nutrientes, a produção de oxigênio, o sequestro de carbono e a formação de solos.
- *Serviços de Provisão:* incluem alimentos, água doce, madeira, fibras e combustível.
- *Serviços Reguladores*: são responsáveis pela regulação do clima, pelo controle de enchentes, pela qualidade da água e pelo controle de doenças.
- *Serviços Culturais*: relacionam-se a valores estéticos, espirituais, religiosos, educacionais e de lazer, aí incluído o ecoturismo.

Os autores chamam a atenção para as limitações dessa classificação: além de não ser exaustiva, ao se limitar à poluição, ela desconsidera a prevenção e, por isso, não atende o estado atual das indústrias ambientais.

Por isso, foi criada uma nova classificação, "bens e serviços ambientais", para incentivar o uso e comércio internacional desses bens, que poderiam ser beneficiados por vantagens tarifárias, por um lado, mas, por outro, poderiam sofrer restrições ambientais em sua produção. E afirmam os autores: "ainda não existe consenso sobre a forma a ser adotada para classificar os bens como ambientais, o que se deve aos diferentes interesses dos países e organizações envolvidas nas negociações comerciais".[6]

O conjunto de serviços ambientais representa o capital natural do planeta. Segundo a análise, 60% desses serviços estão em estágio

---

6 HÄSNER, Cecília; SHIKI, Shigeo. *Bens e serviços ambientais no Brasil.* In: PONTES, v. 4, n. 4, ago.-dez., 2008. Disponível em: <http://ictsd.org/i/news/pontes/25897/>. Acesso em: 7 maio 2011.

acelerado de degradação, levando o conselho que organizou a publicação a concluir que a "atividade humana está deformando de tal modo as funções naturais da Terra, que a capacidade de os ecossistemas do planeta sustentarem futuras gerações não pode mais ser dada como certa".[7]

PARA SABER MAIS

Na literatura, capital natural é definido como uma das formas de capital existente, considerando o papel fundamental da natureza e das pessoas na economia. O conceito de capital natural está baseado na lógica de que, sem natureza e pessoas, não há atividade econômica. Os seus principais pilares são:

- alimento radical da eficiência na utilização dos recursos, visando a zero de desperdício e produtos nocivos ao meio ambiente nos processos produtivos;
- economia de soluções, premiando a todos pelo fato de estarem fazendo mais e melhor, dentro da perspectiva de longo prazo;
- reinvestimento permanente na restauração, na manutenção e na expansão dos recursos naturais e inclusão social.

No atual contexto de escassez de muitos recursos naturais, decorrente das atividades humanas que estão usando os serviços ambientais num ritmo intenso demais – a ponto de não ser mais possível preservar a capacidade de os ecossistemas atenderem às necessidades das gerações futuras –, a substituição pode fazer toda a diferença.

A figura a seguir, baseada na AEM, ajuda a compreender de que maneira os serviços ambientais se relacionam com diversos aspectos do bem-estar humano. Essas relações são mediadas por fatores socioeconômicos, possibilitando que serviços de um ecossistema saturado sejam substituídos por outros.

Tal substituição pode fazer toda a diferença no atual contexto em que muitos recursos naturais se tornam escassos em decorrência da atividade humana.

7 ASSADOURIAN, Erik. The rise and fall of consumer cultures. In: *State of the World 2010 – Transforming Cultures: from Consumerism to Sustainability*. Nova York/Londres: Worldwatch Institute, 2010, p. 4. Disponível em: <http://www.worldwatch.org/files/pdf/Chapter%201.pdf>. Acesso em: 4 abr. 2011.

FIGURA 1.2 Serviços dos ecossistemas e constituintes do bem-estar humano

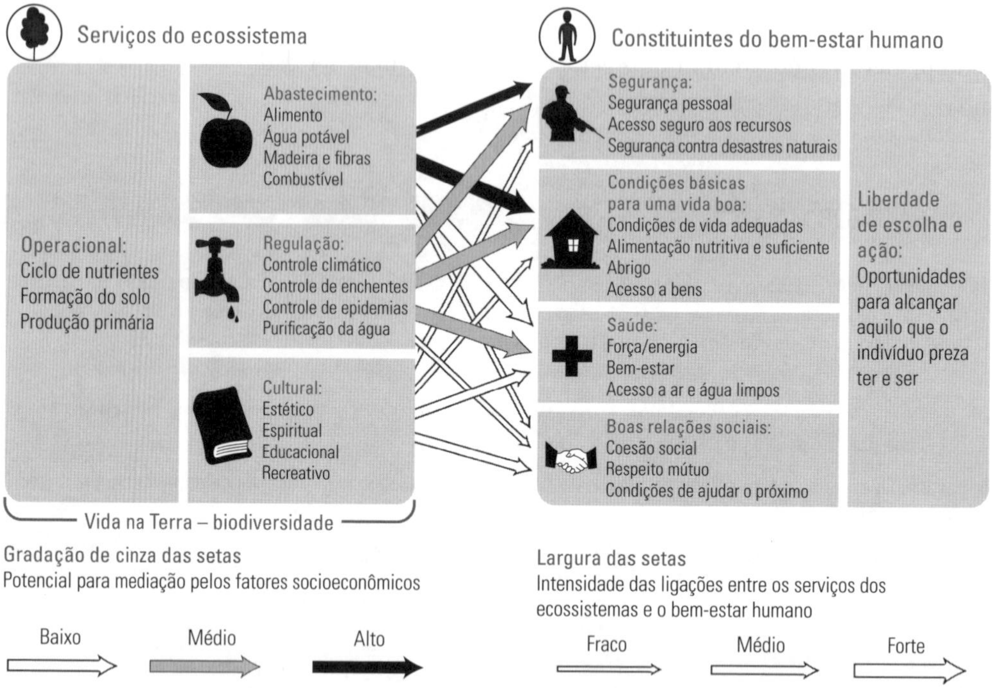

Fonte: ALMEIDA (2008).

ENTRE ASPAS

"A demanda por água, alimentos e energia para atender uma população crescente representa um custo além do suportável para os ecossistemas. Mantida essa tendência, a infraestrutura natural vai se fragilizar ainda mais nas próximas décadas."

Fonte: ALMEIDA, (2008).

1.2 Mudanças climáticas

Nesta seção, serão apresentados alguns aspectos referentes às *mudanças climáticas*, compilados com base no livro *O atlas da mudança climática*, de dois destacados cientistas, *Kirstin Dow* e *Thomas Downing*.[8] Também serão apresentados alguns resultados de estudos que evidenciam a influência humana sob a aceleração do ritmo das mudanças climáticas que o planeta vem sofrendo.

Esses temas têm provocado intensos debates no mundo todo, entre governos, instituições de pesquisa e a opinião pública e, por sua importância, devem ser analisados com o objetivo de aprofundar a compreensão dos fatos e processos neles envolvidos. Nessa análise serão destacadas, entre outras, questões quanto ao *efeito estufa, ao aumento da*

8 DOW, Kirstin; DOWNING, Thomas E. *O atlas da mudança climática* – O mapeamento do maior desafio do planeta. São Paulo: Publifolha, 2007.

temperatura global, à emissão dos gases responsáveis por essa situação e a como as atividades humanas, agricultura, transporte etc., interferem no clima global.

O impacto do homem sobre as mudanças climáticas

Os efeitos das mudanças climáticas vêm sendo observados tanto pelos cientistas quanto pelas pessoas comuns. Rotas de migração de animais estão sendo alteradas, as fases de crescimento e floração das plantas estão mudando, o nível dos oceanos está aumentando e recifes de corais estão se desintegrando.

Além disso, em vários lugares do planeta, as populações sofrem com as alterações do clima, enfrentando, por exemplo, secas e chuvas intensas, ou tornando-se vítimas de desastres ambientais, como os recentes terremotos no Haiti, Chile e Japão.

1.3 Sinais das mudanças climáticas

Principalmente a partir da década de 1990, os cientistas vêm observando fenômenos, em várias partes do mundo, indicativos de que os ecossistemas vêm se adaptando a novos padrões de clima (mapa a seguir).

PARA SABER MAIS

Existem duas definições de mudança climática adotadas em âmbito internacional. O Painel Intergovernamental sobre Mudanças Climáticas (IPCC), utiliza a expressão para se referir a uma mudança do clima que possa ser identificada por alterações dos meios e/ou pela variabilidade de suas propriedades e que persista por um período de algumas décadas.

A Convenção-Quadro das Nações Unidas sobre a mudança do Clima (UNFCCC, sigla em inglês para *United Nations Framework Convention on Climate Change*) refere-se às mudanças climáticas como modificações geradas direta ou indiretamente por atividades humanas que alteram a composição da atmosfera da Terra, somadas a variações do clima, observadas e comparadas ao longo do tempo.

A ação do homem nas mudanças climáticas é, entretanto, confirmada por análises e estudos realizados no âmbito do IPCC: o quarto relatório do órgão, divulgado em 2007, que evidencia o aumento da concentração de gases de efeito estufa (GEE), principalmente o CO_2, na atmosfera – decorrente da queima de combustíveis fósseis e da devastação de florestas – e atribui a isso a causa do aumento da temperatura do planeta, gerando uma série de mudanças climáticas.

O IPCC estima que, no último século, a temperatura tenha subido cerca de 1° C, gerando consequências como elevações do nível do mar e o derretimento de geleiras. O lançamento excessivo de gases de efeito estufa na atmosfera forma uma espécie de cobertor que se torna mais espesso quanto maior for o volume de GEE na atmosfera, com isso, a Terra se torna mais quente e a radiação solar não consegue sair.

É importante ter em mente, contudo, que o efeito estufa é um fenômeno natural o qual mantém o planeta aquecido, permitindo a vida. No entanto, o aumento excessivo da temperatura pode colocar a existência de seres vivos em risco.

Fonte: Intergovernmental Panel on Climate Change. Disponível em: <http://www.ipcc.ch>.

FIGURA 1.3 Sinais de alerta: registros e indicações de mudanças climáticas

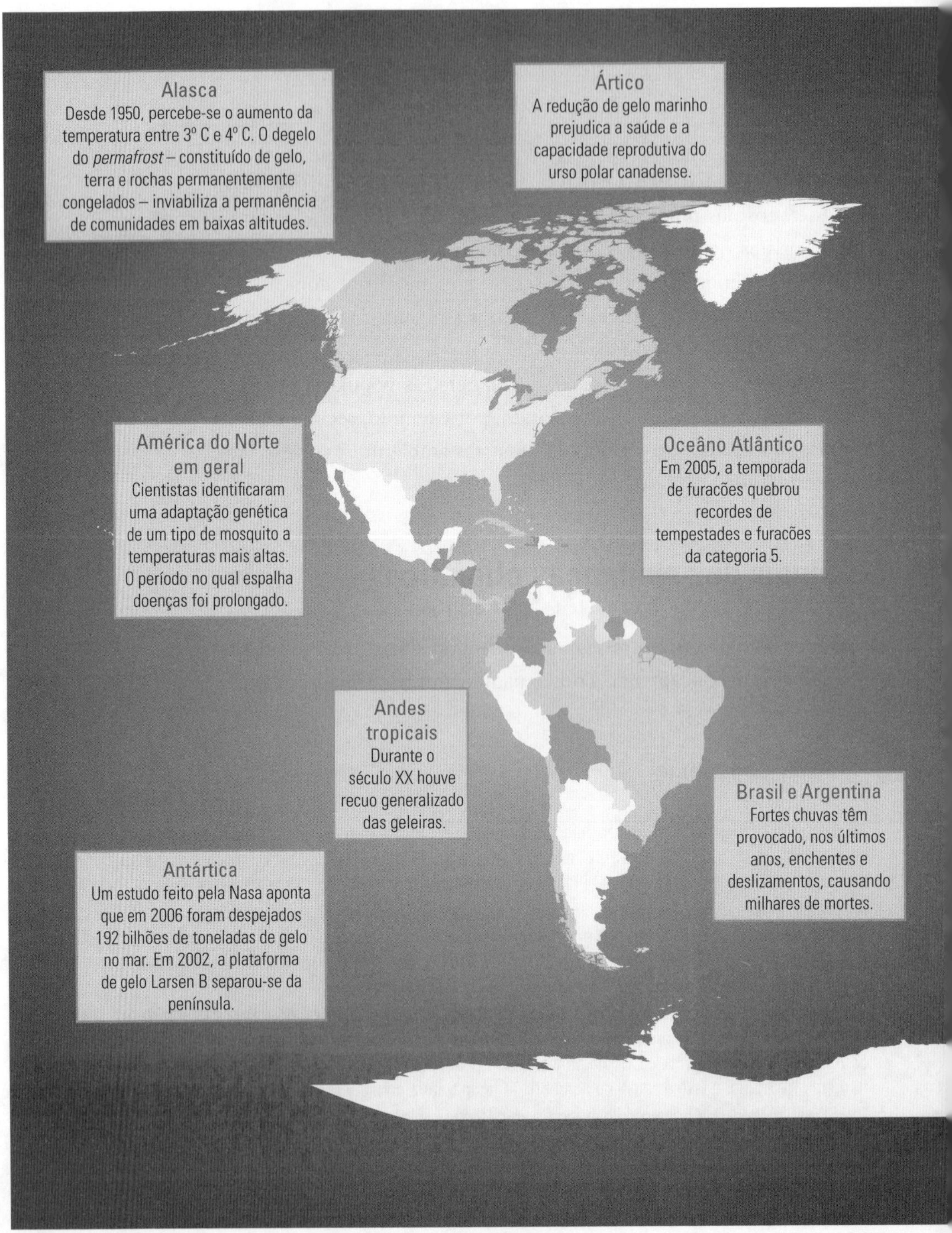

Fonte: USCB e DESA.

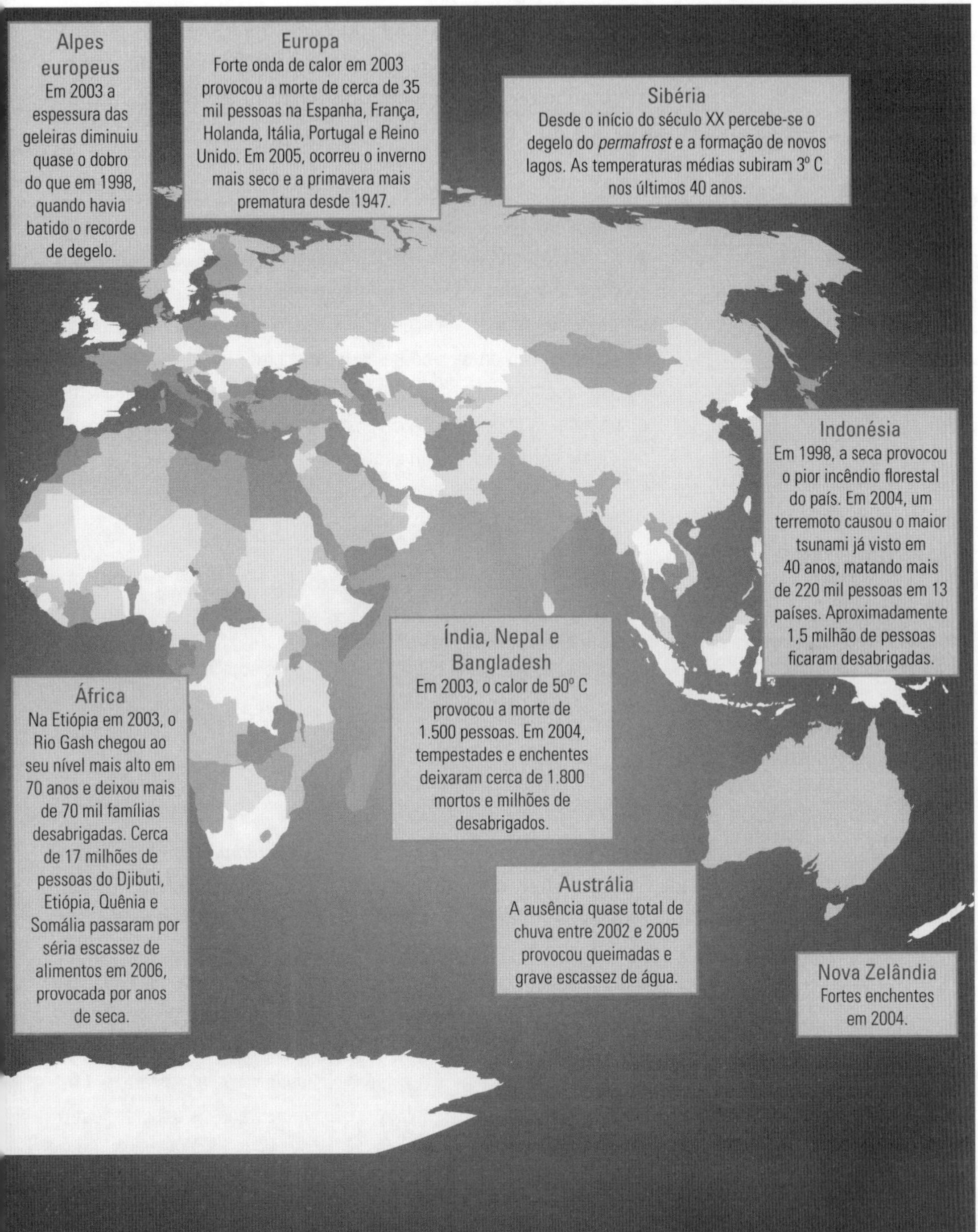
Alpes europeus
Em 2003 a espessura das geleiras diminuiu quase o dobro do que em 1998, quando havia batido o recorde de degelo.
Europa
Forte onda de calor em 2003 provocou a morte de cerca de 35 mil pessoas na Espanha, França, Holanda, Itália, Portugal e Reino Unido. Em 2005, ocorreu o inverno mais seco e a primavera mais prematura desde 1947.
Sibéria
Desde o início do século XX percebe-se o degelo do *permafrost* e a formação de novos lagos. As temperaturas médias subiram 3º C nos últimos 40 anos.
Indonésia
Em 1998, a seca provocou o pior incêndio florestal do país. Em 2004, um terremoto causou o maior tsunami já visto em 40 anos, matando mais de 220 mil pessoas em 13 países. Aproximadamente 1,5 milhão de pessoas ficaram desabrigadas.
Índia, Nepal e Bangladesh
Em 2003, o calor de 50º C provocou a morte de 1.500 pessoas. Em 2004, tempestades e enchentes deixaram cerca de 1.800 mortos e milhões de desabrigados.
África
Na Etiópia em 2003, o Rio Gash chegou ao seu nível mais alto em 70 anos e deixou mais de 70 mil famílias desabrigadas. Cerca de 17 milhões de pessoas do Djibuti, Etiópia, Quênia e Somália passaram por séria escassez de alimentos em 2006, provocada por anos de seca.
Austrália
A ausência quase total de chuva entre 2002 e 2005 provocou queimadas e grave escassez de água.
Nova Zelândia
Fortes enchentes em 2004.

De acordo com o relatório AR4, do *Painel Intergovernamental sobre Mudanças Climáticas* (*IPCC*), lançado em 2007, existe uma forte relação entre o aumento das temperaturas da Terra e o incremento da concentração de GEE com a atividade humana:

> A concentração de dióxido de carbono, de gás metano e de óxido nitroso na atmosfera global tem aumentado marcadamente como resultado de atividades humanas desde 1750, e agora já ultrapassou em muito os valores da pré-industrialização determinados por meio de núcleos de gelo que se estendem por centenas de anos. O aumento global da concentração de dióxido de carbono ocorre principalmente devido ao uso de combustível fóssil e à mudança no uso do solo, enquanto o aumento da concentração de gás metano e de óxido nitroso ocorre principalmente devido à agricultura.[9]

PARA SABER MAIS

O IPCC (*Intergovernmental Panel on Climate Change* ou Painel Intergovernamental sobre Mudanças Climáticas) foi criado em 1988 por uma iniciativa conjunta da organização meteorológica mundial e o Programa das Nações Unidas para o Meio Ambiente (PNUMA). Seu objetivo é fornecer informações científicas, técnicas e socieconômicas relevantes para a compreensão das mudanças climáticas.

Fonte: Disponível em: <http://www.ipcc.ch>.

Na mesma linha de interpretação, *Dow* e *Downing* apontam que a atividade humana alterou a composição química da atmosfera, produzindo impacto sobre o clima:

> O entendimento básico de que a física dos gases atmosféricos determina o equilíbrio energético do planeta e afeta as temperaturas globais existe há mais de cem anos. Ninguém tem dúvida de que a atividade humana alterou a composição química da atmosfera. [...] Os níveis atuais de gás carbônico são superiores aos de qualquer outro período nos últimos 650 mil anos.[10]

9 IPCC. Intergovernmental Panel on Climate Change. Relatório *AR4 Climate Change*. 2007, p. 3. Disponível em: <http://www.ipcc.ch/pdf/assessment-report/ar4/syr/ar4_syr.pdf>. Acesso em: 7 maio 2011.

10 DOW e DOWNING, 2007, p. 9.

A espécie humana em xeque

Claramente, o que está em jogo no debate sobre a sustentabilidade é a sobrevivência do ser humano.

Em um artigo, o teólogo *Leonardo Boff* discute a questão da sustentabilidade argumentando que "existe uma 'taxa de extinção de fundo' que ocorre no processo normal da evolução".[11]

Segundo Boff, com base em estudos e pesquisas, os geólogos estimam que a Terra provavelmente passou por 15 grandes extinções dessa natureza. Duas foram especialmente graves. A primeira, há 245 milhões de anos, por ocasião da ruptura de *Pangeia* (o continente único que se fragmentou e deu origem aos atuais continentes). O evento teria dizimado entre 75% e 95% das espécies então existentes.

A segunda ocorreu há 65 milhões de anos em virtude da queda de um asteroide na região onde hoje se localiza a América Central. O evento provocou incêndios, maremotos, gases venenosos e um longo obscurecimento do Sol. Os dinossauros que reinavam soberanos por 133 milhões de anos foram extintos, bem como 50% das espécies vivas.

Em ambos os casos, o planeta se refez, com o surgimento de novas formas de vida.

Entre os estudiosos, há uma linha de argumentos que advoga que a Terra é regida por ciclos demarcados por renascimentos e extinções, mas que enfatiza o papel do homem na aceleração desses processos. Tais estudos sustentam que está em curso outra grande extinção – iniciada há 2,5 milhões de anos, quando extensas geleiras começaram a cobrir parte do planeta, alterando o clima e o nível do mar.

No entanto, um fator fundamental difere o processo em andamento dos demais: ele está sendo acelerado pelo surgimento de um verdadeiro "meteoro rasante", o ser humano, e suas sistemáticas intervenções no sistema Terra, particularmente nos últimos séculos.

Exemplo da devastação provocada pelo homem é a extinção em massa de espécies, inclusive no Brasil. Segundo Boff, citando o paleontologista *Peter Ward*, durante os últimos 35 anos, quatro espécies deixam de existir por dia no país.

Pode-se dizer, então, que a intervenção do ser humano no sistema Terra, por meio da destruição e devastação prolongada e recorrente do meio ambiente, tem contribuído decisivamente para o atual cenário mundial.

---

11 BOFF, Leonardo. A páscoa da terra crucificada. Artigo publicado no site *Carta Maior*, em 1º abr. 2010. Disponível em: <http://www.cartamaior.com.br/templates/colunaMostrar.cfm?coluna_id=4586>. Acesso em: 3 maio 2011.

Não somos a primeira sociedade a obter avanços em diversas áreas do conhecimento e, mesmo assim, encontramos sérias dificuldades para lidar com esses desafios. A história está repleta de exemplos de sociedades que desenvolveram um estilo de vida de sucesso e até replicaram com êxito esse modelo para outras sociedades, mas foram surpreendidas por circunstâncias para as quais não estavam preparadas.

No artigo "Learning from past civilizations" (Aprendendo com as civilizações antigas), o renomado ambientalista *Lester Brown,* autor de *Plano B 4.0 – Mobilização para salvar a civilização*, afirma que, para compreender o "dilema ambiental" que vivemos na atualidade, é importante voltar o olhar para a experiência de povos que viveram no passado. Segundo ele, a civilização deste início de século XXI não é a primeira a enfrentar a perspectiva de declínio econômico induzido por questões ambientais. Citando o livro *Colapso,* de *Jared Diamond,* historiador e ganhador do prêmio *Pulitzer, Brown* nos faz perceber que poucas sociedades conseguiram atingir um nível de sofisticação em matemática, astronomia e estrutura social como os maias, da América Central. Entretanto, a civilização maia praticamente desapareceu em apenas uma geração, 500 anos antes da chegada dos espanhóis a suas terras. Os maias foram vítimas de um colapso ambiental causado por uma agricultura predatória insustentável, praticada por gerações.[12]

Essa situação teria ocorrido porque a população maia crescia na mesma proporção das áreas devastadas pela agricultura predatória que praticavam. O desmatamento causava erosão do solo que, eventualmente, arruinava os reservatórios de água potável e destruía a capacidade de plantio. Com pouca comida e água potável, aos poucos as cidades maias foram desaparecendo, e as pessoas, por consequência, ficavam mais vulneráveis. O resultado disso todos conhecem: uma civilização que em sua época era avançada teve um fim trágico.[13]

Em contrapartida, continua *Brown*, o povo que viveu na Islândia há seis séculos percebeu que as áreas verdes de suas terras estavam perdendo importantes nutrientes devido à atividade intensiva e extensiva de pastagem por parte dos fazendeiros. Em vez de continuar com a prática, esses fazendeiros decidiram limitar o número de ovelhas destinadas para pastagem por propriedade, a fim de evitar a degradação das áreas verdes.

12 BROWN, Lester R. *Plano B 4.0 – Mobilização para salvar a civilização.* São Paulo: New Content Editora e Produtora Ltda./Ofício Plus Comunicação e Editora Ltda., 2009. Disponível em: <http://www.wwiuma.org.br/plano_b.pdf>. Acesso em: 5 jun. 2011.

13 DIAMOND apud BROWN, 2009.

Assim como esses primeiros islandeses entenderam que não podiam continuar com a atividade destrutiva por muito tempo, a sociedade atual já entendeu as sérias consequências da produção de energia por meio da queima de combustíveis fósseis, causando aumento de gases do efeito estufa na atmosfera.

No entanto, o mundo de hoje ainda não encontrou formas sustentáveis de reduzir a emissão desses gases. E nossa maior ameaça é negarmos a situação insustentável da harmonia entre seres humanos e planeta.

Os modelos climáticos indicam que eventos extremos têm sido mais frequentes e duradouros em várias regiões do planeta. De acordo com *Dow* e *Downing*, há registros significativos de mortes e estragos em consequência de secas extremas, temperaturas excessivamente elevadas, deslizamentos e vendavais, conforme demonstra o gráfico a seguir.

GRÁFICO 1.2 Maiores eventos naturais no mundo entre 1950-2010. Número de eventos e tendência

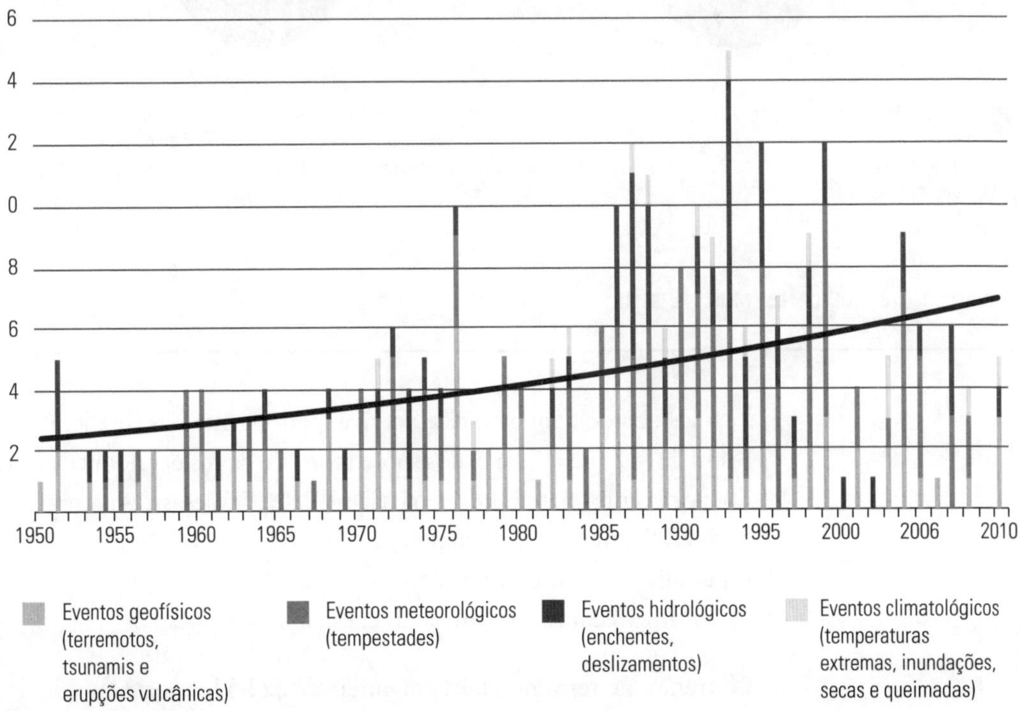

Fonte: USCB e DESA.

GRÁFICO 1.3 Maiores eventos naturais no mundo entre 1950-2010. Número de eventos e tendência – Distribuição percentual por grupo de eventos

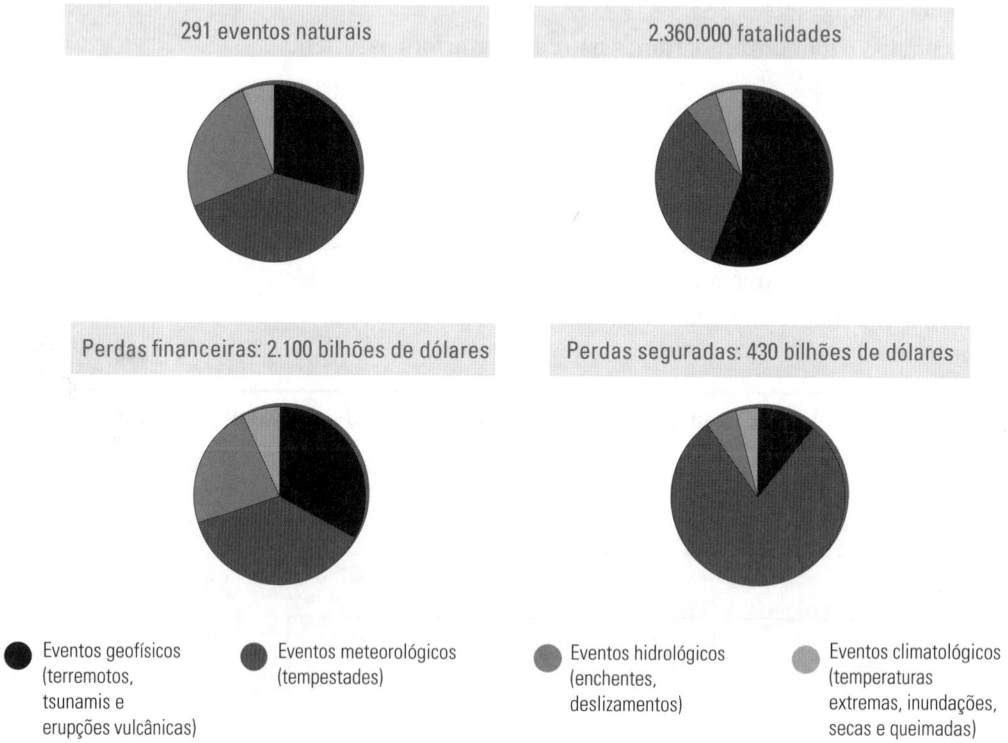

Fonte: Adaptado de NatCatService, Munich Re (2011).

De acordo com o NatCatService, pertencente à seguradora alemã Munich Re, que coleta dados sobre mortes e danos econômicos causados por eventos naturais extremos, em 2010, 950 desastres naturais causaram 295 mil mortes e um prejuízo de US$ 130 milhões. Um número superior à média dos últimos 30 anos, que é de 615 casos.

Entre as catástrofes que mais causaram mortes estão:

- tremor de terra no Haiti em janeiro – 222.570 mortes;
- onda de calor na Rússia em julho e agosto – 56 mil mortes;
- terremoto na China em abril – 2,7 mil mortes.

E entre os que causaram mais prejuízos financeiros estão:

- terremoto de fevereiro no Chile – US$ 30 bilhões e 795 mortes;
- inundações no Paquistão nos meses de julho a setembro – US$ 9,5 bilhões e 1.760 mortes.

O efeito estufa

O efeito estufa consiste na retenção de parte do calor irradiado pelo Sol por gases na atmosfera da Terra – como se fosse uma estufa. Sem esse fenômeno, a vida não existiria, pois a temperatura média do planeta seria de -18 °C, em vez de 15 °C.

O problema é que a atividade humana, principalmente a queima de combustíveis fósseis e a destruição das florestas que absorvem o gás carbônico, aumentou muito a quantidade de gases de efeito estufa na atmosfera, decorrente principalmente do uso de combustíveis fósseis na produção de energia para aquecimento, iluminação, transporte e manufatura. Com isso, mais calor fica retido na atmosfera, emitindo energia de volta, o que causa o aquecimento da superfície da Terra e da baixa atmosfera.

A Figura 1.4 mostra que, normalmente, a radiação solar (radiação de *ondas curtas*) atinge a superfície e se converte em energia térmica, calor (radiação de *ondas longas*), aquecendo a Terra e evaporando a água.

Aproximadamente 30% da radiação solar é refletida de volta ao espaço pelas nuvens e partículas da atmosfera e pela superfície do planeta. A reflexibilidade é variável por vários fatores. A neve, o gelo e a água, por exemplo, refletem mais a radiação solar do que o solo.

Normalmente também, nesse processo, parte da radiação solar ou do calor que atinge a superfície é refletida de volta para a atmosfera, para ser enviada ao espaço. No entanto, com a presença de gases de *efeito estufa* na atmosfera, parte dessa radiação é absorvida por eles e, portanto, fica retida no planeta.

Quanto mais alta a concentração de GEE, mais calor é enviado para a superfície, num processo contínuo.

Aumento da temperatura global

Os estudos que dão origem às projeções sobre o clima no futuro envolvem uma série de variáveis, que podem ser:

FIGURA 1.4 O efeito estufa

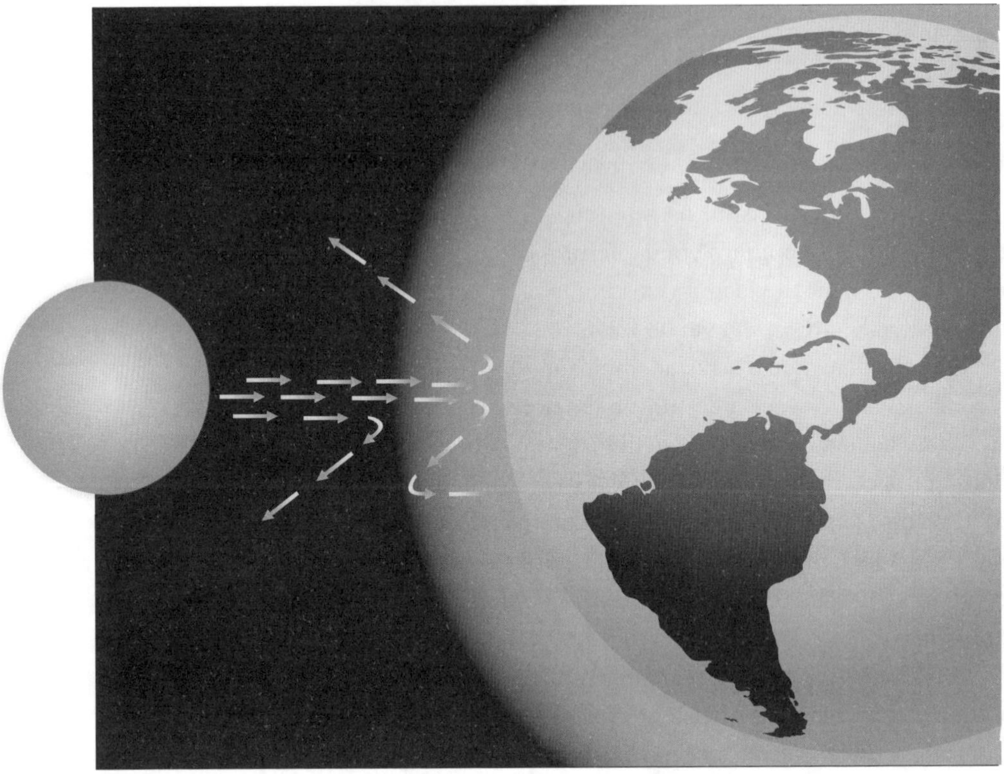

Fonte: Adaptado de DOW e DOWING (2007).

- o uso de combustíveis fósseis (geradores de gases de efeito estufa, especialmente o CO_2);
- a criação e utilização de tecnologias capazes de reduzir as emissões de gases de efeito estufa;
- o crescimento econômico e populacional.

Segundo *Dow* e *Downing*,[14] os estudos mostram que antes da Revolução Industrial a concentração de CO_2 na atmosfera era de 280 ppm (*partes por milhão*).

Com isso, o aquecimento global médio será de pelo menos 1 °C em 2050, podendo chegar a 6 °C no fim do século.

14 DOW e DOWNING, 2007, p. 36.

É importante ter em mente que alguns gases de efeito estufa permanecem na atmosfera por um longo tempo – o CO_2, por exemplo, permanece por 200 anos na atmosfera. Por isso, as emissões atuais terão impacto de longo prazo no equilíbrio energético e no clima da Terra.

O *IPCC* aponta, no relatório divulgado em 2007, que "a concentração de dióxido de carbono na atmosfera excedeu muito a faixa natural durante os últimos 650 mil anos (180 a 300 ppm), determinada através de núcleos de gelo".[15] Em 2005, a concentração global de dióxido de carbono era de 379 ppm, diante dos 280 ppm, verificado na época pré-industrial.

Dow e *Downing* relatam, no *Atlas da mudança climática*, que a projeção mais otimista para o final do século XXI em termos da concentração de CO_2 na atmosfera é de 520 ppm.[16]

Modelos climáticos estimam que o aquecimento global médio deverá ser de, pelo menos, 1 °C em 2050, podendo chegar a 6 °C. "O aquecimento das latitudes mais altas e nas regiões polares provavelmente será superior às médias globais", preveem os autores.[17]

Atualmente, cientistas do clima já estão começando a projetar uma série de mudanças em várias regiões do mundo em termos de luz solar, umidade, ventos e chuvas. Exemplos: se a quantidade de CO_2 na atmosfera duplicar, é muito provável que o Leste da Ásia se torne muito mais úmido do que já o é durante os meses de junho e agosto. Já a Bacia do Mediterrâneo poderá se tornar mais seca.

É importante ter em mente, ainda, que existe uma desigualdade entre as emissões de GEE e os efeitos negativos gerados pelas mudanças climáticas: afinal, os países industrializados – que construíram um modelo de economia e um modo de vida baseados na queima de combustíveis fósseis – são os principais emissores, enquanto os países em desenvolvimento sofrem mais fortemente as consequências.

PARA SABER MAIS

Ppm (partes por milhão) ou ppb (partes por bilhão, 1 bilhão = 1.000 milhões) é o quociente entre o número de moléculas do gás estufa e o número total de moléculas de ar seco. Por exemplo, 300 ppm significa 300 moléculas de gás estufa por milhão de moléculas de ar seco.

Fonte: IPCC (2007).

15 IPCC, 2007, p. 3.

16 DOW e DOWNING, 2007, p. 36.

17 Ibid.

ENTRE ASPAS

"A evolução da temperatura do planeta, nos últimos mil anos, baseia-se em uma série de estimativas de substituição (tais como a análise dos anéis de idade ou uma amostra do núcleo de gelo) que definem o invólucro de uma variação de longo prazo da temperatura graças a observações climáticas modernas, iniciadas no século XIX, a temperatura global pode ser calculada com mais precisão; os dados termométricos dos últimos 150 anos ou nessa proximidade documentam um alimento global da temperatura de quase 1 °C desde o período pré-industrial."

Fonte: RDM (2010).

Gases de efeito estufa (GEE)

O *Gás Carbônico* (CO_2) é o principal responsável pelo efeito estufa, mas não é o único a contribuir para o aquecimento global. Outros gases, como o *Metano (CH_4)* e o *Óxido Nitroso (N_2O)*, aquecem mais a atmosfera do que o gás carbônico, mas em concentrações menores.

O metano é produzido, por exemplo, quando a matéria orgânica é degradada em processos de respiração *anaeróbica*, que acontecem em pântanos (por isso também é conhecido como gás dos pântanos), ou por meio da decomposição de materiais orgânicos em aterros sanitários. Principalmente, a maior parte do metano do planeta provém da agricultura e pecuária extensivas, por exemplo, em grandes arrozais e rebanhos (bovinos, ovinos, caprinos; nesses casos, o gás é resultante dos processos digestivos dos animais).

O óxido nitroso, por sua vez, origina-se, também, na agricultura e pecuária (de fertilizantes à base de nitrogênio e de estrume do gado), em processos industriais e no descarte de lixo.

Além do gás carbônico, metano e óxido nitroso, o *Protocolo de Quioto* – acordo internacional firmado em 1997 que estabelece metas de redução de GEE entre 2008 e 2012 – inclui outros gases na lista dos que *contribuem* para o efeito estufa: os *hidrofluorcarbonos (HFCs)*, os *perfluorcarbonos (PFCs)* e o *hexafluoreto de enxofre (SF_6)*.

Também estão nessa lista os gases responsáveis pela *intensificação* do efeito estufa, interferindo no clima por destruírem a *camada de ozônio (O_3)*, que nos protege da passagem excessiva de raios ultravioletas emitidos pelo Sol. Nesse grupo estão os *clorofluorcarbonos (CFCs)*, os

DICIONÁRIO

Respiração aeróbica
Processo metabólico que emprega moléculas de oxigênio, geralmente provenientes do ar, para a oxidação de certas moléculas orgânicas, especialmente a glicose, com a concomitante obtenção de energia.

Respiração anaeróbica
Processo metabólico de obtenção de energia mediante a destruição de glicose, sem a utilização do oxigênio do ambiente; fermentação.

hidroclorofluorcarbonos (HCFC), os *bromofluorcarbonos (BFC)*, o *tetracloreto de carbono* (CCL_4) e o *metilclorofórmio* ($C_2H_3CL_3$, que é um tricloroetano), empregados, entre outros usos, na fabricação de espumas rígidas e flexíveis para automóveis, para fluidos de refrigeração e em *aerosóis* (mais conhecidos como *CFCs*).

Quando liberados no ar, esses gases levam oito anos para chegar à estratosfera, onde são atingidos pela radiação ultravioleta e se desintegram, liberando cloro. Esse elemento reage com o ozônio, que se transforma em oxigênio, incapaz de proteger o planeta dos raios ultravioletas.

A preocupação com a destruição da camada de ozônio surgiu no final dos anos 1970, quando um grupo de cientistas britânicos detectou (1977) a existência de um buraco na camada de ozônio na região da Antártida. Desde então, os registros científicos evidenciam que essa camada está se tornando mais fina em várias partes do planeta, especialmente nas proximidades do Polo Sul e, mais recentemente, do Polo Norte.

Para fazer frente ao problema, em 1985 foi criado o *Protocolo de Montreal*, que tratou das substâncias que destroem a camada de ozônio e estabeleceu metas para o combate desse problema aos países signatários, grupo que inclui o Brasil.

Em nosso país e em outras partes do mundo houve uma redução significativa da emissão desses gases sob a influência do *Protocolo de Montreal*.

PARA FIXAR

O metano retém 20 vezes mais calor, mas permanece apenas por 12 anos na atmosfera.

O óxido nitroso retém 300 vezes mais calor na atmosfera do que o gás carbônico.

PARA SABER MAIS

O Brasil empenha-se para zerar o consumo dos HCFCs. Para isso, foi estabelecido o Programa Brasileiro de Eliminação de Hidroclorofluorcarbonos, a partir do que foi acordado pelo Protocolo de Montreal.

No entanto, a destruição da camada de ozônio na região da Antártida já é extensa, chegando até a América do Sul. Em 2006, o assim chamado BURACO NA CAMADA DE OZÔNIO atingiu sua maior dimensão, chegando a 29,5 milhões de quilômetros quadrados. No ano seguinte, foi constatada uma redução de 16%. Os estudiosos calculam que, se não houver nenhum fato novo, a camada voltará ao normal apenas em 2060.

Fonte: LEME e ALVALÁ (2011).

Os gráficos a seguir quantificam a extensão da emissão de GEE em algumas partes do mundo.

GRÁFICO 1.4 Emissões de CO_2 (Kt)

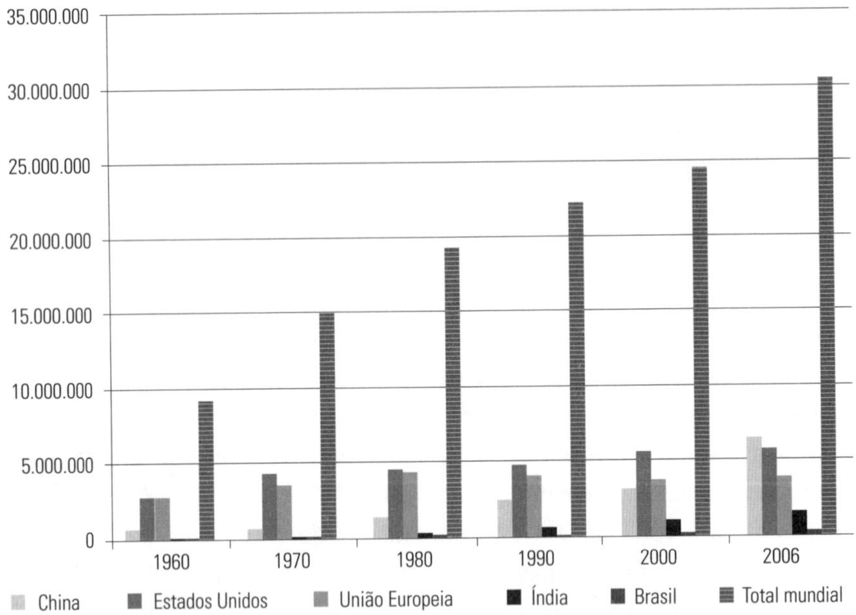

Fonte: Adaptado de WORLDBANK (2010).

GRÁFICO 1.5 Emissão de metano (Kt de CO_2 equivalente)

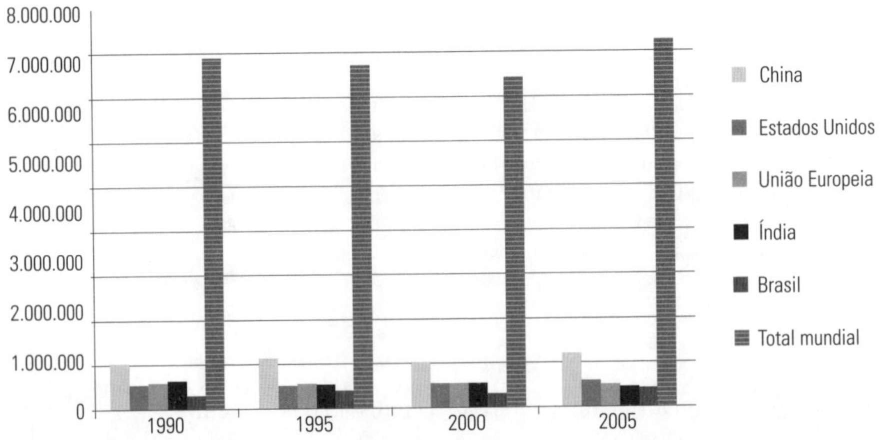

Fonte: Adaptado de WORLDBANK (2010).

GRÁFICO 1.6 Emissão de óxido nitroso (milhares de toneladas de CO_2 equivalente)

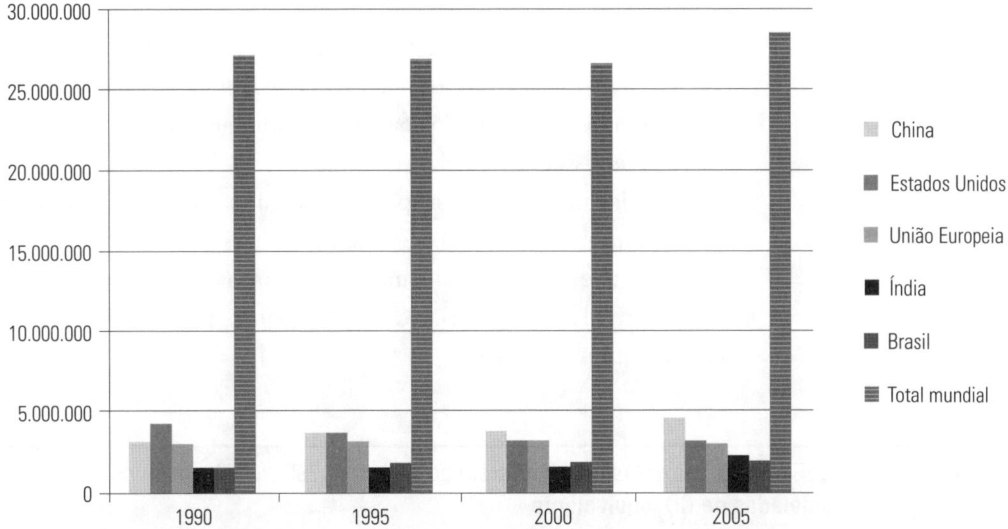

Fonte: Adaptado de WORLDBANK (2010).

Meios de transporte

O aumento da mobilidade de pessoas e bens no planeta está contribuindo para a intensificação do efeito estufa.

Estudos mostram que o setor de transportes emitiu 36% mais gases de efeito estufa em 2000 do que em 1990.

No setor de transportes, os carros e os caminhões são os principais responsáveis pela emissão de GEE, respondendo por 70% das emissões em 2003. Ainda, as emissões de GEE devidas a esse setor tendem a se concentrar em países desenvolvidos, sendo que apenas os Estados Unidos (país em que 92% das famílias possuem pelo menos um automóvel) representam 35% do total mundial dessas emissões.[18]

O aumento do setor de transporte, ou seja, o aumento da frota de veículos em circulação no mundo – e da correspondente emissão de GEE –, pode ser explicado pela intensificação dos deslocamentos de bens e pessoas, em todo tipo de atividade, aí incluído o turismo.

18 DOW e DOWNING, 2007, p. 46.

PARA SABER MAIS

Entre 1975 e 2003, o volume de emissões associado à aviação internacional saltou de 176 para 259 milhões de toneladas de CO_2.

Nesse cenário, o comércio internacional e os hábitos de consumo são os elementos-chave para explicar o aumento das emissões. A expansão urbana, por sua vez, ajuda a explicar o aumento do número de carros e motocicletas.

Além disso, a preferência pelo transporte rodoviário, em detrimento de ferrovias e hidrovias, em muitos países, desde a década de 1950, tem acarretado o aumento do consumo de combustíveis e, consequentemente, das emissões de GEE.

Os dados na área de transportes, resumidos nos gráficos seguintes, são alarmantes. Apesar disso, é difícil mudar essa situação, devido aos altos investimentos em equipamentos de infraestrutura do setor nos países desenvolvidos – decisão de investimento que os países emergentes estão enfrentando agora.

GRÁFICO 1.7 GEE produzidos pelos meios de transporte entre 1990 e 2000, em milhões de toneladas de CO_2 equivalente

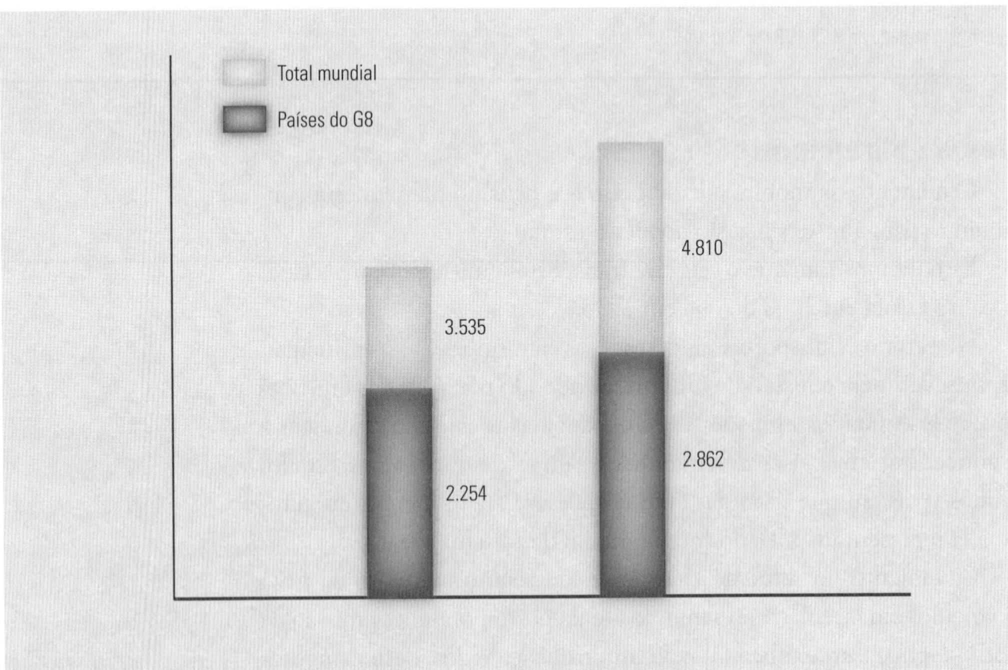

Fonte: Adaptado de DOW e DOWNING (2007).

GRÁFICO 1.8 Total de emissões de CO_2 pela navegação e aviação internacionais entre 1975 e 2003, em milhões de toneladas

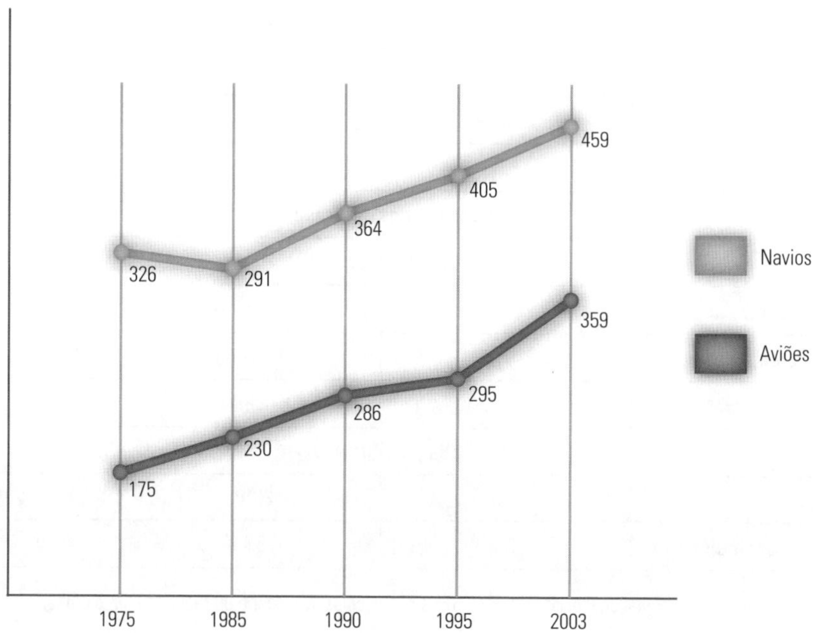

Fonte: Adaptado de DOW e DOWNING (2007).

PARA FIXAR

O Brasil bateu o recorde de produção de veículos em 2010, atingindo a marca de 3,6 milhões de veículos produzidos, de acordo com a Associação Nacional dos Fabricantes de Veículos Automotores (Anfavea). O número representa um aumento de 14% em relação a 2009.

Fonte: Disponível em: <http://www.anfavea.com.br/cartas/carta296.pdf>. Acesso em: 21 abr. 2011.

TABELA 1.1 Poluição atmosférica por veículos automotores rodoviários no Brasil

Emissão total de poluentes por veículos* no Brasil			
toneladas de CO	1992	2009	projeção 2020
	5,5 milhões	1,5 a 2 milhões	1 a 1,2 milhões
toneladas de CO_2	60 milhões	140 milhões	200 milhões
*Veículos automotores rodoviários			
Total de veículos no Brasil			
	1980	**2008**	
carros	7,5 milhões	21,1 milhões	
motos	270 mil	9,2 milhões	
veículos em geral	indisponível	36 milhões	
CO emitido por automóvel			
	1980	**2010**	**2013**
CO (em grama por quilômetro)	58	0,5	0,2

Fonte: Adaptado de Inventário Nacional de Emissões Atmosféricas por Veículos, Ministério do Meio Ambiente (2010).

Agricultura

O setor agropecuário faz uso constante e crescente de recursos naturais não renováveis. Não há como ficarmos indiferentes à expansão da agricultura e seu impacto ambiental. Embora na atualidade exista uma evolução da agricultura que atende a demanda do mercado, a sustentabilidade dos ecossistemas tem sido fortemente afetada.

Nos países em desenvolvimento, a agricultura é uma das principais atividades econômicas, suprindo as necessidades básicas de renda, trabalho e alimentação das suas populações. Esse tipo de agricultura é responsável por cerca de um terço das emissões de dióxido de carbono, metano e óxido nitroso em todo o mundo.

Nos países desenvolvidos a agricultura caracteriza-se como uma atividade comercial de larga escala, que, além de suprir as necessidades alimentares dos cidadãos, traz custos ambientais enormes associados à agricultura, para assegurar que as pessoas sempre tenham acesso a uma ampla variedade de produtos. O Brasil é um dos líderes mundiais na produção e exportação de vários produtos agropecuários, e segundo dados do Cepea (2010), movimenta aproximadamente 30% do PIB brasileiro.

PARA SABER MAIS

De acordo com a Organização das Nações Unidas para Agricultura e Alimentação – FAO, as principais categorias de impactos ambientais relacionadas ao cultivo agrícola são:

- Os efeitos para a saúde humana, causados por fertilizantes, defensivos agrícolas e metais pesados, por meio da contaminação da água e de produtos alimentícios, além dos depósitos ácidos causados por emissões de amoníaco dos fertilizantes.
- A erosão do solo e a conseguinte sedimentação das águas costeiras e superficiais que causam danos à infraestrutura e à propriedade.
- Perdas na fauna e flora silvestres e de diversidade biológica, bem como danos ao equilíbrio e resistência dos ecossistemas como resultado da degradação do solo; contaminação de águas costeiras, superficiais e freáticas, causada por fertilizantes e agrotóxicos.

Fontes: Food and Agriculture Organization of the United Nations (FAO). Disponíveis em: <www.fao.org/>, <http://www.revistasober.org/> e <www.scielo.br>.

De acordo com Milori e Neto[19], cerca de 30% da quantidade total de gases do efeito estufa emitida no mundo origina-se de atividades agrícolas. Por outro lado, a agricultura pode auxiliar no controle da concentração de CO_2 na atmosfera, por meio da fotossíntese, convertendo o CO_2 em massa vegetal, e com um manejo adequado dessa massa pode-se reter o carbono no solo sequestrando carbono da atmosfera. Os autores citam algumas ações que possibilitariam esse sequestro, tais como, emprego de biocombustível, reflorestamento, recuperação de áreas degradadas e aplicação de práticas conservacionistas de manejo, como o plantio direto. Conforme os autores:

> A estimativa é que através das atividades agrícolas e da mudança do uso da terra poderia retirar-se 400-800 Tg/ano de CO_2 da atmosfera (1 Tg=1012 g).

19 MILORI, Débora Marcondes; NETO, Ladislau Martin. *Efeito estufa versus agricultura.* Disponível em: <http://agronline.com.br/artigos/artigo.php?id=155&action=results&poll_id=1>. Acesso em: set. 2011.

Apesar do grande impacto ambiental, as iniciativas para reduzir as emissões no campo da agropecuária devem levar em conta a relevância das atividades para as populações. O aumento da produção de alimentos de maneira sustentável é o grande desafio do setor agrícola.

PARA SABER MAIS

Como tentativa de minimizar os impactos do uso de agrotóxicos, o Brasil criou uma lei que distribui responsabilidades a todos os elos da cadeia produtiva, todos os atores da cadeia, sejam agricultores, revendedores, cooperativas, fabricantes, estão comprometidos com o sistema de descarte das embalagens de agrotóxicos. O Brasil é, atualmente, líder no processo de descarte correto desse tipo de embalagens em todo o mundo. Já é considerado um centro de excelência e está se tornando uma referência no assunto.

No período de 2002 a 2010, a cadeia produtiva agrícola nacional retirou do meio ambiente 108 mil toneladas de embalagens de defensivos agrícolas ou agrotóxicos (Inpev, 2011). Segundo o presidente do Instituto Nacional de Processamento de Embalagens Vazias, João Cesar Rando, tal iniciativa reduziu a emissão de mais de 160 mil toneladas de dióxido de carbono, proporcionando um benefício ambiental palpável, como resultado do trabalho e esforço de toda a cadeia produtiva.

Fonte: Instituto Nacional de Processamento de Embalagens Vazias – INPEV. Disponível em: <http://www.inpev.org.br/>. Acesso em: set. 2011.

FIGURA 1.5 Agricultura – emissões de óxido nitroso (milhares de toneladas de CO_2 equivalente) – 2005

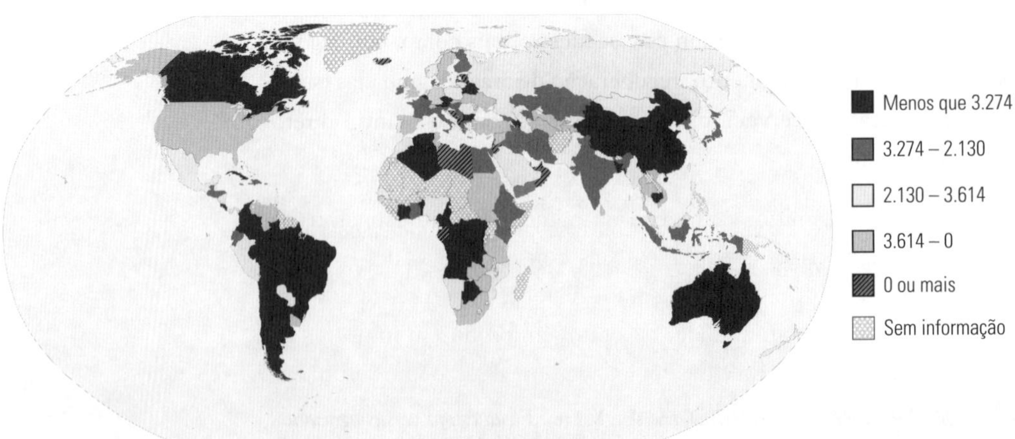

Fonte: Adaptado de WORLDBANK (2005).

FIGURA 1.6 Agricultura – emissões de metano (milhares de toneladas de CO_2 equivalente) – 2005

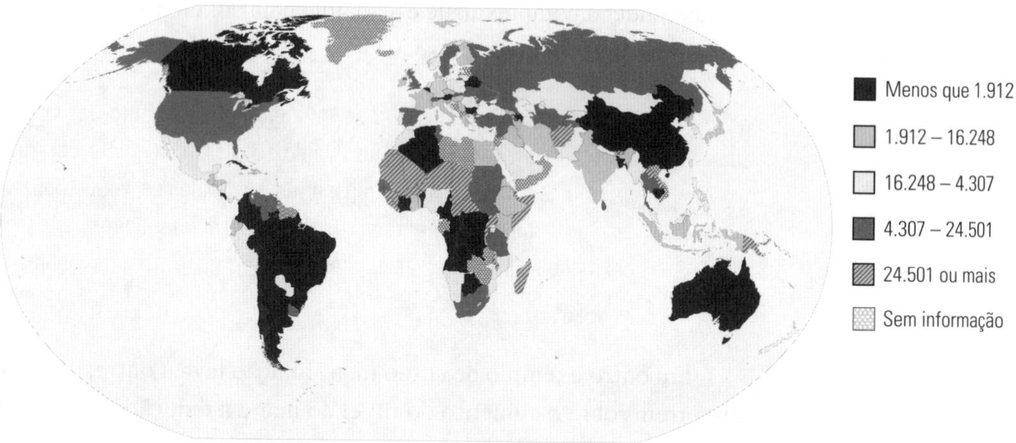

Fonte: Adaptado de WORLDBANK (2005).

1.4 Consequências das mudanças climáticas

Nas seções anteriores deste capítulo, mostrou-se como o aumento das emissões de gases de efeito estufa, decorrentes da ação do homem, está associado ao aquecimento e às mudanças climáticas.

Por isso, não é de surpreender que o quarto relatório do *IPCC*, divulgado em 2007, informe que:

> O aquecimento do sistema climático é inequívoco, conforme atestam estudos que demonstram o aumento na média global da temperatura do ar e do oceano, o derretimento generalizado de neve e gelo e o aumento do nível do mar em todo o mundo.[20]

Diante desse cenário, a atenção da comunidade internacional e dos governos começa a se voltar para as consequências desses fenômenos às gerações futuras, pois eles não só afetam os ecossistemas e os recursos naturais já na atualidade, mas também produzem impactos na economia, no modo de vida e nas sociedades em geral, o que certamente se perpetuará no tempo.

20 IPCC, 2007, p. 10.

Dow e *Downing* afirmam que "as consequências das mudanças climáticas estão por toda parte e interligam-se mundialmente".[21] E, tomando como exemplo a agricultura, demonstram como é possível compreender a complexidade e a abrangência dos efeitos das mudanças climáticas sob a vida das pessoas:

> Os impactos na agricultura se refletem no rendimento das colheitas locais, mas são sentidos no mundo todo pelo aumento dos preços e pelo alto custo dos transportes. Nos países industrializados, amplos subsídios garantem o sustento dos fazendeiros; em países em desenvolvimento, os pobres têm menos suporte e estão mais vulneráveis.[22]

Em outro exemplo de como uma situação leva à outra, os autores discorrem sobre o aumento do nível do mar e a redução de áreas congeladas nos mares: se o aquecimento do Ártico trouxer uma nova rota de navegação (o que não é impossível), as vantagens competitivas entre os portos sofrerão uma alteração, pois haverá mais competição para atrair navios.

Além disso, eles continuam, as instalações portuárias terão de se ajustar a níveis mais elevados do mar, o que levará ao aumento de investimentos. "Nos países em desenvolvimento, onde os portos são cruciais para o comércio internacional, o câmbio e o crescimento econômico, as adaptações serão mais difíceis."[23]

Também se prevê a competição por recursos entre diversas áreas, já que setores-chave da economia necessitarão de aportes extras de recursos, competindo com demandas urgentes e básicas nas áreas de saúde, educação e assistência. Mesmo que essas previsões não sejam totalmente confiáveis, é fácil constatar que o "peso dos impactos penderá mais para o lado dos mais pobres e marginalizados";[24] afinal, estes já se encontram em desvantagem.

Em todo o mundo, há quase 1 bilhão de pessoas vivendo na pobreza, sem água potável, sem assistência básica de saúde e dependendo, quase exclusivamente, da agricultura. Por isso, é fundamental ter em mente que "a mudança climática não é só uma questão ambiental: tem

---

21 DOW e DOWNING, 2007, p. 53.

22 Ibid.

23 Ibid.

24 Ibid.

implicações no crescimento econômico, na segurança humana e em metas sociais mais abrangentes".[25]

Segundo o *Banco Mundial*, no *Relatório sobre o Desenvolvimento Mundial 2010 – Desenvolvimento e Mudança Climática* (RDM, 2010, VIII), entre 75% e 80% dos prejuízos causados pela mudança do clima deverão recair sobre os países em desenvolvimento, os quais possuem menos recursos financeiros e técnicos para gerenciar o risco climático cada vez maior e que, ao mesmo tempo, dependem mais diretamente dos recursos naturais.

A seguir, serão apresentados vários efeitos esperados em decorrência das mudanças climáticas sobre a destruição de ecossistemas, ameaças a reservas de água e segurança alimentar.

Destruição de ecossistemas

Muitas espécies poderão ser extintas em consequência das mudanças climáticas, processo este que já está ocorrendo em várias regiões do planeta.

Um dos aspectos mais preocupantes, segundo *Dow* e *Downing*, é a destruição anual de 14,2 milhões de hectares de matas tropicais, pois as florestas abrigam muitas espécies e desempenham um papel importante no processo natural de armazenamento de carbono. O carbono armazenado nas florestas deixa de escapar para a atmosfera, evitando a concentração de GEE.

A destruição das florestas, portanto, aumenta o impacto das mudanças climáticas, além de acelerar a perda da biodiversidade.

Outro efeito vislumbrado pelas projeções dos cientistas é a necessidade de providenciar, em uma escala sem precedentes, a migração de plantas e animais, a fim de que consigam sobreviver às mudanças climáticas. No entanto, a "rota de fuga" de algumas espécies já está bloqueada em decorrência da expansão agrícola e urbana, o que levará à necessidade de novos "corredores" geográficos com esse objetivo, a fim de garantir sua preservação.[26]

A seguir, mapeamos alguns efeitos e riscos já constatados por cientistas e pesquisadores.

---

25 Ibid.

26 Ibid., p. 54.

FIGURA 1.7 A biodiversidade ameaçada pelas mudanças climáticas em 2005

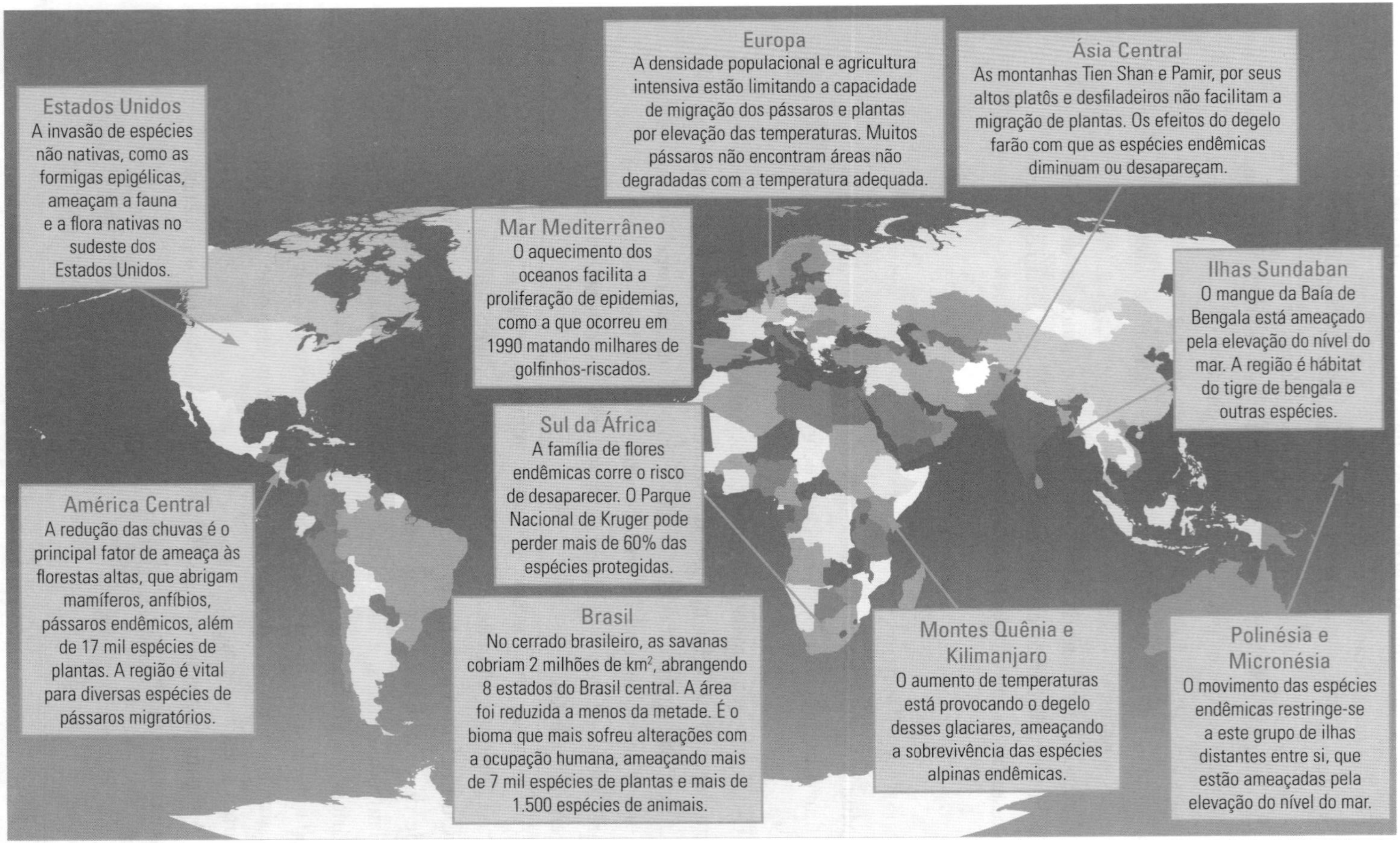

Fonte: Adaptado de DOW e DOWNING (2007).

PARA SABER MAIS

Entre as diversas iniciativas para recuperar e preservar o cerrado brasileiro está a Rede de Sementes do Cerrado, uma associação que se dedica à produção e comercialização de mudas de plantas típicas do bioma. O objetivo é fomentar o comércio e melhorar a qualidade das sementes e mudas de espécies nativas da região.

A rede, que tem sede em Brasília (DF), também realiza estudos e pesquisas referentes às plantas do cerrado, promove a divulgação de informações técnicas e científicas, além de executar projetos que envolvam a região.

Fonte: Disponível em: <http://www.rededesementesdocerrado.org.br/>.

Criado em 1990, o Projeto Arara Azul é um exemplo do tipo de iniciativa citado neste quadro e tem o objetivo de preservar a arara-azul promovendo a conservação da biodiversidade do Pantanal Matogrossense.

Fonte: Disponível em: <http://www.projetoararaazul.org.br/arara/>. Acesso em: 21 abr. 2011.

Ameaças às reservas de água

Além do impacto das mudanças climáticas sobre os ecossistemas, outro aspecto, não menos preocupante, diz respeito às reservas de água, ameaçadas em muitas partes do planeta, por causa do aumento populacional e do aumento das áreas irrigadas para a produção de alimentos.

As mudanças climáticas deverão agravar os problemas já existentes. A alteração do regime de chuvas poderá ser um dos efeitos – em algumas localidades haverá redução do nível de precipitação, em outras poderá haver aumento da intensidade das chuvas, causando enchentes e alagamentos.

De acordo com *Dow* e *Downing*, os verões mais quentes e longos provocarão o degelo da neve e das geleiras, elevando o nível dos rios na primavera. Além disso, em longo prazo, a diminuição da quantidade de gelo deverá comprometer as bacias hidrográficas, ameaçando a sobrevivência de populações, como aquelas que vivem no norte da Índia. Nessa região, 500 milhões de pessoas sobrevivem dos rios Indo e Ganges, que, em grande parte, são alimentados pelo degelo dos glaciares.[27]

A escassez de água deverá fazer com que muitos países tenham de importar alimentos – e até mesmo água –, algo que já é dado como certo em Israel e no sudeste da Inglaterra.

Alguns setores produtivos terão de se adaptar ao novo regime das reservas de água, por exemplo, as indústrias cuja produção dependem

27 Ibid., p. 56.

GRÁFICO 1.9 Uso da água. Retiradas anuais *per capita* e uso setorial em 2000, em m³

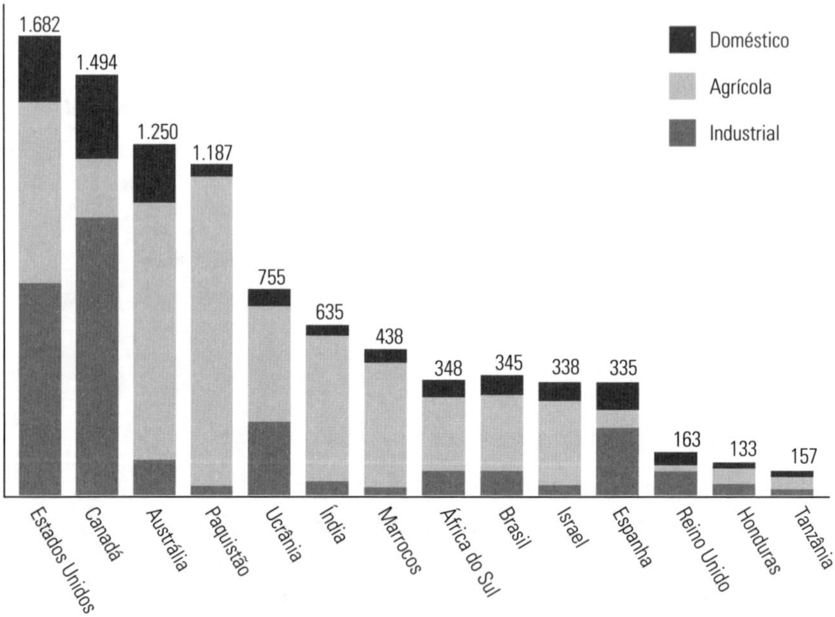

Fonte: Adaptado de NatCatService, Munich Re (2011).

fortemente de água, como a de papel e a de eletrônicos, que correm o risco de deixar de funcionar, afetando a economia. Em outras palavras, setores que utilizam água em quantidade – seja a indústria, seja a agricultura irrigada – terão de se adaptar quando as mudanças climáticas levarem à redução das reservas de água do planeta.[28]

No entanto, é importante ter em vista que muitos efeitos negativos que estão sendo previstos poderão ser minimizados se ocorrerem mudanças comportamentais e se a sociedade priorizar e adotar tecnologias mais eficientes, capazes de poupar água nos setores mais sensíveis à sua oferta, mas não apenas neles, pois a água é, afinal, a matriz da vida no planeta.

28 Ibid.

O crescimento populacional, particularmente nos países em desenvolvimento, e a maior demanda de água para usos agrícola e industrial, provocaram o aumento do consumo global de água de 1.060 km³/ano para 4.130 km³/ano nos últimos 50 anos.

O uso da água varia entre as regiões do mundo. No Brasil, a irrigação usa quase 60% do total, contra 70% na média mundial, mas o uso doméstico está acima da média mundial.

Usos da água	Brasil	Mundo
Irrigação	59%	70%
Uso doméstico	22%	10%
Uso industrial	19%	20%

O consumo doméstico pode apresentar desperdícios de água significativos por causa dos hábitos da população – escovar os dentes com a torneira aberta, varrer as calçadas com jato de água etc. –, à cobrança inadequada – falta de hidrômetros em algumas casas – e ao mau estado das instalações prediais. Uma torneira pingando desperdiça cerca de 80 litros de água por dia e, com um jorro fino de água – 1,6 mm de diâmetro –, desperdiça 180 litros por dia.

PARA SABER MAIS

O consumo diário de água é muito variável ao redor do globo. Além da disponibilidade do local, o consumo médio de água está fortemente relacionado com o nível de desenvolvimento do país e com o nível de renda das pessoas. Uma pessoa necessita de, pelo menos, 40 litros de água por dia para beber, tomar banho, escovar os dentes, lavar as mãos, cozinhar etc. Dados da ONU, porém, apontam que um europeu, que tem em seu território 8% da água doce no mundo, consome em média 150 litros de água por dia. Já um indiano, consome 25 litros por dia.

O consumo médio de água estimado por pessoa é de: 4% para bebida e alimentação, 7% para lavagem de utensílios de cozinha, 14% para lavagem de roupa, 31% para higiene corporal, 36% para descarga de vasos sanitários, 8% para irrigação do jardim, lavagem de carros, limpeza da casa e outras.

Entre os diversos usos da água, a irrigação é a que apresenta o maior desperdício, pois entre 15% e 50% da água utilizada para esse fim não atinge as plantações, perdida na evaporação e pela infiltração no solo.

Fonte: Disponível em: <http://www.idec.org.br/biblioteca/mcs_agua.pdf>.

PARA SABER MAIS

Um relatório, usando modelagem computadorizada, o Global Water Outlook to 2025: Averting an Impending Crises, elaborado em 2002 por International Food Policy Research Institute (IFPRI) e International Water Management Institute (IWMI), projeta que, em 2025, a escassez de água causará grandes perdas na produção de alimentos – quantidade ligeiramente maior do que a produção de grãos atual dos Estados Unidos. A menos que mudemos políticas e prioridades, em vinte anos, não haverá água suficiente para as cidades, os domicílios, o ambiente natural ou cultivo de alimentos, afirma Mark Rosegrant, autor principal do relatório e pesquisador do IFPRI.

Fontes: International Food Policy Research Institute, disponível em: <www.ifpri.org>, e Instituto Brasileiro de Defesa do Consumidor (IDEC), disponível em: <www.idec.org.br>.

Segurança alimentar

Na agricultura, os efeitos das mudanças climáticas dependerão de um conjunto de fatores.[29] De um lado, a elevação das temperaturas prejudica as plantas, mas prolonga seu período de desenvolvimento e permite safras maiores e mais variadas. De outro, as condições climáticas favoráveis poderão levar à proliferação de pragas e doenças.

A redução das chuvas e/ou o risco do aumento de tempestades nas regiões tropical e subtropical do planeta afetarão de maneira negativa a agricultura, em escala global.

As dificuldades para sustentar a agricultura deverão ser enfrentadas, de maneira mais intensa, nos países em desenvolvimento, em muitos dos quais a segurança alimentar de suas populações já está ameaçada.

Esse cenário poderá ser pressionado pela demanda por alimentos variados, bem como pelos regimes de mercado e de comércio.

Entretanto, a agricultura é uma atividade adaptável – os calendários podem ser ajustados, novos tipos de plantas podem ser desenvolvidos e um bom manejo do solo pode compensar a falta de água. Além disso, se houver incentivos financeiros, os cientistas acreditam que a agricultura não seria atingida pelas mudanças climáticas nos próximos 50 anos.[30]

O mapa da Figura 1.8 mostra a mudança do potencial de produção de alimentos em todo o planeta em 2080 em relação ao ano 2000. Em linhas gerais, o que se observa é que a África e a Europa são as regiões que poderão sofrer as maiores reduções. Nesse cenário futuro, a situação da África é preocupante, pois essa já é uma região que sofre com a desnutrição. Segundo

29 Ibid., p. 58.

30 Ibid.

Dow e *Downing*,[31] em 2005 mais de 25% das crianças africanas com menos de cinco anos estavam moderada ou severamente abaixo do peso.

Além dos cenários apresentados nesta seção, as mudanças climáticas podem afetar outras dimensões da existência humana. Elas podem, por exemplo, favorecer a disseminação de doenças, especialmente em regiões já vulneráveis pela falta de médicos e recursos para tratamentos.

Os moradores das periferias das grandes cidades poderão sofrer com a elevação dos preços dos alimentos, energia e água, em consequência das mudanças climáticas – e ainda estão sujeitos a tragédias naturais, como enchentes, tempestades e deslizamentos, caso vivam em áreas de risco. Foi o que ocorreu na região serrana do Rio de Janeiro, em janeiro de 2011, resultando na morte de mais de 800 pessoas.

Embora o quadro que se delineia seja grave, há saídas e soluções possíveis. Nem todos os desastres e problemas previstos, mesmo pelos mais pessimistas, são inevitáveis. Para que eles não se concretizem, entretanto, é necessário modificar paradigmas, concepções de progresso, modos de vida e o modelo de desenvolvimento tradicional, num movimento que envolva organismos internacionais, governos, empresas, organizações da sociedade civil e os cidadãos comuns.

Em grande parte da África, por exemplo, a quantidade e a duração das chuvas determinam se as colheitas serão suficientes ou se as pessoas passarão fome, tendo de buscar fontes alternativas de alimentação e de renda.

PARA SABER MAIS

Os países em desenvolvimento tendem a sofrer mais os efeitos das mudanças climáticas, mas elas também estão afetando os países desenvolvidos.

Em 2003, uma onda de calor fortíssima em toda a Europa resultou em 52 mil mortes em nove países – 18 vezes a mais do que o total de vidas perdidas nos ataques terroristas ao World Trade Center em 2001, um dos eventos recentes que mais chocaram a humanidade.

Fonte: BROWN (2008).

Mudando práticas e hábitos

Os autores que nos vêm fornecendo as informações apresentadas neste capítulo fazem-nos ver que já existem soluções viáveis e eficientes para reduzir as emissões dos gases responsáveis pelas alterações na atmosfera e para se fazer adaptações que permitam às pessoas viverem

31 Ibid.

FIGURA 1.8 Segurança alimentar: impactos das mudanças climáticas na produção de alimentos

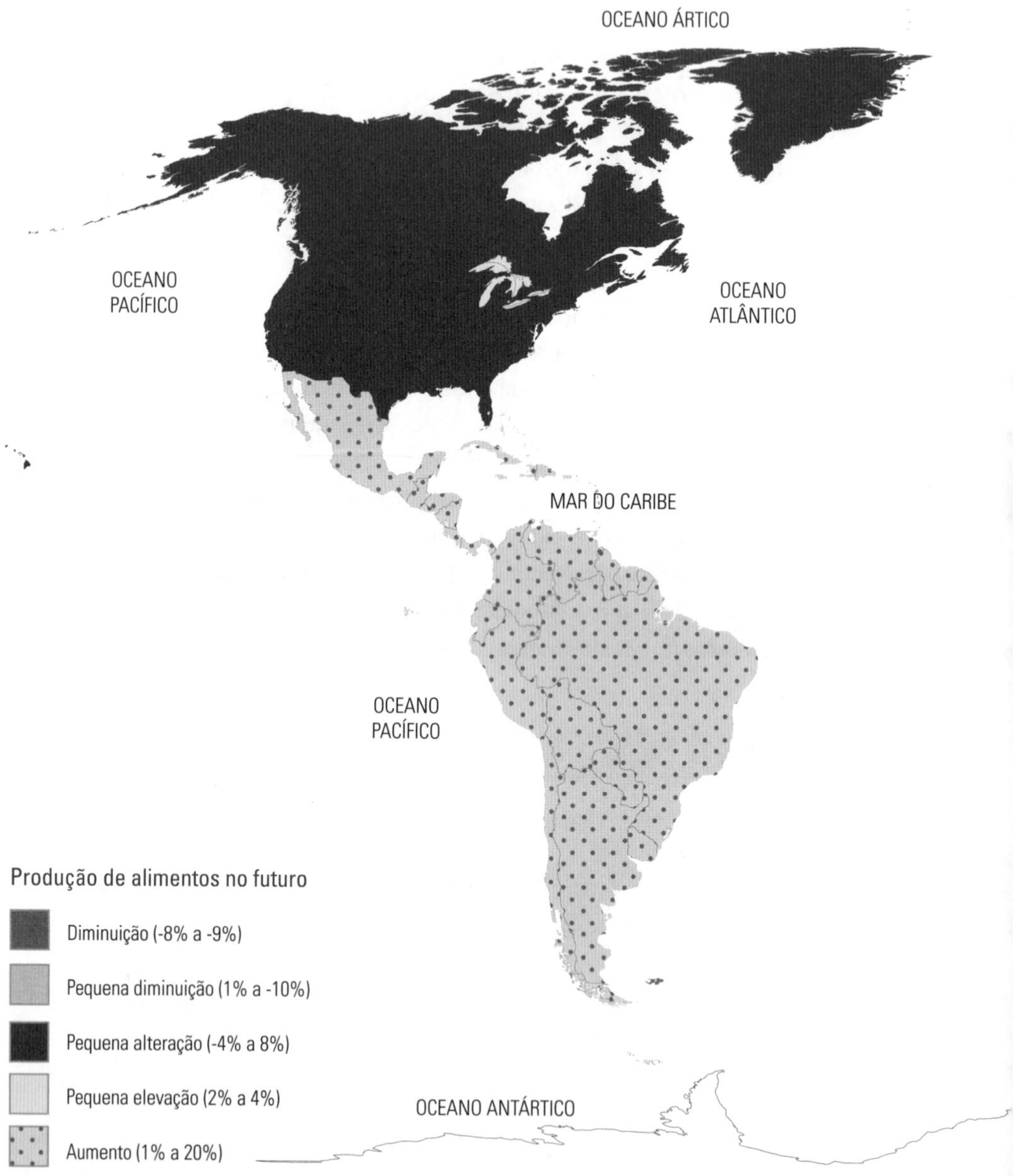

Fonte: USCB e DESA.

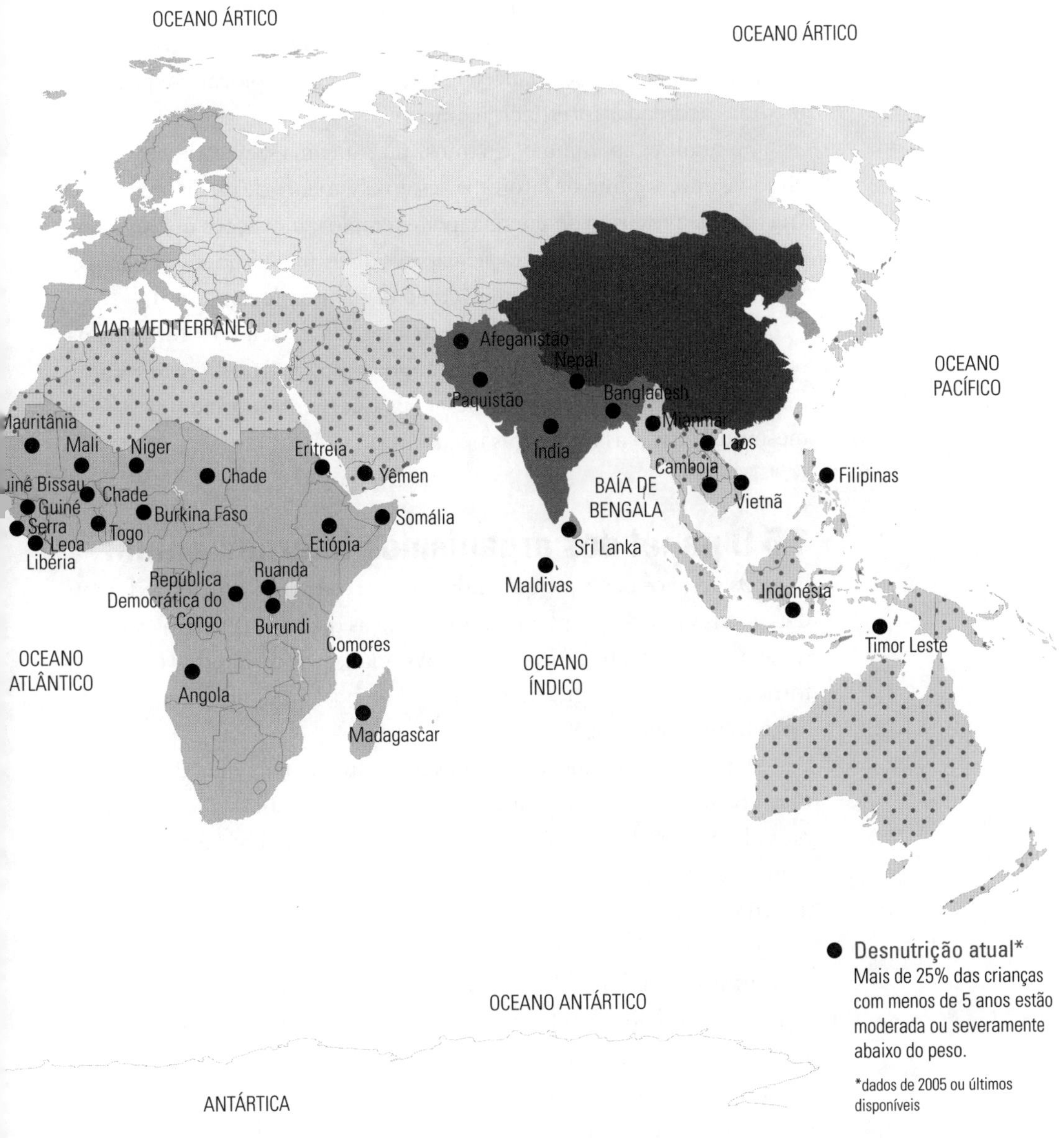

● **Desnutrição atual***
Mais de 25% das crianças com menos de 5 anos estão moderada ou severamente abaixo do peso.

*dados de 2005 ou últimos disponíveis

bem dentro das novas condições.[32] Muitas delas requerem cooperação internacional, considerando que as problemáticas envolvidas nas mudanças climáticas – como a emissão de gases de efeito estufa – não são delimitadas pelas fronteiras dos países.

Paralelamente, no plano dos Estados nacionais, são necessárias leis, regulamentações, políticas e articulações entre os diversos segmentos que compõem a sociedade, a fim de legitimar e colocar em prática as medidas acordadas internacionalmente.

As análises apontam que a transição para uma sociedade sustentável envolve um conjunto de fatores: o desenvolvimento de novas tecnologias (na área de produção de energia, por exemplo), inovações institucionais (mecanismos de regulamentação capazes de estimular novos modelos de produção) e mudanças culturais (como os hábitos de consumo).

Também aqui, os órgãos internacionais e nacionais têm um papel relevante a desempenhar na mobilização, diagnóstico, regulação, formulação e implementação de ações que possam fomentar – e até mesmo induzir – as mudanças necessárias.

1.5 O papel dos organismos internacionais

Os desafios para que o mundo consiga reduzir os impactos das mudanças climáticas e implementar mudanças que os amenizem são grandes, mas não são intransponíveis. As análises e os estudos existentes fornecem subsídios suficientes para que se possam estabelecer prioridades e frentes de atuação.

A redução da emissão de gases de efeito estufa é uma dessas questões-chave em meio ao debate das mudanças climáticas e seus impactos na vida da população mundial e os esforços atualmente empreendidos com esse objetivo são bastante elucidativos do papel dos organismos internacionais nessa empresa.

Já existem informações, mecanismos e estratégias definidos para enfrentar o problema da emissão dos GEE, visando à redução mais significativa dos seus efeitos deletérios. Entretanto, as dificuldades antepostas a ações com esse objetivo revelam o peso dos interesses econômicos e das diferenças políticas na construção de uma nova ordem mundial que seja pautada pela preservação do meio ambiente.

Conforme será detalhado no próximo item, as disposições do *Protocolo de Quioto* não vêm sendo cumpridas no ritmo desejável e suficiente para ecoar mudanças significativas nesse campo.

---

32 Ibid., p. 69.

É preciso considerar que isso ocorre porque a implementação dos acordos internacionais, mesmo aqueles que contam com ampla adesão dos governos, precisa ser negociada no âmbito das suas políticas nacionais. Em outras palavras, para que as metas de um acordo como o *Protocolo de Quioto* sejam efetivadas, normalmente é preciso passar pelo crivo das forças e dos poderes locais, quer em termos políticos e econômicos quanto sociais.

Considerando o Brasil, normalmente, após a ratificação de um acordo internacional pelo Poder Executivo, ainda é preciso obter a aprovação do Legislativo. Além disso, é necessário criar leis (muitas vezes em níveis estadual e municipal) para que as disposições dos acordos passem a valer na prática, ou seja, para que se formulem e desenvolvam políticas, programas e outros tipos de ações visando à sua implementação. E, por último – mas não menos importante –, é fundamental envolver as populações e os grupos direta ou indiretamente afetados pela problemática que o acordo busca resolver.

Nos termos de *Dow* e *Downing*:

> Mesmo que os acordos internacionais tenham sido assinados pela maioria dos países, eles terão de ser negociados também em casa. Para que as metas de redução [previstas no *Protocolo de Quioto*] sejam cumpridas, os governos locais, as pequenas empresas, as grandes corporações e as organizações civis terão de se envolver.[33]

Paralelamente, os governos e organismos internacionais têm um papel central a desempenhar na preparação das populações locais para lidarem com as mudanças climáticas – algo que deveria ser encarado como uma prioridade. *Dow* e *Downing* também preconizam que é fundamental que os governos atuem no sentido de vincular a eficiência energética e o controle dos riscos climáticos ao desenvolvimento sustentável, por meio de educação, assistência à saúde, oferta de emprego e informação.[34]

Nas décadas finais do século XX, os organismos e agências multilaterais da ONU desempenharam, ao lado de organizações da sociedade civil (como as *Organizações Não Governamentais – ONGs)*, universidades, centros de pesquisa e o setor privado, um papel central na mobilização em torno do problema das mudanças climáticas e da necessidade da construção de uma sociedade orientada para a sustentabilidade.

---

33 Ibid.

34 Ibid.

Tal mobilização se deu em fóruns internacionais de debate que reuniram representantes de muitos países e que resultaram em compromissos formalmente assumidos pelos governos.

Alguns deles talvez não resultem nos avanços esperados, mas, independentemente disso, contribuem para o estabelecimento de fóruns de debate público e para a busca de soluções conjuntas para fazer frente às mudanças climáticas.

Além disso, os estudos e as análises coordenados pelos organismos internacionais dão uma contribuição fundamental para aprofundar o diagnóstico da situação, bem como lançam novos paradigmas para compreender os processos em andamento e subsidiar ações e metas para o futuro.

Mostraremos a seguir alguns dos esforços dos organismos internacionais quanto a mudanças climáticas e sustentabilidade.

Protocolo de Quioto

Este protocolo é um instrumento internacional de 1997 que estabeleceu metas de redução da emissão de gases de efeito estufa em pelo menos 5% no período de 2008 a 2012, tomando como base o patamar de 1990.

PARA SABER MAIS

Histórico do Protocolo de Quioto

1988 – Primeira reunião entre governantes e cientistas, realizada em Toronto (Canadá), conclui que o impacto potencial das alterações do clima da Terra é inferior apenas ao de uma guerra nuclear.

1990 – O primeiro informe de nível internacional foi o IPCC, no qual os cientistas advertiram que, para estabilizar os crescentes níveis de CO_2, seria necessário reduzir as emissões de 1990 em 60%.

1992 – Mais de 160 governos assinam, na ECO-92, a convenção marco sobre mudança climática, que visava:

- evitar interferências danosas da ação humana sobre o clima para proteger as fontes alimentares, os ecossistemas e o desenvolvimento social;
- estabelecer a meta para que os países industrializados mantivessem suas emissões de gases estufa, no ano de 2000, nos mesmos níveis computados em 1990;
- instituir o princípio de responsabilidade comum e diferenciada, significando que todos os países têm responsabilidade de proteger o clima, mas os do Norte devem ser os primeiros a atuar.

1995 – Novo informe do IPCC conclui que os primeiros sinais de mudança climática são evidentes, sugerindo que o impacto de origem humana nesse processo é significativo, desafiando assim, por exemplo, poderosos grupos de pressão em favor dos combustíveis fósseis.

1997 – É assinado o Protocolo de Quioto.

O protocolo já foi ratificado por 175 países, mas não conta com a adesão dos Estados Unidos, um dos maiores emissores de dióxido de carbono do mundo. O país alegou que a aceitação do Protocolo interferiria negativamente na sua economia.

Como, além dos Estados Unidos, outros grandes emissores não o ratificaram, o *Protocolo de Quioto* demorou para entrar em vigor, o que ocorreu apenas em 2005, após a adesão da Rússia no ano anterior. Segundo as disposições do próprio *Protocolo*, ele somente entraria em vigor quando 55% dos países que produzem, juntos, 55% das emissões aderissem a ele.

A menos de um ano do término da primeira fase dos acordos firmados no âmbito do *Protocolo*, é possível constatar avanços: o relatório de 2010 sobre as emissões nos 27 estados-membros da União Europeia apontou que a meta prevista para o bloco em 2012 deverá se concretizar antes do prazo estabelecido.

Como desdobramento de Quioto, em 2010 foi realizada a *16ª Conferência sobre Mudança Climática (COP-16)*, em Cancún (México), que, entre outros resultados, aprovou um *Fundo Verde*, que destinará US$ 100 bilhões por ano para as nações mais pobres empregarem no combate às mudanças climáticas.

PARA SABER MAIS

Durante a COP-16, o Brasil divulgou suas metas de corte de emissões de gases de efeito estufa, aprovadas em dezembro de 2009. O país pretende cortar entre 36% e 39% sobre o que seria emitido se nada fosse feito.

De acordo com o Ministério do Meio Ambiente, se a economia continuar crescendo a uma taxa de 5% ao ano, as emissões chegariam a 3,2 bilhões de toneladas. Com a meta, não podem ultrapassar 2 bilhões de toneladas.

A meta também inclui a redução do desmatamento da Amazônia em 80% até 2020.

Fonte: Quais foram os resultados de fato da COP-16? Disponível em: <http://www.institutocarbonobrasil.org.br/cop_16___cancun/noticia=726608>. Acesso em: 22 abr. 2011.

Mercado de créditos de carbono

O *Protocolo de Quioto* propôs três mecanismos para auxiliar os países a cumprir suas metas ambientais. Um deles é o *Mercado de Créditos de Carbono* ou *Mecanismo de Desenvolvimento Limpo (MDL)*.

GRÁFICO 1.10 Participação no total de atividades de projeto no âmbito do MDL no mundo (7.742 projetos)

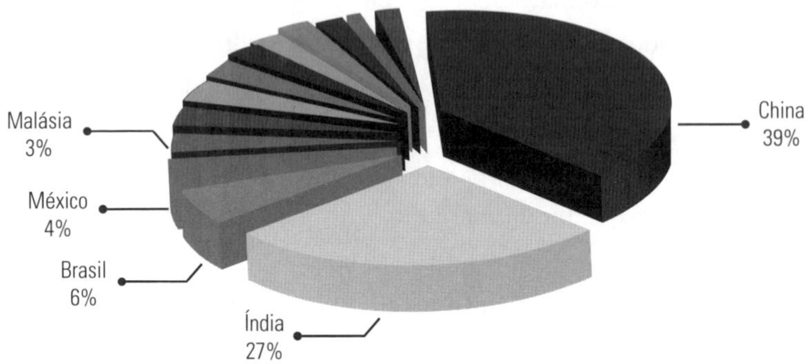

Fonte: Adaptado de Ministério da Ciência, Tecnologia e Inovação (2011).

GRÁFICO 1.11 Distribuição das atividades de projeto no Brasil por tipo de gás de efeito estufa reduzido

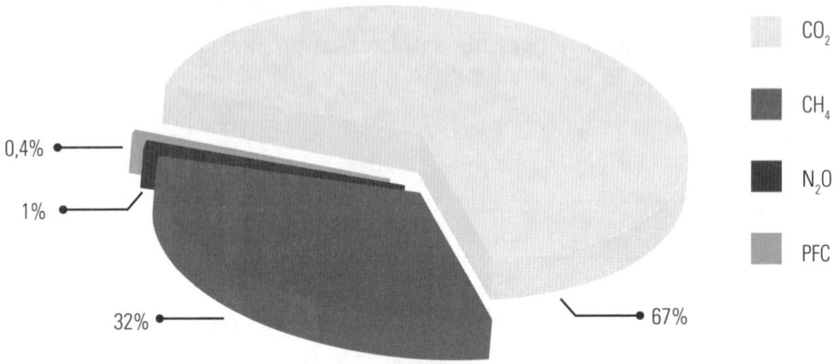

Fonte: Adaptado de Ministério da Ciência, Tecnologia e Inovação (2011).

Os outros dois são as parcerias em projetos ambientalmente responsáveis e o direito dos países desenvolvidos (que são grandes emissores) de comprarem "créditos" das nações que poluem pouco.

O objetivo do mercado de créditos de carbono é incentivar investimentos em energia renovável e em eficiência energética.

A compra dos créditos de carbono se dá de duas formas:

- Mercado de projetos (os compradores investem em projetos ou em empresas comprometidas com a redução das emissões de gases de efeito estufa).

GRÁFICO 1.12 Número de projetos brasileiros por escopo setorial

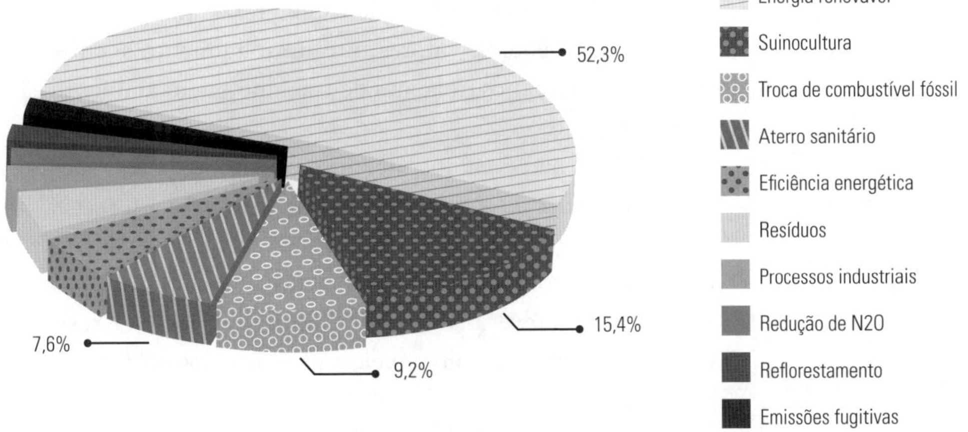

Fonte: Adaptado de Ministério da Ciência, Tecnologia e Inovação (2011).

- Mercado de permissões (grandes empresas, como as produtoras de energia, podem comprar permissões de emissões ao adquirir créditos de países que não têm limites ou que estão abaixo do nível exigido).

Os mercados respondem apenas por 0,5% das emissões anuais de gases de efeito estufa e são criticados por incorporarem projetos considerados insustentáveis (por exemplo, grandes hidrelétricas). No entanto, estão ganhando força progressivamente no cenário internacional.

PARA SABER MAIS

O Ministério da Ciência e Tecnologia (MCT) do Brasil informa que, em março de 2011, havia 7.329 projetos de mecanismo de desenvolvimento limpo em todo o mundo.

Na ocasião, o Brasil ocupava o terceiro lugar em número de atividades e projetos (484 projetos, 7% do total).

A China (2.855 projetos, 35% do total) é o primeiro colocado, e a Índia (2.006 projetos, 27% do total) ocupa a segunda posição.

Fonte: MDL (2007).

Pacto Global

Em 1999, o então secretário-geral da ONU, *Kofi Annan*, anunciou no *Fórum Econômico Mundial*, realizado todos os anos em Davos (Suíça), o *Pacto Global*, para encorajar empresas a adotarem políticas de *Responsabilidade Social Corporativa e Sustentabilidade*.

PARA SABER MAIS

O Pacto Global começou a ser articulado em 2000 e conta com a participação de 371 organizações.
Desde seu lançamento, em 26 de abril de 2000, a iniciativa cresceu, atingindo, em 2011, 8 mil participantes, incluindo mais de 5.300 empresas, em 130 países.
Seu ponto focal no Brasil é o Instituto Ethos de Empresas e Responsabilidade Social.

Fonte: Disponível em: <http://www.pactoglobal.org.br>. Acesso em: 22 abr. 2011.

Essa iniciativa reúne, além de empresas, agências da ONU, sindicatos, ONGs e outros tipos de parceiros envolvidos na construção de um mercado global mais inclusivo e igualitário. Para tanto, o *Pacto* advoga a necessidade de as empresas incorporarem, em suas práticas de negócios, valores internacionalmente aceitos nas áreas de direitos humanos, relações de trabalho, meio ambiente e combate à corrupção.

O *Pacto* não é um instrumento regulatório; antes espera por adesões voluntárias ao mesmo tempo que se propõe a fornecer diretrizes para a promoção do crescimento sustentável e da cidadania por meio de lideranças corporativas comprometidas e inovadoras.

O Pacto prevê a adoção dos seguintes princípios relacionados a direitos humanos, trabalho, meio ambiente e corrupção:

- *Princípios de Direitos Humanos*

1. Respeitar e proteger os direitos humanos.
2. Impedir violações dos direitos humanos.

- *Princípios de Direitos do Trabalho*

3. Apoiar a liberdade de associação no trabalho.
4. Abolir o trabalho forçado.
5. Abolir o trabalho infantil.
6. Eliminar a discriminação no ambiente de trabalho.

- *Princípios de Proteção Ambiental*

7. Apoiar uma abordagem preventiva aos desafios ambientais.
8. Promover a responsabilidade ambiental.
9. Encorajar tecnologias que não agridem o meio ambiente.

- *Princípio Contra a Corrupção*

10. Combater a corrupção em todas as suas formas, inclusive extorsão e propina.

Cúpula do Milênio da ONU

O mesmo *Kofi Annan* também propôs uma reunião de cúpula, que recebeu o nome de *Cúpula do Milênio*, realizada em Nova York, entre 6 e 8 de setembro de 2000. A cúpula teve como resultado a *Declaração do*

Milênio, que estabeleceu os *Oito Objetivos de Desenvolvimento do Milênio (ODM)*, descritos como oito metas concretas a serem atingidas pelos 191 Estados signatários da *Declaração*, até 2015.

Os Oito Objetivos de Desenvolvimento do Milênio, no Brasil, são conhecidos como as Oito Maneiras de Mudar o Mundo.

Essas metas de trabalho visam alcançar a melhoria dos indicadores sociais dos países, em diversas áreas, e sintetizam vários acordos internacionais firmados durante a década de 1990 (desenvolvimento social, situação das mulheres, racismo, educação, saúde etc.)

No Brasil, os *ODM* são difundidos e recebem adesões pelo representante do *Programa das Nações Unidas para o Desenvolvimento (PNUD)*, e pela organização *Rede Brasil Voluntário*, entre outras instituições.

As oito metas, ou *ODM*, e a situação do Brasil em cada uma delas são, segundo o *PNUD*:

> **PARA CONHECER**
>
> Estatísticas sobre as metas do Brasil podem ser obtidas em:
> **PNUD**: <http://www.pnud.org.br>.
> **Rede Brasil Voluntário**: <http://www.objetivosdomilenio.org.br/>.

1. *Erradicar a extrema pobreza e a fome.*

   O Brasil já cumpriu o objetivo de reduzir pela metade o número de pessoas vivendo em extrema pobreza até 2015: de 25,6% da população em 1990 para 4,8% em 2008. Mesmo assim, 8,9 milhões de brasileiros ainda tinham renda domiciliar inferior a US$ 1,25 por dia até 2008.

2. *Atingir o ensino básico universal.*

   O objetivo de universalizar o ensino básico de meninas e meninos foi praticamente alcançado no Brasil, mas as taxas de frequência ainda são mais baixas entre os mais pobres e as crianças do Norte e Nordeste. A qualidade do ensino é outro desafio.
   Segundo o Quarto Relatório Nacional de Acompanhamento dos ODM (dados de 2008), 94,9% das crianças e dos jovens entre 7 e 14 anos estão matriculados no ensino fundamental. Nas cidades, o percentual chega a 95,1%.

3. *Promover a igualdade entre os sexos e a autonomia das mulheres.*

   No Brasil, as mulheres já estudam mais do que os homens, mas têm menos chances de emprego, recebem menos do que homens trabalhando nas mesmas funções e ocupam os piores postos.
   Em 2008, os homens com carteira assinada representavam 39,1% enquanto as mulheres, 29,5%. A participação nas esferas de decisão ainda é pequena.

4. *Reduzir a mortalidade infantil.*

   Segundo o PNUD, em todo o mundo, as projeções para os ODM ligados à saúde são as piores no grupo de metas estabelecidas até 2015. O Brasil reduziu a mortalidade infantil (crianças com menos de um ano) de 47,1 óbitos por mil nascimentos, em 1990, para 19 em 2008. Até 2015, a meta é reduzir esse número para 17,9 óbitos por mil.

   A expectativa é de que esse objetivo seja cumprido ainda antes do prazo, mas a desigualdade ainda é grande: crianças pobres têm mais do que o dobro de chance de morrer do que as ricas, e entre as nascidas de mães negras e indígenas há maior taxa de mortalidade.

5. *Melhorar a saúde materna.*

   Desde 1990, o Brasil registra uma redução na mortalidade materna de praticamente 50%. A *Razão de Mortalidade Materna (RMM)* corrigida para 1990 era de 140 óbitos por 100 mil nascidos, enquanto em 2007 declinou para 75 óbitos.

6. *Combater o HIV/Aids, a malária e outras doenças.*

   O Brasil foi o primeiro país em desenvolvimento a proporcionar acesso universal e gratuito para o tratamento de *HIV/Aids* na rede de saúde pública. Quase 200 mil pessoas recebem tratamento com antirretrovirais financiados pelo governo. O sucesso da ação se deve, em grande parte, à sólida parceria com a sociedade civil.

   A prevalência de HIV no Brasil é de 0,5%, com cerca de 600 mil pessoas infectadas.

7. *Garantir a sustentabilidade ambiental.*

   O país reduziu o desmatamento, o consumo de gases que provocam o buraco na camada de ozônio e aumentou sua eficiência energética. O acesso à água potável deve ser universalizado, mas a meta de melhorar as condições de moradia e saneamento básico ainda depende dos investimentos e prioridades a serem efetivados. O *ODM* 7 é considerado um dos mais complexos para o país, principalmente no acesso ao saneamento básico em regiões remotas e nas zonas rurais.

8. *Estabelecer uma parceria mundial para o desenvolvimento.*

   O Brasil foi o principal articulador da criação do G20 (grupo que reúne as maiores economias do mundo e os países emergentes). Também se destaca no esforço para universalizar o acesso a medicamentos para a *Aids*. O país é proativo e inovador na promoção de parcerias globais usando a cooperação Sul-Sul como veículo.

QUADRO 1.1 Os oito objetivos de desenvolvimento do milênio

Fonte: PNUD, ONU e Governo Federal. Disponível em: <http://www.nospodemos.org.br>.

Para cumprir o que foi acordado, os países têm seus próprios mecanismos de monitoramento das metas, apresentados em relatórios periódicos. Esses dados permitem acompanhar e comparar a evolução em países, regiões de todo o planeta.

Essas metas funcionam como parâmetros para políticas públicas capazes de solucionar os problemas enfrentados pela população. No caso do Brasil, ações como o programa *Bolsa Família* colaboram para reduzir a pobreza, aumentando as chances de o país atingir a meta número 1.

PARA SABER MAIS

É possível saber como cada um dos mais de 5 mil municípios brasileiros se situa em relação às metas pactuadas pelos 191 países no âmbito dos ODM. Assim, cada pessoa pode conhecer melhor a realidade de seu município. As empresas também se beneficiam, pois contam com instrumentos para definir suas ações de responsabilidade social empresarial.

Fonte: Disponível em: <http://www.portalodm.com.br/>. Acesso em: 4 abr. 2011.

Fundo Global para o Meio Ambiente

O principal mecanismo de financiamento multilateral para os países em desenvolvimento enfrentarem os desafios gerados pelas mudanças climáticas é o *Fundo Global para o Meio Ambiente (Global Environment Facility – GEF)*, que existe desde 1991.

Os recursos desse fundo são destinados a projetos relacionados a biodiversidade, degradação do solo e águas internacionais, entre outros, com o objetivo de prover melhorias quanto ao meio ambiente e promover modos de vida sustentáveis.

Para terem acesso a esses recursos, os projetos devem se enquadrar em uma ou mais das seguintes áreas:

- diversidade biológica;
- mudanças climáticas;
- águas transfronteiriças;
- prevenção da destruição da camada de ozônio;
- degradação da terra;
- poluidores orgânicos persistentes.

As ações propostas devem beneficiar o meio ambiente em termos das emissões de GEE e degradação da Terra.

No entanto, os recursos alocados – estimados em US$ 20 bilhões – são considerados insuficientes, embora os aportes de bancos regionais de desenvolvimento e do setor privado estejam aumentando.

Princípios do Equador

Os *Princípios do Equador* constituem critérios mínimos para a concessão de crédito internacional a empresas, com o objetivo de assegurar que os projetos financiados sejam social e ambientalmente responsáveis.

Esses *Princípios* foram estabelecidos em 2003 por um grupo de grandes bancos internacionais de financiamento de projetos, por iniciativa do *Internacional Finance Corporation (IFC)* – braço privado do Banco Mundial, que oferece recursos para o setor privado em países em desenvolvimento a fim de promover o desenvolvimento econômico sustentável.

A iniciativa partiu da constatação de que muitas nações não possuem uma legislação rígida de proteção ambiental. Para se contrapor a essa realidade e evitar que os projetos financiados por instituições financeiras nessas localidades tivessem impacto ambiental negativo, os *Princípios* passaram a ser adotados pelos bancos participantes da iniciativa.

Hoje a proposta avançou e, além de evitar resultado ambiental negativo, pretende agregar um caráter socioambiental positivo aos projetos.

Assim, na prática, as empresas interessadas em obter financiamento internacional devem contemplar nos seus projetos quesitos como gestão de risco ambiental, proteção à biodiversidade, mecanismos de controle da poluição, eficiência na produção, distribuição e consumo de recursos hídricos e energia, entre outros. Proteção à saúde, à diversidade cultural, respeito aos direitos humanos e combate ao trabalho infantil também devem ser considerados.

O processo de avaliação dos projetos envolve critérios de classificação que levam em conta os riscos ambientais que podem representar, como o de afetar hábitats naturais, comunidades vulneráveis e/ou heranças culturais significativas.

Quando criados, esses critérios eram aplicados apenas a projetos com valores acima de US$ 50 milhões. A partir de 2006, o teto foi rebaixado para US$ 10 milhões, ampliando o acesso aos recursos, permitindo que projetos menos complexos, mais baratos, fossem contemplados. O rigor na aplicação dos *Princípios* amplia o controle potencial sobre os projetos.

O papel dos governos

De nada adianta reduzir as emissões de gases efeito estufa, investir em energia renovável, se os indivíduos não se engajarem no processo de mudança. Isso não significa dizer que a maior responsabilidade cabe aos cidadãos comuns, mas, sim, afirmar que "o compromisso público com as ações é tão importante quanto os esforços individuais".[35]

Assim, de um lado, está o governo, que desempenha um papel importante no desenvolvimento da cultura da sustentabilidade. Porém, mesmo que nem sempre os governos estejam na linha de frente, eles podem desempenhar um papel relevante em prol da sustentabilidade, ao realizarem a assim chamada "edição de escolhas":

35 Ibid., p. 87.

> A ingerência nas escolhas dos cidadãos por meio de leis, tributos, subsídios etc. há muito tempo é papel dos governos. A novidade do momento é que a ingerência nas escolhas está sendo usada para que a opção sustentável ocorra de forma automática, como projeto.[36]

Por exemplo, um governo pode escolher priorizar seus gastos com segurança nacional ou na solução de problemas ambientais. Na visão do *Worldwatch Institute (WWI)*, o conceito de segurança nacional precisa ser revisto: se a degradação ambiental continuar na escala atual, os riscos à segurança das populações não serão oriundos de terroristas ou exércitos externos, mas da debilidade do planeta.

Outra maneira de criar condições para uma vida sustentável ocorre por meio da redefinição dos locais onde vivem as pessoas e por meio de ações que contribuam para reduzir (ou eliminar) o uso de carros ou para gerar energia por meio de fontes renováveis.

E, ao se conectarem com redes comunitárias, os moradores de uma cidade podem ser mobilizados como participantes ativos para acelerarem a mudança rumo a um projeto urbano sustentável.

Por exemplo, a reformulação dos serviços de saúde, com foco prioritário na prevenção de doenças, melhora a qualidade de vida das pessoas, reduz os gastos com tratamentos médicos e colabora para a redução dos impactos ecológicos gerados por tratamentos dispendiosos e sofisticados.

PARA CONHECER

O Worldwatch Institute (WWI), sediado em Washington, destaca-se na promoção de uma sociedade ambientalmente sustentável, na qual as necessidades humanas sejam atendidas sem ameaças à saúde da natureza. Busca atingir seus objetivos por meio de pesquisas interdisciplinares e apolíticas, montando cenários sobre as questões globais emergentes e difundindo os resultados com publicações editadas em vários idiomas.

No Brasil está associado à Universidade da Mata Atlântica (UMA), instituição do terceiro setor, dedicada à promoção do desenvolvimento socioeconômico-ecológico integrado, para a divulgação de suas informações e publicação dos seus trabalhos.

Fonte: Disponível em: <http://www.worldwatch.org.br/sobre.html>. Acesso em: 4 abr. 2011.

---

36 ASSADOURIAN, 2010.

PARA SABER MAIS

Curitiba: exemplo mundial de sustentabilidade

Em 2010, a capital paranaense ganhou, por unanimidade, o prêmio Globe Award Sustainable City, organizado pelo Globe Forum da Suécia, que todos os anos escolhe a cidade mais sustentável do mundo.

A premiação foi concedida com base nos seguintes critérios: preservação de recursos naturais, bem-estar e relação social nas cidades, inteligência e inovação nos projetos e programas, cultura e lazer, transporte, confiança no setor público e gerenciamento financeiro e patrimonial.

O principal projeto apresentado foi o Biocidade, lançado em 2007, que integra a questão ambiental a todas as ações do município. Curitiba concorreu com Sydney (Austrália), Malmö (Suécia), Murcia (Espanha), Songpa (Coreia do Sul) e Stargard Szczecinski (Polônia).

Fonte: Disponível em: <http://www.piniweb.com.br/construção/urbanismo/curitiba-e-eleita-a-cidade-mais-sustentavel-do-mundo-169196-1.asp>. Acesso em: 22 abr. 2011.

1.6 A hora da mudança

Um mundo com uma atitude climática inteligente pode estar ao alcance se forem realizadas ações imediatas e seguidos parâmetros diferentes dos utilizados no passado. Um roteiro desse tipo de ações e de parâmetros, desenvolvido pelo Banco Mundial no seu relatório sobre o desenvolvimento, de 2010, é mostrado seguir:

- *Agir imediatamente*, caso contrário, as opções podem desaparecer e os custos aumentarem, se o padrão de elevado uso de carbono e as trajetórias que levam ao aquecimento se mantiverem. A mudança climática já está comprometendo esforços para melhorar padrões de vida e alcançar os *Objetivos de Desenvolvimento do Milênio (ODM)*.

  Na avaliação do Banco Mundial, são necessárias ações imediatas para enfrentar a mudança climática e minimizar os custos para pessoas, infraestrutura e ecossistemas hoje, bem como para nos preparar para maiores desafios que nos aguardam.

- *Atuar em conjunto* é a chave para manter os custos baixos e enfrentar efetivamente tanto a adaptação como a mitigação. É preciso começar com os países de alta renda adotando uma ação agressiva para reduzir as próprias emissões. Isso liberaria certo "espaço para poluição" por parte dos países em desenvolvimento, porém, mais importante ainda, incentivaria a inovação e a procura por novas tecnologias, de forma que possam ser rapidamente ampliadas. Mas atuar em conjunto é também crítico para avançar o desenvolvimento em um ambiente mais hostil – o aumento dos riscos climáticos ultrapassará a capacidade de adaptação das comunidades. O apoio tanto nacional como internacional será essencial para proteger os mais vulneráveis por meio de programas de assistência social, desenvolver acordos internacionais de compartilhamento de riscos e promover o intercâmbio de conhecimento, tecnologia e informação.

- *Atuar de forma diferente* é necessário para permitir um futuro sustentável em um mundo em evolução. Nas próximas décadas os sistemas energéticos do mundo devem ser transformados para que as emissões globais caiam de 50% a 80%. Deve-se reforçar a infraestrutura para suportar novos eventos climáticos extremos. Para alimentar mais de 3 bilhões de pessoas sem ameaçar ainda mais ecossistemas já estressados, será preciso aumentar a produtividade e a eficiência agrícolas do uso dos recursos hídricos. Somente uma gestão integrada e um planejamento flexível de longo prazo e larga escala poderão atender às crescentes demandas sobre os recursos naturais de alimentos, bioenergia, energia hidrelétrica e serviços do ecossistema, conservando ao mesmo tempo a biodiversidade e mantendo estoques de carbono no solo e nas florestas. Uma política eficaz implica uma avaliação conjunta das ações para o desenvolvimento, a adaptação e a mitigação, uma vez que todas elas se valem dos mesmos recursos finitos (humanos, financeiros e naturais). Será preciso, ainda, que se estabeleça um acordo climático global equitativo e eficaz que respeite as necessidades e limitações dos países em desenvolvimento.

O sucesso desse roteiro depende de alterações de comportamento e de aperfeiçoamento por meio da reeducação dos cidadãos.

Os indivíduos, como cidadãos e consumidores, determinarão o futuro do planeta. Embora um número maior de pessoas conheça a questão da mudança climática e acredite que uma ação seja necessária, um número muito pequeno faz dessa questão uma prioridade e muitos não tomam nenhuma atitude quando têm oportunidade de fazê-lo.

É esse cenário que se apresenta como pano de fundo do debate em torno da sustentabilidade e da necessidade de se fazer uma transição para a nova economia, baseada em paradigmas e modelos de desenvolvimento que promovam uma relação menos devastadora com a natureza e que, ao mesmo tempo, seja capaz de realizar a inclusão socioeconômica dos amplos setores da população mundial hoje excluídos. Esses temas serão abordados nos próximos capítulos.

Enquanto isso, podemos e devemos tentar implementar e aperfeiçoar nossa visão de mundo quanto à sustentabilidade.

Uma forma de nos mantermos no caminho para esse objetivo é atentarmos, por exemplo, às ações dos nossos governos, municipal e estadual, em suas prerrogativas e ações nessa matéria tão sensível de que tratamos até agora.

CONCEITOS-CHAVE

ECOSSISTEMAS: são unidades naturais complexas constituídas por dois grupos de componentes: os organismos vivos (plantas, animais, micro-organismos), constituintes da biota, isto é, do conjunto dos seres vivos, e os "não vivos" (abióticos). Os dois grupos são inseparavelmente inter-relacionados.

SERVIÇOS AMBIENTAIS: benefícios que os seres humanos obtêm da natureza e que são produzidos pelas interações que ocorrem no interior dos ecossistemas. (ALMEIDA, 2008)

CAPITAL NATURAL: uma das formas de capital existentes que considera fundamental o papel da natureza e das pessoas na economia. O conceito de capital natural está baseado na lógica de que, sem natureza e pessoas, não há atividade econômica.

MUDANÇAS CLIMÁTICAS: existem duas definições de mudança climática adotadas em âmbito internacional. O Painel Intergovernamental sobre Mudanças do Clima (IPCC) utiliza a expressão para se referir a uma mudança do clima que possa ser identificada por mudanças dos meios e/ou pela variabilidade de suas propriedades e que persista por um período de algumas décadas.

EFEITO ESTUFA: consiste na retenção de parte do calor irradiado pelo Sol por gases na atmosfera da Terra – como se fosse uma estufa. Sem esse fenômeno, a vida não existiria, pois a temperatura média do planeta seria de -18 °C, em vez de 15 °C.

SEGURANÇA ALIMENTAR: significa garantir, a todos, condições de acesso a alimentos básicos de qualidade, em quantidade suficiente, de modo permanente e sem comprometer o acesso a outras necessidades essenciais, com base em práticas alimentares saudáveis, contribuindo, assim, para uma existência digna, em um contexto de desenvolvimento integral da pessoa humana. (Disponível em: <http://amar-bresil.pacesperso-orange.fr/documents/secual/san.html>)

MERCADO DE CRÉDITO DE CARBONO SE DÁ DE DUAS FORMAS

- Mercado de projetos: os compradores investem em projetos ou em empresas comprometidas com a redução das emissões de gases de efeito estufa.
- Mercado de permissões: grandes empresas, como as produtoras de energia, podem comprar permissões de emissões ao adquirir créditos de países que não têm limites ou que não estão abaixo do nível exigido.

DICA DE AÇÃO RESPONSÁVEL

Acesse a Cartilha do *Uso Racional da Água no Comércio*, disponível no site da Companhia de Saneamento Básico do Estado de São Paulo (Sabesp): <http://www.tribosparceiros.org.br/biblioteca/cartilha%20uso%20racional%20agua.pdf>.

Ali você encontrará como se faz o cálculo do consumo de água, bem como as possibilidades de economizá-la.

A partir disso, faça uma tabela identificando o seu consumo no período de uma semana, da seguinte maneira:

- Relacione quais são os hábitos que vêm causando desperdício e calcule quantos litros de água você pode economizar por semana.
- Multiplique o resultado por 4,5 para saber quantos litros de água você economizará durante o mês. Comparando esse dado com a sua última conta de água, calcule quanto dinheiro você começará a economizar todos os meses.

Faça uma autorreflexão crítica com base no que você viu neste capítulo, para efetivamente contribuir para a qualidade de vida do ecossistema. Comece já!

PARA SABER MAIS

Relatório de Sustentabilidade da Sabesp – 2009:
<http://site.sabesp.com.br/uploads/file/asabesp_doctos/relatorio_sustentabilidade2009(1).pdf>.

Programa de Educação Ambiental da Sabesp:
<http://sabesp.com.br/calandraweb/a_sabesp/meio_ambiente/guia_pea_web.zip>.

Ministério do Meio Ambiente – Secretaria de Articulação Institucional e Cidadania Ambiental:
<http://www.mma.gov.br/sitio/index.php?idd=conteudo.monta&destrutura=127>.

2

Fundamentos da sustentabilidade

"Dar certo fazendo a coisa certa do jeito certo."

Fábio Barbosa[1]

Objetivos da aprendizagem

Ao final deste capítulo, o estudante terá condições de:

- compreender o conceito e a evolução histórica das definições de sustentabilidade;
- perceber a urgência da busca pelo equilíbrio entre o meio ambiente, a economia e a sociedade;
- entender como a sustentabilidade pode ser incorporada nas mais diversas instâncias da sociedade.

Neste capítulo, você entenderá a evolução histórica do conceito de sustentabilidade e a importância da sinergia entre as suas três dimensões; além disso, você investigará como os *stakeholders* ou *partes interessadas* afetam e são afetados pelo desempenho de uma organização e, por fim, você localizará a razão pela qual os indicadores e os fatores críticos da sustentabilidade fazem toda a diferença para o desenvolvimento sustentável.

Nos últimos anos, termos como *sustentabilidade, desenvolvimento sustentável, responsabilidade empresarial ou responsabilidade corporativa* tornaram-se comuns nos debates, em pesquisas e na mídia.

1 Fábio Colleti Barbosa é administrador de empresas, presidente do Conselho Diretor da Federação Brasileira de Bancos (Febraban) e ex-presidente do Grupo Santander Brasil. A epígrafe é o título de artigo referido em BARBOSA, Fábio (2010).

No entanto, devido à sua complexidade, eles ainda são pouco compreendidos, mesmo nas escolas e nos meios de comunicação.

Mais do que expressões que estão se tornando comuns no cotidiano das pessoas, tais termos dizem respeito a novos paradigmas, valores e regras sociais, políticos e econômicos para um mundo que está em constante evolução. Por isso, ao abordar essas questões neste capítulo, nosso objetivo é estimular reflexões sobre esta *nova ordem mundial* em gestação.

Espera-se, assim, que as pessoas reconheçam a necessidade de mudanças no modelo de exploração de recursos naturais, no direcionamento de investimentos, na orientação do desenvolvimento tecnológico e dos valores institucionais, em sintonia com as necessidades atuais e das gerações futuras.

2.1 Conceitos de sustentabilidade

O conceito de sustentabilidade explora as relações entre desenvolvimento econômico, qualidade ambiental e equidade social. Ele começou a ser delineado em 1972, quando a *Organização das Nações Unidas (ONU)* promoveu a *Conferência das Nações Unidas sobre o Meio Ambiente Humano,* em Estocolmo (Suécia).

> **PARA FIXAR**
>
> Equidade social pode ser definida como reconhecimento dos direitos de cada um na sociedade.
> Na prática, traduz-se em adaptações de regras e/ou políticas a situações e necessidades de grupos específicos, com a finalidade de tornar mais igualitárias as condições de acesso a direitos (educação, saúde, moradia etc.) e de vida de diferentes grupos populacionais.

Sustentabilidade pode ser definida como a característica de um processo ou sistema que permite que ele exista por certo tempo ou por tempo indeterminado. Nas últimas décadas, o termo tornou-se um princípio segundo o qual o uso dos recursos naturais para a satisfação das necessidades presentes não deve comprometer a satisfação das necessidades das gerações futuras.

Uma sociedade sustentável é aquela que não coloca em risco os recursos naturais – água, solo, vida vegetal, ar – dos quais depende. Assim, desenvolvimento sustentável é o modelo de desenvolvimento que segue esses princípios. É diferente, portanto, do modelo tradicional de crescimento, que se baseia exclusivamente em aspectos econômicos, tais como o aumento da produção e do consumo.

Nessa época, ainda não se falava em *desenvolvimento sustentável,* mas o documento final da *Conferência,* a assim chamada *Declaração de Estocolmo sobre o Ambiente Humano,* já apontava, em seu item 6, para a necessidade de "defender e melhorar o ambiente humano para as atuais e futuras gerações", em consonância com a paz e o desenvolvimento socioeconômico.

ENTRE ASPAS

"Atingiu-se um ponto da história em que devemos moldar nossas ações no mundo inteiro com a maior prudência, em atenção às suas consequências ambientais. Pela ignorância ou indiferença podemos causar danos maciços e irreversíveis ao ambiente terrestre de que dependem nossa vida e nosso bem-estar. Com mais conhecimento e ponderação nas ações, poderemos conseguir para nós e para a posteridade uma vida melhor em ambiente mais adequado às necessidades e esperanças do homem. São amplas as perspectivas para a melhoria da qualidade ambiental e das condições de vida. O que precisamos é de entusiasmo, acompanhado de calma mental, e de trabalho intenso, mas ordenado. Para chegar à liberdade no mundo da natureza, o homem deve usar seu conhecimento para, com ela colaborando, criar um mundo melhor. Tornou-se imperativo para a humanidade defender e melhorar o meio ambiente, tanto para as gerações atuais como para as futuras, objetivo que se deve procurar atingir em harmonia com os fins estabelecidos e fundamentais da paz e do desenvolvimento econômico e social em todo o mundo."

Fonte: Declaração de Estocolmo sobre o Ambiente Humano (item 6).

A *Conferência* contou com a participação de 113 países, 250 Organizações Não Governamentais e organismos da ONU. Foi a primeira grande reunião internacional em que lideranças mundiais discutiram questões ligadas ao meio ambiente.

A *Conferência* teve dois resultados formais:

- Uma *declaração de princípios de comportamento e responsabilidade* que deveria servir de orientação para as decisões relativas às questões ambientais.

PARA SABER MAIS

Um dos resultados práticos da Conferência de Estocolmo foi a criação do Programa das Nações Unidas para o Meio Ambiente (PNUMA), a agência da ONU que tem a missão de:

- monitorar o meio ambiente global;
- alertar os povos sobre problemas e ameaças;
- recomendar medidas para melhorar a qualidade de vida da população sem comprometer os recursos e serviços ambientais das futuras gerações.

Fonte: PNUMA. Disponível em: <http://www.onu-brasil.org.br/agencias_pnuma.php>. Acesso em: 4 abr. 2011.

- Um *plano de ação* que convocava os países, os organismos das Nações Unidas e a comunidade internacional a cooperarem no sentido da busca de soluções para os problemas ambientais.

A partir daí, teve início uma mobilização no âmbito da *ONU* e em vários países que levou à difusão de novas ideias em relação ao modelo de crescimento econômico baseado na exploração irrestrita dos recursos naturais.

Em outras palavras, começa a crescer a consciência em relação a problemas como a degradação ambiental e a poluição – cujos impactos não se limitam às fronteiras políticas de uma nação, mas afetam países, regiões e povos em várias partes do planeta – e a necessidade de se buscar um modelo capaz de assegurar o equilíbrio entre a preservação ambiental e o desenvolvimento econômico, que satisfaça as necessidades da atual e das futuras gerações.

Desenvolvimento sustentável: conceito em ascensão

Desde o marco inicial esboçado anteriormente, o conceito de sustentabilidade começou a se popularizar, ganhando novos sentidos.

Até os anos 1980 o termo *sustentável* era mais utilizado por profissionais da área ambiental como referência a um ecossistema que permanece robusto e estável (resiliente), apesar de agressões decorrentes da exploração humana. Por exemplo, pesca sustentável é aquela que não compromete a reprodução dos cardumes, isto é, não afeta a sua estrutura enquanto nicho ecológico.

DICIONÁRIO

Nicho ecológico

Porção restrita de um hábitat onde vigem condições especiais de ambiente. Por exemplo, uma bromeliácea é um nicho onde vivem poucos animais e plantas.

PARA SABER MAIS

A Comissão Mundial Sobre Meio Ambiente e Desenvolvimento da ONU foi criada após uma avaliação dos dez anos da Conferência de Estocolmo (1972), com o objetivo de promover audiências sobre questões relacionadas ao meio ambiente e ao desenvolvimento. Foram realizadas reuniões públicas envolvendo líderes de governos e o público em geral. Durante esse processo, diferentes grupos expressam seus pontos de vista em questões como agricultura, silvicultura, água, energia, transferência de tecnologias e desenvolvimento sustentável.

Fonte: Adaptado de: <http://www.mudancasclimaticas.andi.org.br/node/91>. Acesso em: 4 abr. 2011.

PARA SABER MAIS

Resiliência é um conceito que se originou na física. Diz respeito à capacidade de certos materiais de, tendo acumulado certa quantidade de energia, quando submetidos a estresse sem ocorrer ruptura, a recuperam ao voltar ao seu estado original.

Atualmente, o conceito foi adaptado para áreas como a psicologia e a economia. Na ecologia, refere-se à capacidade de um sistema estabelecer seu equilíbrio após este ter sido abalado por algum fator externo (por exemplo, uma queimada).

A resiliência está relacionada à capacidade de recuperação de um sistema.

No início da década de 1980, a *ONU* retomou o debate das questões ambientais por meio da criação, em 1983, da *Comissão Mundial de Meio Ambiente e Desenvolvimento* (conhecida por *Comissão Brundtland),* presidida por *Gro Harlem Brundtland*, primeira-ministra da Noruega, tendo o seu colega sudanês, *Mansour Khalid,* na vice-presidência.

Os resultados dos trabalhos da *Comissão Brundtland* foram publicados em 1987, no relatório *Our Common Future (Nosso Futuro Comum)*, que reforçava, então, a crítica ao modelo de crescimento – adotado tanto por países desenvolvidos quanto por países em desenvolvimento – baseado na exploração excessiva dos recursos naturais.

Esse relatório apresentou um novo olhar sobre o desenvolvimento, definindo-o como o processo que “satisfaz as necessidades presentes sem comprometer a capacidade das gerações futuras de suprir suas próprias necessidades”.[2] A partir daí, o conceito de desenvolvimento sustentável começa a se tornar mais conhecido.

PARA FIXAR

Desenvolvimento sustentável

O equilíbrio que procura satisfazer as necessidades da geração atual, sem comprometer a capacidade das gerações futuras de satisfazerem as suas próprias necessidades.

Fonte: BRUNDTLAND (1987).

Nos termos do *Our Common Future*, a definição de desenvolvimento sustentável envolve dois aspectos:

---

2 BRUNDTLAND, 1987, capítulo 2, parágrafo 1.

- A ideia de que as necessidades, principalmente as necessidades essenciais das pessoas mais pobres do mundo, devem ser priorizadas.
- As limitações impostas pelo estágio de desenvolvimento da tecnologia e pela organização social sobre a capacidade de o meio ambiente atender às necessidades do presente e do futuro.

Isso quer dizer que, para a *Comissão Brundtland*, o conceito de desenvolvimento sustentável deve fundamentar as políticas públicas, de modo que os objetivos do desenvolvimento econômico e social sejam definidos em termos da sustentabilidade. Diz o texto:

> O mundo deve desenhar, rapidamente, estratégias que permitam que as nações saiam de seu processo de crescimento e desenvolvimento atual, geralmente destrutivo, em direção ao desenvolvimento sustentável. Isso vai exigir uma reorientação das políticas [públicas] em todos os países, tanto no que diz respeito ao próprio desenvolvimento e a seus impactos sobre o desenvolvimento de outras nações.[3]

PARA SABER MAIS

No campo da ciência política, existem duas definições clássicas de políticas públicas, de acordo com a professora e cientista política Maria Helena Guimarães de Castro. A primeira, de caráter mais geral, foi apresentada por Bruno Jobert e Pierre Muller, que entendem política pública como o Estado em ação. Essa definição remete à ideia de que o Estado é um agente central na articulação, formulação e implementação de ações que visam à promoção e garantia de direitos, bem como à melhoria da qualidade de vida da população em geral ou de segmentos específicos.

A segunda foi desenvolvida por T. H. Marshall. De acordo com o autor, política social é todo bem produzido para promover o bem-estar e o desenvolvimento humano em diferentes campos. Em outras palavras, as políticas públicas dizem respeito a ações no campo da educação, saúde, habitação, transporte, saneamento básico, trabalho, emprego, entre outros.

Fonte: CASTRO, Maria Helena Guimarães de. Políticas públicas: conceitos e conexões com a realidade brasileira. In: CANELA, Guilherme (org.). *Políticas públicas sociais e os desafios para o jornalismo*. São Paulo: Cortez, 2008.

É necessário, então, que, ao se planejarem e executarem suas ações, os governos, as empresas e as organizações considerem o equilíbrio entre os seguintes aspectos no processo de tomada de decisões:

1. econômicos (crescimento e desenvolvimento da economia);
2. sociais (atendimento das necessidades humanas);
3. ambientais (capacidade de regeneração/recuperação do ambiente natural).

3 BRUNDTLAND, 1987, capítulo 2, parágrafo 27.

Desse modo, à luz do desenvolvimento sustentável, os objetivos das políticas públicas devem ser:

- Revigorar e qualificar o crescimento, ou seja, mudar a lógica do crescimento econômico, com viés exclusivamente produtivo, para o desenvolvimento sustentável fundamentado na busca pela sinergia ótima entre as três dimensões da sustentabilidade.
- Proporcionar acesso sistêmico às necessidades essenciais, por exemplo, emprego, alimentação, energia, água e saneamento básico.
- Manter o crescimento populacional em níveis sustentáveis de convivência num planeta com recursos escassos.
- Preservar e fortalecer as fontes de recursos naturais.
- Reorientar o desenvolvimento de tecnologias e gerenciamento de riscos, ou seja, promover tecnologias limpas com ênfase no gerenciamento de riscos socioambientais.
- Integrar aspectos sociais e ambientais à economia, no processo de tomada de decisão.

A proposta, então, é de uma nova concepção de prosperidade, diferente da visão tradicional (baseada exclusivamente no crescimento econômico). A ideia é de que o desenvolvimento e o crescimento de um país sejam capazes de assegurar o mínimo de qualidade de vida para todas as pessoas, ao mesmo tempo que seja garantida maior proteção ao meio ambiente. E, segundo o *Relatório Brundtland*, esses fatores estão interligados:

> A satisfação das necessidades e aspirações humanas é o principal objetivo do desenvolvimento. As necessidades essenciais de um grande número de pessoas nos países em desenvolvimento por comida, roupas, habitação e emprego não têm sido atendidas e, mais do que necessidades básicas, essas pessoas têm aspirações legítimas pela melhoria da qualidade de vida. Um mundo onde a pobreza e a iniquidade são endêmicas sempre estará sujeito a crises ecológicas e a crises de outra natureza. O desenvolvimento sustentável requer o atendimento das necessidades básicas de todos e a extensão a todos das oportunidades de satisfazer suas aspirações de uma vida melhor.[4]

4 BRUNDTLAND, 1987, capítulo 2, parágrafo 4.

Em outras palavras, para os autores do *Relatório*, a pobreza nos países em desenvolvimento e o consumismo extremo dos países desenvolvidos são desafios urgentes para os quais a sociedade precisa encontrar respostas sustentáveis.

ENTRE ASPAS

"Essencialmente, o desenvolvimento sustentável é um processo de mudança no qual os recursos naturais, os investimentos, a orientação do desenvolvimento tecnológico e as mudanças institucionais estão em harmonia e reforçam o potencial do presente e do futuro, com a finalidade de atender às necessidades e aspirações humanas."

Fonte: BRUNDTLAND (1987).

Uma agenda para o século XXI

Em 1989, outra resolução da *ONU* propôs a elaboração de estratégias para deter a degradação ambiental e promover o desenvolvimento sustentável, induzindo à criação da *Agenda 21*, um programa aprovado em 1992 – durante a *Conferência sobre o Meio Ambiente e o Desenvolvimento do Rio de Janeiro* (conhecida como Rio-92, ou Eco-92), à qual compareceram delegações nacionais de 175 países –, para ser implementado pelos países ao longo do século XXI, com o objetivo de incorporar os princípios do desenvolvimento sustentável em suas políticas públicas.

Um novo paradigma em questão

Por ser um documento referendado internacionalmente pelos participantes da *Rio-92,* a *Agenda 21* abriu caminho para a construção política de um plano de ação e de planejamento global com o objetivo de formatar um novo paradigma para a economia e a civilização.

Ela foi concebida como um plano de ação para ser adotado nos níveis internacional, nacional e local, envolvendo diversos tipos de atores sociais (governos, empresas, organismos internacionais e Organizações Não Governamentais) que podem cooperar para a solução dos problemas socioambientais.

A *Agenda 21* é um instrumento de planejamento estratégico para subsidiar ações em quatro dimensões:

- socioeconômica;
- conservação e gestão dos recursos para o desenvolvimento;
- fortalecimento do papel dos grupos principais;
- meios de execução.

Um aspecto central, enfatizado na *Agenda 21*, é o planejamento de sistemas de produção e de consumo sustentáveis contra a cultura do desperdício. Ela propõe, então, uma reformulação do conceito de progresso, normalmente entendido como a capacidade de produção e de consumo de um país.

Com base no documento global, cada país criou a sua própria *Agenda 21*. No Brasil, foram definidas como ações prioritárias:

- a implantação de programas de inclusão social (com o acesso de toda a população a educação, saúde e distribuição de renda);
- a sustentabilidade urbana e rural;
- a preservação dos recursos naturais e minerais;
- a ética política para o planejamento rumo ao desenvolvimento sustentável.

PARA CONHECER

Mais informações sobre a Agenda 21 podem ser obtidas no site da Secretaria de Articulação Institucional e Cidadania Ambiental do Ministério do Meio Ambiente.

Fonte: Disponível em: <http://www.mma.gov.br/sitio/index.php?ido=conteudo.monta&idEstrutura=18>. Acesso em: 4 abr. 2011.

Em 1997, a ONU promoveu um fórum de discussão no Rio de Janeiro, a *Rio+5*, para avaliar a implementação da *Agenda 21*. No ano de 2002, ocorreu uma nova reunião, a *Cúpula Mundial sobre Desenvolvimento Sustentável* (também conhecida como *Rio+10*), em Joanesburgo (África do Sul), com o mesmo objetivo.

PARA CONHECER

Mais informações:
Rio+5, disponível em: <http://www.un.org/esa/earthsummit>.
Rio+10, disponível em: <http://www.ana.gov.br/acoesadministrativas/relatoriogestao/rio10/riomaisdez/index.html>.
Rio+20, disponível em: <http://www.uncsd2012.org/rio20/>.

Nesses encontros, concluiu-se que os avanços foram tímidos e que era necessário fortalecer políticas e ações capazes de operar as mudanças econômicas, políticas, sociais e culturais para viabilizar um novo modelo de desenvolvimento e organização social baseado na sustentabilidade.

O termo sustentabilidade está associado, então, à crescente conscientização de que os países precisam descobrir novas maneiras de promover o crescimento de suas economias, sem destruir o meio ambiente, prejudicar a qualidade de vida da sociedade, ou sacrificar o bem-estar das futuras gerações.

Atualmente, devido a uma evolução que precisa de tempo para ser assimilada, o termo *sustentabilidade* tem sido amplamente utilizado para exprimir ambições de continuidade, durabilidade ou perenidade, remetendo ao futuro da espécie humana. Trata-se, então, de um conceito associado a novos valores, que possuem como sentido essencial a responsabilidade pelas condições de vida das futuras gerações.

Contudo, a responsabilidade em relação ao futuro depende de mudanças de modelos e atitudes efetuadas no presente.

2.2 Definições de sustentabilidade

São muitas as definições de sustentabilidade encontradas na literatura. A seguir, algumas das mais reconhecidas, todas desenvolvidas a partir do conceito estabelecido pela *ONU*.

Com ênfase no aspecto econômico

Para o Banco Mundial, sustentabilidade significa basear as políticas de desenvolvimento e as ambientais numa comparação entre custos e benefícios e uma cuidadosa análise econômica que fortaleça a proteção ambiental e aumente de forma sustentável os níveis de bem-estar:

> A ideia central da sustentabilidade é a de que as decisões atuais não devem prejudicar as perspectivas de qualidade de vida futura. Isto significa que a gestão do nosso sistema econômico deve ser feita a partir dos dividendos dos nossos recursos.[5]

Nas definições com enfoque econômico a dimensão social é pouco explorada, evidenciando-se quando são feitas referências ao bem-estar. O foco está na maximização do lucro.

---

5 REPETTO, 1986 apud ROGERS, P.; JALAL, K.; BOYD, J. *An introduction to sustainable development*. Londres: Earthscan, 2008. p. 43.

Com ênfase no aspecto ambiental

Neste caso é enfatizada a abordagem ecológica, focada na resiliência dos sistemas físico e biológico (a capacidade que um sistema possui de enfrentar distúrbios, mantendo suas funções e estrutura):

> Desenvolvimento sustentável está relacionado à preservação dos processos ecológicos essenciais à sobrevivência e ao desenvolvimento humano, à preservação da diversidade genética e ao aproveitamento sustentável das espécies e ecossistemas.[6]

Nessa perspectiva a principal preocupação relaciona-se aos impactos das atividades humanas sobre o meio ambiente. *Sachs*[7] afirma que a sustentabilidade ecológica pode ser ampliada por meio do potencial dos diversos ecossistemas, sem prejuízo aos sistemas de sustentação da vida, para propósitos socialmente válidos.

Deve-se reduzir a utilização de combustíveis fósseis e a emissão de substâncias poluentes, adotar políticas de conservação de energia e recursos naturais, substituir produtos não renováveis por renováveis e aumentar a eficiência dos recursos utilizados.

A sustentabilidade geográfica, considerada nessa perspectiva, é alcançada com melhor distribuição dos assentamentos humanos e atividades econômicas. Assim, uma configuração rural-urbana mais adequada viabilizaria a proteção da diversidade ecológica, ao mesmo tempo que melhoraria a qualidade de vida da população.

Com foco sociocultural

Esse conceito está focado na estabilidade do sistema sociocultural. Em outras palavras, a abordagem enfoca estratégias de sustentabilidade de longo prazo, que, dentro da lógica de desempenho e lucro da economia tradicional, se preocupam com as consequências sociais e ambientais das atividades, a fim de contribuir para a melhoria da qualidade de vida das comunidades, para a memória cultural e para o desenvolvimento socioeconômico.

---

6 UNEP apud ROGERS, JALAL e BOYD, 2008, p. 44.

7 SACHS, Ignacy. *Estratégias de transição para o século XXI* – Desenvolvimento e meio ambiente. São Paulo: Studio Nobel – Fundação para o Desenvolvimento Administrativo, 1993.

> Desenvolvimento econômico sustentável está diretamente relacionado com o aumento da qualidade de vida das pessoas de baixa renda, que pode ser medida em termos de alimentos, renda, educação, saúde, abastecimento de água, saneamento, e apenas indiretamente relacionado com o crescimento econômico global.[8]

Também as análises do escritor e consultor na área de gestão, o austríaco *Peter Drucker*, remetem ao papel que as empresas podem desempenhar no âmbito da melhoria das condições de vida da população de baixa renda. Para ele, é justamente porque as empresas são bem-sucedidas no mercado que existe a necessidade de uma atuação socialmente responsável por parte delas, com o objetivo de diminuir os problemas sociais.

Este autor reitera, então, que a responsabilidade social empresarial é um fator que pode agregar um diferencial importante para que as companhias assegurem e ampliem sua participação no mercado.[9]

PARA SABER MAIS

Peter Ferdinand Drucker (1909-2005) foi escritor, consultor na área de gestão. É considerado o pai da gestão moderna. Ele anteviu algumas das principais tendências na economia e na área da administração no final do século XX – a privatização e a descentralização, o aumento da importância do marketing, o surgimento da sociedade da informação e, com ela, a *lifelong learning* (aprendizagem pela vida toda).

Ele se autointitulava "ecologista social" e defendia que a empresa é mais do que uma entidade econômica, pois, mais importante do que a economia, são as relações psicológicas, humanas e de poder que se dão no ambiente de trabalho. Para ele, os administradores têm um propósito moral e de responsabilidade social, além da obtenção do lucro.

Fonte: Disponível em: <http://www.endireitar.org/site/artigos/endireitar/301-peter-drucker-o-outro-austriaco>. Acesso em: 18 abr. 2011.

2.3 Apresentando conceitos

A partir daqui serão apresentados alguns conceitos centrais para compreender o debate em torno do desenvolvimento sustentável e da responsabilidade social empresarial.

Com isso, pretende-se estabelecer a relação entre o paradigma da sustentabilidade e as dinâmicas das corporações, evidenciando modos

8 BARBIER, 1987 apud ROGERS, JALAL e BOYD, 2008, p. 44.

9 DRUCKER, P. *Sociedade pós-capitalista*. São Paulo: Pioneira, 2001.

por meio dos quais as empresas possam modificar seu modelo de negócios e suas práticas – e efetivamente elas o fazem –, afinando-os com a proposta de construção de uma lógica socioeconômica pautada pelo respeito e pela preservação do meio ambiente, inclusão e, ao mesmo tempo, mantendo-se competitivas.

A seguir, são apresentados quatro conceitos fundamentais: *tripé da sustentabilidade*, *stakeholders*, *investimento social privado* e *responsabilidade social empresarial.*

Também serão apresentados alguns indicadores desenvolvidos nos níveis internacional e nacional para mensurar os avanços no campo corporativo em direção a um modelo de negócios e a práticas mais sustentáveis.

A – O tripé da sustentabilidade

Conforme apresentado anteriormente, o desenvolvimento sustentável está fundamentado em três dimensões – a *Econômica*, a *Ambiental* e a *Social* –, que consistem nos pilares da sustentabilidade.

É com base nessa ideia que o inglês *John Elkington* criou o termo *triple bottom line* (também conhecido pela sigla *TBL* ou *3BL)* para se referir a três dimensões envolvidas na busca pela sustentabilidade econômica, ambiental e social: as *Pessoas, o Planeta e o Lucro* (que nos dá a sigla *PPL*, equivalente à usada em inglês, *PPP – People, Planet and Profit*).

A ideia central de *Elkington* é de que as organizações avaliem o sucesso não somente com base no desempenho financeiro, geralmente expresso em termos de lucro, retorno sobre o investimento (em inglês, *ROI – Return Over Investiment*) ou valor para os acionistas.

Esse autor enfatiza a necessidade de se avaliar também o impacto sobre a economia mais ampla, sobre o meio ambiente e sobre a sociedade em que a empresa atua.

Assim, as organizações sustentáveis devem ser capazes de medir, documentar e reportar retorno positivo em suas três dimensões – econômica, ambiental e social –, assim como os benefícios transferidos aos *stakeholders* nessas mesmas três dimensões.

Antes de avançarmos na conceituação de *stakeholders* e de *shareholders*, já podemos ver que, quando o tríplice resultado é positivo, o reflexo é o aumento do valor da empresa – tanto em termos de lucratividade e de contribuição para os acionistas (isto é, favorável aos *shareholders*), quanto sob o aspecto de seu capital social, humano e ambiental (isto é, favorável aos *stakeholders*).

PARA SABER MAIS

Stakeholders: grupos de interesse; qualquer pessoa que possa ser afetada pelo desempenho de uma organização (por exemplo, clientes, funcionários, as famílias dos funcionários, fornecedores, os moradores do entorno da empresa etc.). Traduz-se em termos de participação.

Shareholders: pessoa detentora de ações (conhecida como acionista); todos que possuem parte de uma empresa ou organização. Traduz-se em termos de partilha.

Fonte: ROGERS, JALAL e BOYD (2008).

FIGURA 2.1 O tríplice resultado

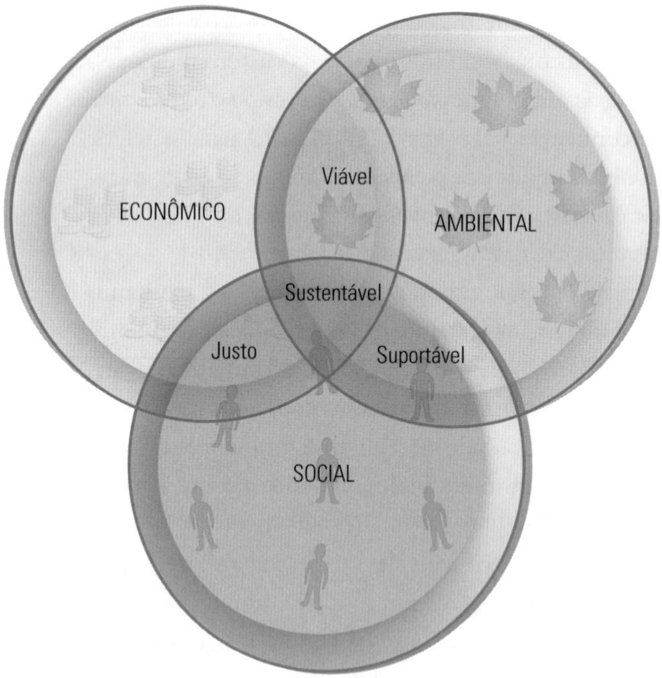

Para que o resultado seja sustentável, cada dimensão deve receber a mesma atenção. Esse equilíbrio é claramente percebido quando cada componente é examinado em separado, como mostrado a seguir.

A perspectiva social

A sustentabilidade observada a partir da esfera social enfatiza a presença do ser humano na Terra. A principal preocupação desta linha é o bem-estar humano e a qualidade de vida.

Para o economista e sociólogo *Ignacy Sachs*,[10] a sustentabilidade social diz respeito a um processo de desenvolvimento que leve a um crescimento estável com distribuição igualitária da renda. Desse modo, haverá a diminuição das atuais diferenças entre os diversos níveis da sociedade e a melhoria das condições de vida das populações, inclusive na dimensão cultural.

A perspectiva econômica

A sustentabilidade econômica está relacionada a duas dimensões: de um lado, a alocação e a gestão mais eficiente dos recursos e, de outro, um fluxo regular do investimento público e privado.[11]

Para Sachs, a eficiência econômica não deve ser avaliada apenas com base na lucratividade das empresas, mas deve levar em conta aspectos macrossociais, como o impacto do fluxo monetário entre empresas, governo e população.

Contudo, a competitividade no âmbito empresarial também deve ser levada em conta no contexto do desenvolvimento sustentável. Afinal, de nada adianta a organização ser ambientalmente correta e socialmente justa, se não se mantiver competitiva no mercado.

A perspectiva ambiental

Nesta perspectiva a principal preocupação é com os impactos das atividades humanas sobre o meio ambiente. *Sachs* afirma que a

---

10 SACHS, Ignacy. Desenvolvimento sustentável, bioindustrialização descentralizada e novas configurações rural-urbanas: os casos da Índia e do Brasil. In: VIEIRA, P. F.; WEBER, J. (Orgs.). *Gestão de recursos naturais renováveis e desenvolvimento*: novos desafios para a pesquisa ambiental. São Paulo: Cortez, 1997.

11 SACHS, Ignacy. *Desenvolvimento includente, sustentável e sustentado*. Rio de Janeiro: Garamond, 2006.

PARA SABER MAIS

O economista e sociólogo polonês Ignacy Sachs – nascido em 1927 e naturalizado francês – tornou-se, por volta de 1980, para alguns dos fundamentos do atual debate sobre a necessidade de um novo paradigma de desenvolvimento baseado na convergência da economia, ecologia, antropologia cultural e ciência política.

É autor de mais de 20 livros sobre desenvolvimento e ecologia. Teve participação importante nos principais eventos promovidos pela ONU, que fundamentam o paradigma do desenvolvimento sustentável, trabalhou na organização da Conferência de Estocolmo (1972) e foi conselheiro da Rio-92.

Na década de 1970, Sachs formulou o conceito de ecodesenvolvimento, que, anos mais tarde, deu origem ao termo *desenvolvimento sustentável*. O economista defende o desenvolvimento como combinação de crescimento econômico, alimento do bem-estar social de maneira equitativa e preservação ambiental.

Em 1985, Sachs fundou o centro de pesquisas sobre o Brasil contemporâneo na *École des Hautes Études en Sciences Sociales* (Escola de Altos Estudos em Ciências Sociais), em Paris, onde leciona.

Fonte: Disponível em: <http://pt.wikipedia.org/wiki/Ignacy_Sachs>.

sustentabilidade ecológica pode ser ampliada por meio da utilização do potencial encontrado nos diversos ecossistemas, sem prejuízo aos sistemas de sustentação da vida, para propósitos socialmente válidos.[12]

Deve-se reduzir a utilização de combustíveis fósseis e a emissão de substâncias poluentes, adotar políticas de conservação de energia e recursos naturais, substituir produtos não renováveis por renováveis e aumentar a eficiência dos recursos utilizados.

A sustentabilidade geográfica, considerada nessa perspectiva, é alcançada por meio da melhor distribuição dos assentamentos humanos e atividades econômicas. Assim, uma configuração rural-urbana mais adequada viabilizaria a proteção da diversidade ecológica, ao mesmo tempo que melhoraria a qualidade de vida da população.

Outra abordagem é a do pesquisador *Archie B. Carroll*,[13] que propõe uma convergência entre os conceitos de cidadania empresarial e de responsabilidade social corporativa. Esse autor identifica quatro faces para a cidadania empresarial: *econômica*, *legal*, *ética* e *filantrópica*.

Para ser considerada uma empresa-cidadã, uma organização deveria, então, ser lucrativa, obedecer às leis, ter comportamento ético, seguindo padrões moralmente aceitos nas sociedades em que atua, e praticar a filantropia, engajando-se ativamente em atos ou programas que promovam o bem-estar humano.

---

12 SACHS, 1993.

13 CARROLL, 2008.

B – *Stakeholders*

Refinando a definição mostrada anteriormente, sabe-se que o termo *stakeholders* foi cunhado em 1984 pelo filósofo e professor norte-americano *R. Edward Freeman*, que o definiu como referente a qualquer pessoa que seja afetada – ou possa ser afetada – pelo desempenho de uma organização.[14]

Quanto aos *stakeholders*, uma organização lida com:

- *stakeholders internos*: os empregados, por exemplo;
- *stakeholders da cadeia de valor*: principalmente os fornecedores e clientes;
- *stakeholders externos*: comunidades, investidores, Organizações Não Governamentais, órgãos públicos, reguladores, imprensa e até as futuras gerações que podem ser afetadas pelo desempenho da organização hoje.

Numa perspectiva mais ampla, são considerados *stakeholders* os cidadãos beneficiados pelo desenvolvimento, incluindo pessoas de baixa renda, grupos como mulheres, crianças, grupos étnicos e religiosos e as comunidades complexas nas quais eles vivem.

Esse conceito também abrange governos, setor privado e sociedade civil – aí incluídos instituições de ensino superior e institutos de pesquisa, instituições religiosas, partidos políticos, a mídia e Organizações Não Governamentais (ONGs), em níveis local, estadual e nacional.

Organismos internacionais e instituições financeiras como a *ONU* e o *Banco Mundial* também são *stakeholders*.

Enquanto a empresa focada na sustentabilidade procura a geração de valor que beneficie seus *stakeholders*, no mundo das finanças, em contrapartida, o foco reside na criação de valor para a remuneração dos acionistas, fenômeno conhecido como *Shareholder Value*. Essa contrapartida leva a comparações inevitáveis.

Coral destaca as principais diferenças entre a empresa voltada à competitividade em seu sentido tradicional (econômico) e a empresa voltada à sustentabilidade.[15]

---

14 FREEMAN apud ROGERS, JALAL e BOYD, 2008, p. 65.

15 CORAL, Elisa. *Modelo de planejamento estratégico para a sustentabilidade empresarial*. Florianópolis: UFSC, 2002.

Ao tomar a sustentabilidade como parâmetro e objetivo de suas atividades, as empresas modificam a maneira como se relacionam com os atores envolvidos em seu processo de produção: a *cadeia de valor*, a *cadeia de suprimentos*, bem como os *stakeholders*.

Nesse novo cenário, a sustentabilidade de uma empresa não se resume à dimensão econômica, ou seja, à sua capacidade de manter um bom desempenho econômico ao longo do tempo. Tal abordagem ainda prevalece em várias empresas, em muitas partes do mundo, mas não contempla a melhoria das condições de vida das populações, a inclusão socioeconômica, nem a redução dos danos que suas atividades causam ao meio ambiente. No estudo *Responsabilidade Empresarial Social e Sustentabilidade na Cadeia de Valor de Varejo*, um dos vencedores do prêmio Ethos-Valor de 2008, lê-se que alguns autores:

> [...] concordam que, se o foco for econômico, a sustentabilidade de uma empresa poderá ser medida pela capacidade de manter seu desempenho acima da média no longo prazo, ou seja, de ter uma vantagem competitiva [...], o que não significa que uma empresa não causará nenhum impacto ao meio ambiente natural ou que estará promovendo o desenvolvimento social.[16]

Entretanto, *Macedo* enfatiza que a sustentabilidade deve englobar essas duas dimensões excluídas da visão tradicional, combinando eficiência econômica, respeito ao meio ambiente e equidade social – as três dimensões que compõem o *triple bottom line* e que necessariamente devem integrar qualquer projeto de desenvolvimento sustentável.[17]

A implementação de um modelo de negócios pautado pela sustentabilidade perpassa o desenvolvimento de uma dinâmica com os *stakeholders*, por meio da criação de ambientes propícios nos quais os públicos afetados pelos negócios da empresa possam manifestar suas opiniões e visões de mundo, participar de negociações e até da tomada de decisões.

Essa dinâmica, construída ao longo do tempo, produz identidades, com a finalidade de fortalecer a estratégia de negócios da corporação, gerando valores compartilhados.

---

16 MACEDO, Luiz Carlos. Responsabilidade social empresarial e sustentabilidade na cadeia de valor do varejo. Trabalho de conclusão de curso (especialização em Gestão de Sustentabilidade). Escola de Administração de Empresas de São Paulo da Fundação Getulio Vargas, 2007. p. 8.

17 MACEDO, 2007, p. 9.

PARA SABER MAIS

Cadeia de valor: é um conceito introduzido por Michel Porter em 1986 e consiste em um conjunto de atividades que criam valor, iniciando nas fontes de matérias-primas, passando por fornecedores de componentes até chegar ao consumidor final.

Cadeia de suprimentos: é um conceito de fluxo expandido pelo qual organizações e empresas entregam seus produtos e serviços aos seus consumidores, alinhando esse processo com a estratégia da organização, o marketing, a gestão de finanças, pessoas e demais áreas.

Fonte: Disponível em: <http://www.administradores.com.br/informe-se/artigos/cadeia-de-valor-e-cadeia-de-suprimentos/13106/>.

A participação – ou engajamento no processo de decisão – é o processo por meio do qual os *stakeholders* podem influenciar e compartilhar, na empresa, o controle sobre as iniciativas de desenvolvimento e os recursos utilizados para financiá-las.

A participação pode se dar em vários níveis, do mais superficial ao mais profundo, e um plano de participação deve definir as formas de engajamento de cada *stakeholder*, dependendo do envolvimento necessário para cada caso.

Mostramos a seguir algumas formas de participação:

- *Informação compartilhada*

  Os *stakeholders*, ou as pessoas particularmente afetadas por um projeto, devem ser informados com antecedência sobre o que está sendo planejado, qual o resultado esperado e que recursos serão investidos em suas comunidades. Eles podem também ser consultados por meio de questionários, colaborando com informações. Essa forma de participação envolve o mínimo de engajamento.

- *Consulta*

  As discussões sobre as atividades propostas e suas consequências e implicações são oportunidades para os *stakeholders* aportarem novas ideias ao projeto.

  Pode ocorrer de duas formas, ou o *stakeholder* tem apenas oportunidade limitada para contribuir ou pode interferir e modificar a proposta inicial.

- *Processo de decisão colaborativo*

  O *stakeholder* tem mais oportunidades de influir nas decisões. A participação se dá por meio da elaboração de documentos, da identificação dos interesses dos *stakeholders* ou da construção de um consenso.

Esses processos são resultado de debates, discussões e responsabilidades compartilhadas.

- *Engajamento*

  Quando as pessoas têm oportunidade de atuar no planejamento, na implementação e na avaliação de projetos que afetem seu próprio desenvolvimento.

  Desse modo, elas desenvolvem o senso de pertença e motivação para empreender os esforços necessários a fim de assegurar os resultados positivos.

Quando indivíduos e grupos aprendem por meio da experiência, de programas de treinamento e suporte contínuo, a capacidade de gestão e inovação se fortalece e se amplia. As redes sociais se expandem e se fortalecem, tornando-se capazes de suportar a estabilidade social contínua e o desenvolvimento econômico.

Além disso, a participação, muitas vezes, tem efeito multiplicador, promovendo o engajamento de mais cidadãos, comunidades e organizações nos processos.

PARA SABER MAIS

O conceito de redes sociais ganhou espaço nas ciências humanas durante a segunda metade do século XX, em pesquisas sociológicas e antropológicas realizadas principalmente nos Estados Unidos e na Inglaterra.

Tradicionalmente, esse conceito enfoca as interações, as associações e os laços estabelecidos entre as pessoas em determinado contexto (por exemplo, família), em vez das estruturas e categorias sociais.

Com o crescimento das tecnologias de comunicação, principalmente a Internet, a expressão "redes sociais" passou a ser bastante utilizada para fazer referência a sites e *softwares* que promovem a interação entre pessoas na Internet (Facebook, Orkut, entre outros).

Fonte: Disponível em: <http://www.scielo.br/pdf/icse/v9n17/v9n17a03.pdf> ou <http://pt.wikipedia.org/wiki/Rede_social>.

C – Investimento Social Privado

Os investimentos feitos por uma empresa ou corporação na área social ou em comunidades do seu entorno ou por ela afetadas por aspectos de seus negócios recebem a denominação *Investimento Social Privado*.

PARA SABER MAIS

No site do Instituto Ethos de Empresas e Responsabilidade Social, lê-se, além de material do próprio Ethos, num texto produzido pelo Grupo de Institutos, Fundações e Empresas (GIFE), que investimento privado é "o repasse voluntário de recursos privados de forma planejada, monitorada e sistemática para projetos sociais, ambientais e culturais de interesse público".

Fonte: Disponível em: <http://www.ethos.org.br/docs/conceitos_praticas/indicadores/glossario>. Acesso em: 5 abr. 2011.

Essa prática prevê o planejamento, o monitoramento e a avaliação dos projetos; isso é o que a diferencia das ações assistencialistas (estas estão mais relacionadas com a caridade).

No investimento social privado há uma preocupação com a obtenção de resultados, as transformações, a ascensão social e o envolvimento da comunidade no desenvolvimento da ação.

D – Responsabilidade Social Empresarial (RSE)

O desdobramento do investimento social privado leva ao conceito da *Responsabilidade Social Empresarial (RSE)*, que segundo o *Instituto Ethos* é um conceito que abrange duas dimensões:

- Uma forma de gestão que se define pela relação ética e transparente da empresa com todos os públicos com os quais ela se relaciona.
- O estabelecimento de metas empresariais que impulsionem o desenvolvimento sustentável da sociedade, preservando recursos ambientais e culturais para as gerações futuras, respeitando a diversidade e promovendo a redução das desigualdades sociais.

A partir da definição, percebe-se que a *RSE* não se limita aos investimentos que as empresas fazem em uma comunidade; na verdade, esta é apenas uma das dimensões que integram a responsabilidade social empresarial.

Por isso, é importante notar que a *RSE* vai além da chamada responsabilidade social, que diz respeito somente a uma dimensão da sustentabilidade, a dimensão social.

Atualmente, é comum utilizar os termos *Responsabilidade Social Empresarial* ou *Responsabilidade Corporativa* para referir as ações

ENTRE ASPAS

"Os lucros investidos sabiamente podem produzir benefícios sociais não apenas para poucos, mas para muitos."

Fonte: Kofi Annam, secretário-geral da Organização das Nações Unidas entre 1997 e 2007.

relativas à sustentabilidade de uma organização. Esses termos envolvem as três dimensões da sustentabilidade – econômica, ambiental e social.

Efetivamente, a *Responsabilidade Empresarial* está no centro das discussões das principais economias do mundo e está diretamente relacionada ao conceito de desenvolvimento sustentável.

A responsabilidade social empresarial teve origem na filantropia, mas os dois termos não são sinônimos.

A filantropia consiste em ações realizadas por razões humanitárias e, muitas vezes, são isoladas (doações, por exemplo). Já a responsabilidade social empresarial diz respeito a ações interligadas inseridas no planejamento e na cultura da organização, envolvendo seus colaboradores.

Ao longo do tempo, a responsabilidade social empresarial assumiu formas diversas. No início do século XX, era comum, na Europa e nos Estados Unidos, que grandes empresas investissem na construção de escolas, hospitais, bibliotecas e igrejas, colaborando para a melhoria da qualidade de vida das comunidades.

Nas décadas de 1930 e 1940, o olhar voltou-se para dentro das empresas: com a ascensão dos direitos trabalhistas, as empresas começam a rever seus processos internos e a adotar medidas como a redução da jornada de trabalho e a melhoria das condições de trabalho – aspectos que hoje se tornaram importantes indicadores da responsabilidade empresarial.

Na década de 1960, como reflexo dos movimentos sociais que ganhavam força em todo o mundo, inicia-se também o movimento ambientalista, e são criadas comissões internacionais para discutir o tema.

O ativismo e a participação dos cidadãos se intensificam, dando origem, nas décadas de 1970 e 1980, aos movimentos sociais em favor dos direitos das mulheres, gays, minorias raciais e religiosas, pessoas com deficiência, estudantes, consumidores e idosos.

Tais movimentos colocaram a questão da diversidade e dos direitos humanos em foco, ampliando a visibilidade social desses grupos, inclusive na condição de consumidores. Assim, na Europa e nos Estados Unidos, as mulheres, os negros, os latinos, os asiáticos e os gays, entre outras minorias, tornam-se relevantes no mercado consumidor, constituindo nichos específicos.

Paralelamente à ascensão e ao aumento da visibilidade das chamadas "minorias", surgem novos mercados de grandes dimensões, como os países que fazem parte do *BRIC* (sigla que se refere ao bloco de países em desenvolvimento composto por Brasil, Rússia, Índia e China; em 2011, o grupo passou a contar também com a África do Sul), cujas economias têm se destacado desde a década de 1990 pelo rápido e expressivo crescimento.

Responsabilidade social empresarial no Brasil

No Brasil, a desigualdade e a impossibilidade de o Estado atender às demandas sociais tornam ainda mais relevante a *RSE*. Seguindo uma tendência mundial, começaram a surgir, a partir dos anos 1980, algumas entidades focadas na mobilização do setor privado. Algumas delas são:

- *Instituto Ethos de Empresas e Responsabilidade Social*: criado em 1998 por um grupo de empresários e executivos oriundos da iniciativa privada, com foco na sistematização de conhecimentos, troca de experiências e desenvolvimento de ferramentas para auxiliar as empresas a analisarem suas práticas de gestão e aprofundarem seu compromisso com a responsabilidade social e o desenvolvimento sustentável.

  Hoje, o Instituto é uma referência internacional nesses assuntos, desenvolvendo projetos em parceria com diversas entidades no mundo todo.[18]
- *Instituto Brasileiro de Análises Sociais e Econômicas (Ibase)*: criado em 1981, teve como um de seus fundadores o sociólogo *Herbert de Souza, o Betinho. O Ibase* nasceu com a missão de democratizar as informações relativas à realidade econômica, política e social do Brasil.[19]
- *Grupo de Institutos, Fundações e Empresas (GIFE)*: existe informalmente desde 1989, mas sua existência foi formalizada em 1995 com a participação de 25 organizações. Nos anos seguintes, tornou-se referência no Brasil sobre investimento social privado. Hoje, reúne 131 associados que, juntos, investem por volta de R$ 2 bilhões por ano na área social.[20]

---

18 Disponível em: <www.ethos.org.br>.

19 Disponível em: <http://www.ibase.org.br/>.

20 Disponível em: <www.gife.com.br>.

- *Conselho Empresarial para o Desenvolvimento Sustentável (CEBDS)*: fundado em 1997 como representante do *World Business Council For Sustainable Development (WBCSD)*.

O CEBDS integra uma rede global de mais de 50 conselhos nacionais que trabalham para disseminar uma nova maneira de fazer negócios ao redor do mundo.[21]

PARA SABER MAIS

A associação World Business Council for Sustainable Development (Conselho Mundial de Negócios para o Desenvolvimento Sustentável) reúne 200 empresas que lidam exclusivamente com negócios e desenvolvimento sustentável.

A instituição fornece uma plataforma para que as empresas compartilhem conhecimentos, experiências e boas práticas de desenvolvimento sustentável. O conselho também atua na defesa do ponto de vista das empresas em vários fóruns de discussão – governos, organizações da sociedade civil e organismos internacionais.

Fonte: Disponível em: <http://www.wbcsd.org>. Acesso em: 6 jun. 2011.

2.4 Indicadores de sustentabilidade

Os avanços no campo da responsabilidade corporativa fizeram com que muitas empresas buscassem melhores formas de medir e monitorar seu desempenho em relação à sustentabilidade, levando à criação dos chamados indicadores de sustentabilidade corporativa.

Um *indicador* é uma ferramenta que permite obter informações sobre uma dada realidade. Sua característica principal é sintetizar diversos tipos de informação, retendo apenas o significado essencial dos aspectos analisados. Um indicador pode ser um dado individual ou um agregado de informações, mas enfatiza que ele deve conter os seguintes atributos: deve ser simples de entender, apresentar quantificação estatística e lógica coerente, e comunicar eficientemente o estado do fenômeno analisado.[22]

Como exemplos, a taxa de desemprego pode ser considerada um indicador da situação do mercado de trabalho de um país, e também,

---

21 Disponível em: <http://www.cebds.org.br>.

22 MITCHELL, 1996 apud SICHE, J. R. et al. Sustainability of nations by indices: comparative study between environmental suatainability index, ecological footprint and the emergy performance indices. *Ecological Economics*, 2007. p. 139.

na área da saúde, a taxa de mortalidade infantil é um indicador da qualidade de vida da população e da qualidade do atendimento médico em uma região (em especial o atendimento às mulheres durante a gravidez e o parto, bem como aos recém-nascidos).

Já os *índices* são construídos para analisar dados por meio da junção de elementos com relacionamentos estabelecidos.[23] Assim, os índices congregam várias informações e podem ser compostos, inclusive, por indicadores. O *Produto Interno Bruto (PIB)*, por exemplo, que é tradicionalmente utilizado para medir a riqueza de um país, é um índice que resulta da soma dos valores do consumo privado, dos gastos do governo e dos volumes das exportações e das importações do país.

PARA SABER MAIS

Para que servem os indicadores de sustentabilidade corporativa?

- Trazer reflexão sobre temas que nem sempre são geridos.
- Identificar processos estruturados de gestão – metas.
- Explicitar o aprendizado e a reação das empresas diante de suas falhas (não conformidades).
- Quantificar o impacto.
- Dar transparência e consistência à prestação de contas.
- Contextualizar e tornar tangível o desempenho.
- Permitir a comparabilidade.
- Evidenciar a evolução.

Outro exemplo é o *Índice de Desenvolvimento Humano (IDH)* criado pelo *Programa das Nações Unidas para o Desenvolvimento (PNUD)*, para medir o grau de desenvolvimento de um país, para além da dimensão econômica. O *IDH* combina indicadores econômicos e sociais relativos a renda, educação e saúde.

Devido à sua composição e à sua finalidade, muitos índices funcionam como indicadores de uma realidade ou um fenômeno analisado. Por exemplo, o *IDH* é um indicador do grau de desenvolvimento de um país em relação a outros, analisados por meio da mesma metodologia.

23 PRABHU et al., 1996 apud SICHE, 2007, p. 139.

No âmbito da sustentabilidade, os índices e indicadores devem contemplar a inter-relação das dimensões econômicas, sociais e ambientais de forma sistêmica, ou seja, identificando as ligações de cada uma das dimensões como um todo.

Os indicadores de sustentabilidade tiveram sua origem na ecologia e na economia. Eles devem ser capazes de avaliar, medir e monitorar a sustentabilidade. Para isso, é imprescindível que, também eles, combinem, em um índice, as três dimensões contempladas pelo conceito de sustentabilidade – econômica, ambiental e social.

Vejamos aspectos dessas três dimensões que podem nos ajudar a compreender por que é preciso inter-relacionar os elementos analisados por meio dos indicadores de sustentabilidade:

- *Na Ecologia:* a resiliência dos ecossistemas certamente poderá ser expressa por indicadores de emissões de carbono, biodiversidade e segurança hídrica.

  O grau de resiliência ecossistêmica não diz muito sobre a sustentabilidade se não puder ser relacionado com aspectos econômicos e sociais.

- *Na Economia:* não basta utilizar como parâmetro dados relacionados sob o antigo viés produtivista, que enfocava apenas o lucro, a taxa de crescimento ou mesmo o *Produto Interno Bruto (PIB),* de uma cidade, região ou país.

  Podemos afirmar que o PIB (que pode ser também a soma das riquezas de uma região, de um Estado ou cidade), que durante muito tempo foi utilizado como o principal indicador de desempenho da economia, com a ascensão do conceito de desenvolvimento sustentável, passou a ser bastante criticado, pois ele apenas leva em conta as atividades mercantis e industriais, ignorando a depreciação de recursos naturais e humanos.

  Na perspectiva da sustentabilidade, é importante considerar, por exemplo, a renda familiar – medida que ajuda a perceber a qualidade de vida das famílias. Dessa maneira, a dimensão econômica vincula-se à social.

- *Na Dimensão Social:* é necessário adotar medidas de qualidade de vida (ou bem-estar) que incorporem evidências científicas de um novo ramo, conhecido como *economia da felicidade.*

A economia da felicidade é uma linha que integra os estudos sobre comportamento de mercado. Busca compreender em que medida os aspectos econômicos tornam a vida das pessoas melhor por meio da análise de elementos como saúde, êxito na vida e sucesso na formação individual. Busca também mapear em que medida o dinheiro torna as pessoas mais felizes.

Um exemplo de indicador de sustentabilidade é a chamada *pegada ecológica*, que destaca contextos nos quais a utilização de recursos excede os limites ambientais.

PARA SABER MAIS

A expressão "pegada ecológica" é uma tradução da expressão inglesa *ecological footprint*, utilizada pelas especialistas William Rees e Mathis Wackernagel no livro *Our Ecological Footprint: Reducing Human Impact on the Earth* (Nossa Pegada Ecológica: Reduzindo o Impacto do Ser Humano na Terra), lançado na década de 1990.

O objetivo da pegada ecológica é ajudar as pessoas a perceberem o quanto de recursos naturais elas utilizam para sustentar seu estilo de vida: moradia, roupas, transporte, comida, lazer, produtos consumidos etc.

De acordo com a Organização Não Governamental WWF, a pegada ecológica de um país, uma cidade ou uma pessoa corresponde ao tamanho das áreas produtivas de terra e de mar, necessárias para gerar produtos, bens e serviços que sustentam determinados estilos de vida.

O conceito traduz em hectares a extensão de território que uma pessoa ou toda uma sociedade "utiliza", em média, para se sustentar.

Fonte: Adaptado de <http://www.wwf.org.br/natureza_brasileira/especiais/pegada_ecologica/>. Acesso em: 5 abr. 2011.

Vale destacar que um indicador, quando em conjunto com outros, pode aumentar a qualidade da informação. Dependendo da maneira como as informações são cruzadas na composição do indicador, é possível analisar um contexto ou um cenário a partir de várias dimensões de maneira sistêmica, sendo mais ou menos fiel ao que, de fato, se processa na realidade.

O economista e professor da Universidade de São Paulo, *José Eli da Veiga* enfatiza que, no caso dos indicadores de sustentabilidade, é fundamental que os dados sejam bem escolhidos e capazes de mensurar as três dimensões que compõem a sustentabilidade.

Baseando-se no *Report by the Commission on the Measurement of Economic Performance and Social Progress*[24] (*Relatório da Comissão sobre*

---

24 Ver STIGLITZ, Joseph E.; SEN, Amartya; FITOUSSI, Jean-Paul et al. *Report by the Commision on the Measurement of Economic Performance and Social Progress.* Disponível em: <http://www.stiglitz-sen-fitoussi.fr/documents/rapport_anglais.pdf>. Acesso em: 6 abr. 2011.

Medida da Performance Econômica e Progresso Social), de 2009, *Veiga* defende, no artigo "Indicadores de sustentabilidade", publicado no site *EcoDebate*, que é necessário desenvolver novos indicadores para medir o desempenho econômico e a qualidade de vida – atualmente, os mais adotados para mensurar essas dimensões são o *PIB* e o *IDH*.[25]

Por isso, os indicadores de sustentabilidade devem levar em conta aspectos que não costumam ser utilizados nas estatísticas: devem considerar projeções de cenários futuros (não apenas observações da situação atual) e devem levar em conta o contexto internacional (pois o problema é global e a sustentabilidade de um país não pode ser avaliada separadamente da dos demais).

No que diz respeito especificamente aos aspectos ambientais, os indicadores devem ser físicos, por exemplo, o comprometimento dos recursos hídricos e a erosão de biodiversidade. Finalmente, defende o professor *Veiga*, deve ser possível que os indicadores de sustentabilidade sejam interpretados com base na perspectiva dos estoques, ou seja, os recursos que deixamos para as próximas gerações.

PARA SABER MAIS

O objetivo da elaboração do Índice de Desenvolvimento Humano (IDH) é oferecer um contraponto a outro indicador muito utilizado, o Produto Interno Bruto (PIB) *per capita*, que considera apenas a dimensão econômica do desenvolvimento. Criado por Mahbub ul Haq com a colaboração do economista indiano Amartya Sen, ganhador do Prêmio Nobel de Economia em 1998, o IDH pretende ser uma medida geral, sintética, do desenvolvimento humano. Não abrange todos os aspectos de desenvolvimento e não é uma representação da "felicidade" das pessoas, nem indica "o melhor lugar no mundo para se viver".

Fonte: Disponível em: <http://www.pnud.org.br/idh/>. Acesso em: 6 abr. 2011.

Indicadores corporativos de sustentabilidade

É importante ter em mente que o método para mensurar a sustentabilidade de uma sociedade – ou comunidade ou organização – não é simples nem estanque.

---

25 VEIGA, José Eli da. Indicadores de sustentabilidade. H. C. *Estudos Avançados*, São Paulo, v. 23, n. 68, 2010. In: edição *on-line* da revista *Estudos Avançados* (apud Rogério Almeida, do blog Furo). Disponível em: <http://www.ecodebate.com.br/2010/05/07/indicadores-de-sustentabilidade-artigo-de-jose-eli-da-veiga/>. Acesso em: 6 abr. 2011.

Isso quer dizer que a definição dos indicadores deve ser flexível o suficiente para que as informações/os dados utilizados sejam alterados/adaptados na medida da necessidade.

A atualização dos indicadores é possível e desejável, desde que tenha como consequência uma visão cada vez mais realista do *status* da sustentabilidade.

Conforme já mencionado, no caso das corporações, existem os chamados *indicadores de sustentabilidade empresarial* – ferramentas de diagnóstico adotadas pelas empresas para gerenciar os impactos e riscos sociais e ambientais de suas atividades. Isso permite que elas analisem suas práticas de sustentabilidade.

A aplicação dos conceitos de desenvolvimento sustentável no contexto corporativo torna-se possível por meio da implementação de estratégias focadas não somente nas questões econômico-financeiras, mas na inter-relação de suas atividades com as dimensões ambiental e social das organizações.

Para planejar, avaliar e reportar as ações, no modelo da sustentabilidade, é preciso mensurar os resultados por meio de *indicadores de sustentabilidade corporativa*.

Nos últimos anos surgiram, no Brasil e em outras partes do mundo, alguns indicadores que buscam promover a integração das três dimensões da sustentabilidade no âmbito corporativo. Alguns possuem um viés mais econômico, outros enfatizam a dimensão social ou ambiental. Contudo, ao longo do tempo, é possível vislumbrar uma evolução desses indicadores.

Apresentaremos nas páginas seguintes alguns desses indicadores.

Balanço Social Ibase/Betinho

Em 1997, o *Instituto Brasileiro de Análises Sociais e Econômicas (Ibase)* criou um modelo de balanço social com dados expressos em valores financeiros ou de forma quantitativa. Em 1998, lançou o *Selo Balanço Social Ibase/Betinho* para empresas que publicam o balanço social no modelo sugerido pelo Instituto. Foi bastante utilizado na primeira década do novo milênio.

Segundo o *Ibase, o Balanço Social* é um demonstrativo publicado anualmente que reúne informações sobre os projetos, benefícios e ações sociais voltados para funcionários, investidores, analistas de mercado, acionistas e comunidade (isto é, seus *stakeholders*). Dessa forma, a empresa dá transparência às atividades que buscam melhorar a qualidade de vida de todos, tornando pública a responsabilidade social empresarial, enfatizando sua preocupação com as pessoas e a vida no planeta.

PARA SABER MAIS

Balanço Social Ibase/ Betinho:
Fonte: Disponível em: <http://www.balancosocial.org.br>.

Indicadores Ethos de Responsabilidade Empresarial

Para fortalecer o movimento pela responsabilidade social no Brasil, o *Instituto Ethos* criou indicadores que consistem em um sistema de avaliação do estágio em que se encontram as práticas de responsabilidade social em uma empresa.

Esses indicadores foram elaborados pela primeira vez em 2000, envolvendo, além de equipes do próprio *Instituto,* consultores, instituições como a *Fundação Dom Cabral* (centro de desenvolvimento de empresários e empresas, com diversos estudos na área de sustentabilidade) e a *Organização Pact* (Organização Não Governamental com mais de cem programas em 46 países da Ásia, Eurásia, África, América Latina e do Caribe –, no Brasil, tem foco em projetos e programas no campo da promoção da saúde e do combate à epidemia do *HIV/Aids*), assim como inúmeros outros colaboradores, parceiros e membros de empresas associadas.

PARA SABER MAIS

Indicadores Ethos de Responsabilidade Empresarial: <http://www.ethos.org.br/docs/conceitos_praticas/indicadores/default.asp>.

Fundação Dom Cabral: <http://www.fdc.org.br/pt/paginas/default.aspx>.

Organização Pact: <http://www.pactbrasil.org/>.

Esses indicadores vêm sendo revisados periodicamente com base no diálogo com os *stakeholders.* Trata-se de um instrumento de autoavaliação. Por exemplo, a empresa que estiver interessada em utilizar os *Indicadores Ethos* também pode se comparar com outras empresas, verificar pontos fortes da gestão e oportunidades de melhoria.

Como a proposta da abordagem do *Instituto Ethos* é avaliar a *RSE*, indicadores econômicos sem ligação com questões sociais e ambientais não são levados em conta. O aspecto ambiental é visto como um dos sete subtemas de um questionário que a empresa deve responder – e que embasará a avaliação de seu desempenho –, não tendo tanto peso quanto a questão social. Esta, sim, é bastante completa, tendo sido desenvolvida com base nos *Relatórios do GRI* (descritos mais à frente), e é foco principal dessa avaliação.

A seguir apresentamos a estrutura do *Questionário Ethos*, desenvolvido em 2003, para o estabelecimento do índice *RSE.*

TABELA 2.1 Estrutura do questionário Ethos para estabelecimento do índice de RSE

Indicadores Ethos		
Valores e Transparência	Autorregulação da conduta	1- Compromissos éticos 2- Enraizamento na cultura organizacional
	Relações transparentes com a sociedade	3- Diálogo com as partes interessadas 4- Relações com a concorrência 5- Balanço social
Público Interno	Diálogo e participação	6- Relações com sindicatos 7- Gestão participativa
	Respeito ao indivíduo	8- Compromisso com o futuro das crianças 9- Valorização da diversidade
	Trabalho docente	10- Política de remuneração, benefícios e carreira 11- Cuidados com saúde, segurança e condições de trabalho 12- Compromisso com o desenvolvimento profissional e empregabilidade 13- Comportamento frente às dimensões 14- Preparação para a aposentadoria
Meio Ambiente	Responsabilidade frente às gerações futuras	15- Comprometimento da empresa com a causa ambiental 16- Educação ambiental
	Gerenciamento do impacto ambiental	17- Gerenciamento do impacto no meio ambiente e do ciclo de vida de produto/serviços 18- Minimização de entradas e saídas de materiais
Fornecedores	Seleção, avaliação e parcerias com fornecedores	19- Critérios de seleção e avaliação de fornecedores 20- Trabalho infantil na cadeia produtiva 21- Relações com trabalhadores terceirizados 22- Apoio ao desenvolvimento de fornecedores
Consumidores e Clientes	Dimensão social do consumo	23- Política de comunicação comercial 24- Excelência do atendimento 25- Conhecimento dos danos potenciais dos produtos e serviços
Comunidade	Relações com a comunidade	26- Gerenciamento do impacto da empresa na comunidade do entorno 27- Relações com organizações locais
	Ação social	28- Financiamento da ação social 29- Envolvimento da empresa com a ação social
Governo e Sociedade	Transparência política	30- Contribuições para campanhas políticas 31- Práticas anticorrupção e propina
	Liderança social	32- Liderança e influência social 33- Participação em projetos sociais governamentais

Fonte: Disponível em: <http://www.ethos.org.br>.

Índice de Sustentabilidade Empresarial (ISE)

No Brasil, a *Bolsa de Valores de São Paulo (Bovespa)* lançou em 2005 este índice, que reflete o retorno de uma carteira composta por ações de empresas reconhecidamente comprometidas com a responsabilidade social e a sustentabilidade empresarial. O *ISE* tem o objetivo de atuar como promotor de boas práticas no meio empresarial brasileiro.

PARA SABER MAIS

Índice de Sustentabilidade Empresarial (ISE)

Disponível em: <http://www.bmfbovespa.com.br/indices/resumoindice.aspx?indice=ise&idioma=pt-br>. Acesso em: 6 abr. 2011.

Relatório de Sustentabilidade Dow Jones (*Dow Jones Sustainability Index World* – DJSI)

Este é um indicador de desempenho financeiro, e foi lançado em 1999 como o primeiro na área entre as empresas globais líderes em sustentabilidade. As empresas que constam deste índice, indexado à bolsa de Nova York, são classificadas como as mais capazes de criar valor para os acionistas, no longo prazo, por meio de uma gestão dos riscos associados tanto a fatores econômicos quanto ambientais e sociais.

PARA SABER MAIS

Dow Jones Sustainability Index World (DJSI)

Disponível em: <http://www.sustainability-index.com/>. Acesso em: 6 abr. 2011.

Diretrizes para Relatórios de Sustentabilidade

Para mensurar e divulgar os impactos socioambientais de suas atividades, as empresas produzem relatórios de sustentabilidade. Dentre os vários modelos que existem e são adotados em várias partes do mundo, destaca-se aquele proposto pela *Global Report Initiative (GRI)*, uma ONG internacional que se dedica a desenvolver e disseminar globalmente diretrizes para que as empresas possam utilizar em seus relatórios.

A primeira versão das *Diretrizes para Relatórios de Sustentabilidade* da *GRI* foi lançada em 2000. Com objetivo de garantir a credibilidade e relevância da ferramenta, a estrutura de relatórios é continuamente melhorada por meio do engajamento *multistakeholder* que envolve especialistas de mais de 500 organizações em mais de 50 países.

A *GRI* oferece uma estrutura para a elaboração de relatórios de sustentabilidade, passível de ser utilizada por organizações de todos os tamanhos, setores e localidades, com a finalidade de compartilhar globalmente uma estrutura de conceitos, uma métrica e uma linguagem coerente.

Assim, dois anos mais tarde, na conferência *Rio+10*, em Joanesburgo, na África do Sul, foi lançada a segunda versão dessas diretrizes, chamada *G2 Guidelines*. Em 2006, foi publicada a terceira versão, *G3 Guidelines*.

PARA SABER MAIS

Global Report Initiative (GRI)

Disponível em: <http://www.globalreporting.org/nr/rdonlyres/4855c490-a872-4934-9e0b-8c2502622576/5288/diretrizesg3.pdf>. Acesso em: 6 abr. 2011.

Estrutura de Relatórios de Sustentabilidade GRI

As *Diretrizes G3* trazem um *sistema de níveis de aplicação,* apontando um caminho para o desenvolvimento, expansão e aprofundamento progressivo das abordagens de relatório, ao longo de ciclos sucessivos.

Há três níveis nesse sistema (*C*, *B* e *A*), e os critérios de relato aumentam em cada nível.

Por exemplo, o nível *C* inclui um número menor de indicadores de desempenho e de informações sobre perfil, do que no nível *A*. Além da autodeclaração, a organização pode solicitar ao *GRI* que verifique a adequação do nível escolhido aos indicadores relatados. Poderá ainda obter um parecer por meio de verificação externa. Nesse caso, se a empresa atende aos requisitos do nível *C*, por exemplo, e tem verificação externa, ela declara *C+*, e assim também quanto aos outros níveis.

Os indicadores econômicos do *GRI* não tratam da situação financeira da organização (cujo interesse maior é dos *shareholders*), mas

QUADRO 2.1 Estrutura de Relatórios de Sustentabilidade GRI para estabelecimento do índice de RSE

1- Estratégia e análise	**2- Perfil organizacional**	**3- Parâmetro para o relatório**	**4- Governança, compromissos e engajamento**
Palavra do presidente sobre a relevância da sustentabilidade para a organização e para sua estratégia. Descrição dos principais impactos, riscos e oportunidades.	Histórico, serviços, estrutura, mercados, atendimentos, número de funcionários, capitalização total (dívida e patrimônio líquido). Principais mudanças no período.	Escopo e limite do relatório, sumário GRI, verificação, auditoria.	Como as decisões são tomadas, como os *stakeholders* foram engajados – transparência.

5 – Forma de gestão e indicadores de desempenho

Econômico	**Ambiental**	**Social**
Objetivos e desempenho. Política. Foco no fluxo de capital entre diferentes *stakeholders* e os principais impactos econômicos da organização sobre a sociedade como um todo. Desempenho econômico. Presença no mercado. Impactos econômicos indiretos.	Objetivos e desempenho. Política. Responsabilidade organizacional. Treinamento e conscientização. Monitoramento e acompanhamento. Indicadores de desempenho: materiais, energia, água, emissões e resíduos. Conformidade.	Objetivos e desempenho. Política. Responsabilidade organizacional. Treinamento e conscientização. Monitoramento e acompanhamento. Indicadores de desempenho: práticas trabalhistas e trabalho decente (rotatividade, carreira, saúde e segurança, treinamento, educação, diversidade). Comunidade, corrupção, políticas públicas, direitos humanos (fornecedores, trabalho infantil, trabalho forçado). Responsabilidade pelo serviço (saúde e segurança do cliente, marketing, conformidade).

Fonte: Adaptado de GRI – G3 Guidelines.

priorizam a variação da situação econômica dos *stakeholders* como consequência das atividades da organização. Os temas *estratégia empresarial* e *governança corporativa* são abordados como itens à parte. Os indicadores ambientais do *GRI* são principalmente quantitativos. No campo dos indicadores sociais, o modelo *GRI* é bastante completo, destacando-se pela particularidade de abordar, quando pertinente, mesmo os direitos indígenas. A abordagem do *GRI* procura atender aos interesses de todos os *stakeholders* envolvidos na atividade empresarial. Os interesses dos acionistas têm o mesmo peso que os dos demais *stakeholders*.

PARA SABER MAIS

Em 2004, foi criado o Grupo Brasileiro de Estudos sobre GRI, sob a coordenação do Instituto Ethos, da Associação Brasileira de Comunicação Empresarial (Aberje) e do Centro de Estudos e Desenvolvimento em Sustentabilidade da Fundação Getulio Vargas.
Atualmente, cerca de mil organizações, em mais de 60 países, declararam usar a Estrutura de Relatórios de Sustentabilidade da GRI. A primeira empresa a adotar as diretrizes no país foi a Natura, em 2003.

Fonte: Disponível em: <http://www.ethos.org.br/_Rainbow/documents/Patrocinios/GrupoBrasileiroGRISaibamais.pdf>.

2.5 Fatores críticos para a sustentabilidade

Após o que foi descrito até aqui sobre a sustentabilidade, mostrada desde sua concepção, princípios, aplicabilidade etc., é preciso destacar alguns aspectos que devem ser levados em conta para que as propostas inerentes a esse novo paradigma sejam incorporadas nas mais diversas instâncias da sociedade – da família às empresas, passando pelos diversos níveis de governo e de instituições.

A seguir, então, serão apresentados alguns aspectos de um novo modelo de governança corporativa, práticas de consumo, produção e distribuição de bens e serviços.

Governança corporativa

Tradicionalmente, a expressão *Governança Corporativa* parece muito distante do interesse do público em geral, já que é tida como parte exclusiva do mundo de empresas de capital aberto.

O *Instituto Brasileiro de Governança Corporativa* (IBGC) define, em seu site, o termo da seguinte maneira:

> Governança Corporativa é o sistema pelo qual as organizações são dirigidas, monitoradas e incentivadas, envolvendo os relacionamentos entre proprietários, conselho de administração, diretoria e órgãos de controle. As boas práticas de governança corporativa convertem princípios em recomendações objetivas, alinhando interesses com a finalidade de preservar e otimizar o valor da organização, facilitando seu acesso ao capital e contribuindo para a sua longevidade.[26]

De acordo com *Martin Hilb*,[27] a nova governança corporativa – ou seja, aquela afinada com os princípios da sustentabilidade – pode ser explicada como um sistema que integra os interesses de acionistas, clientes, funcionários e público externo de forma ética, transparente, empreendedora e sustentável.

E, na visão do autor, as dimensões da nova governança corporativa são:

- *Dimensão situacional*: contexto interno (estágio de desenvolvimento da empresa, propriedade, geração de poder, grau de internacionalização e ambições do Conselho de Administração) e contexto externo (normativo, cultura nacional e organizacional e desenvolvimento sustentável do setor da economia).
- *Dimensão do conselho estratégico*: diversidade (diretrizes estratégicas do conselho), confiança (cultura do conselho), rede (estrutura do conselho) e visão (medidas de desempenho).
- *Dimensão de gerenciamento do conselho de administração integrado*: recrutamento, avaliação, remuneração e desenvolvimento dirigido de membros dos conselhos de administração e gestores do negócio.
- *Dimensão de controle do conselho de administração*: auditoria, gestão de risco às comunicações internas e externas e funções de avaliação do sucesso do conselho.

---

26 IBGC. Instituto Brasileiro de Governança Corporativa. 2010. Disponível em: <http://www.ibgc.org.br/Home.aspx>. Acesso em: 7 set. 2010.

27 HILB, Martin. A *nova governança corporativa* – Ferramentas bem-sucedidas para conselho de administração. São Paulo: Saint Paul Editora, 2009.

Há basicamente dois modelos de governança corporativa, o modelo *orientado aos shareholders* e o *orientado aos stakeholders*.

Carvalhal-da-Silva[28] considera que as diferenças de abrangência revelam as influências políticas, culturais e econômicas de cada modelo.

O *sistema shareholder* é conhecido por desenvolver gestores que cuidam dos interesses dos acionistas; já o *sistema stakeholder* enfatiza que a gestão deve garantir os interesses dos acionistas e das demais partes interessadas direta e/ou indiretamente nos resultados organizacionais.

Ainda, os investidores institucionais têm procurado agregar a sustentabilidade de seus portfólios de investimentos de longo prazo, ou seja, estão levando em consideração as questões sociais, ambientais e econômicas que fazem parte da agenda de sustentabilidade dos países, empresas e instituições atualmente.[29]

Principalmente a partir da década de 1990, os dois modelos passaram a se complementar, atendendo aos interesses dos *shareholders* e *stakeholders,* que, juntos, demandam mais transparência e informações confiáveis na hora certa por parte das empresas.

A partir desse momento, o acesso às informações e o desenvolvimento estratégico começam a fazer parte dos modelos de governança corporativa e das práticas dos conselhos de administração das organizações.

Esse modelo de governança, que integra os *stakeholders,* é fundamental para a sustentabilidade corporativa.

PARA SABER MAIS

Investidores institucionais são os participantes dos mercados financeiros e de capitais, que atuam na gestão de recursos de terceiros. São exemplos de investidores institucionais: os fundos de pensão, as entidades de previdência privada, os fundos de investimentos, as seguradoras etc.

Fonte: Disponível em: <http://www.igf.com.br/aprende/glossario/glo_Resp.aspx?id=1703>.

Consumo responsável

É importante examinar não somente a quantidade de recursos que é consumida, mas também os padrões de consumo. A eficiência econômica por si só não resolve os problemas relacionados aos recursos naturais; é preciso rever os padrões atuais de consumo, assinala o *Instituto Akatu,* entidade brasileira que tem o objetivo de difundir o consumo consciente.

Consumir, explica o *Instituto,* implica um processo de seis etapas que, normalmente, é realizado de modo automático e muitas vezes

PARA SABER MAIS

A compra é apenas uma etapa do consumo. Antes dela, é preciso decidir o que consumir, por que consumir, como consumir e de quem consumir. Depois de refletir sobre esses pontos, as pessoas partem para a compra. E, após a compra, há o uso e o descarte do que foi adquirido.

Fonte: Disponível em: <http://www.akatu.org.br>.

---

28 CARVALHAL-DA-SILVA, André Luiz. *Governança corporativa e sucesso empresarial*: Melhores práticas para aumentar o valor da firma. São Paulo: Saraiva, 2006.

29 Ibid.

impulsivamente. O mais comum é as pessoas associarem consumo a compras, o que está correto mas incompleto, pois não engloba todo o sentido do verbo.

Considerando todos esses aspectos, é fácil perceber que o consumo está presente em muitos momentos de nossa vida. Ao acordar, vamos ao banheiro e consumimos água, eletricidade, pasta de dentes e sabonete.

Ao tomar o café da manhã, lá se vão café, pão, manteiga, geleia, frutas, água e eletricidade. E mais água para fazer o café e para lavar a louça. Ao sair para o trabalho – a menos que andemos ou usemos bicicleta – consumimos combustível (mesmo que seja de ônibus) e, no caso do metrô, energia elétrica.

Dependendo da ocupação de cada um, haverá diferentes tipos de consumo, mas é quase certo que haverá uso de eletricidade, papel e cafezinho, por exemplo.

Portanto, mesmo que você passe o dia todo sem sequer abrir a carteira, terá consumido muita coisa.

Por isso, o consumo é muito importante e provoca diversos impactos. Primeiro, nas próprias pessoas, já que elas têm de arcar com as despesas e, também, porque se beneficiam do bem-estar derivado do consumo. Depois, na economia, porque, ao adquirir algo, movimenta-se a máquina de produção e distribuição, ativando a economia.

PARA SABER MAIS

O Instituto Akatu apresenta, em seu site, uma série de dicas sobre como mudar os hábitos de consumo.

Fonte: Disponível em: <www.akatu.org.br>. Acesso em: 6 abr. 2011.

O consumo também afeta a sociedade, porque nela ocorrem a produção, as trocas e as transformações que o consumo acarreta. E, por fim, o impacto sobre a natureza, que fornece as matérias-primas para a produção de tudo o que é consumido.

O consumo é um dos grandes instrumentos de bem-estar, mas é necessário aprender a produzir e consumir os bens e serviços de uma maneira diferente da atual, visto que o modelo hoje predominante de produção e consumo contribui para aprofundar alguns aspectos da desigualdade social e do desequilíbrio ambiental.

No entanto, nem tudo precisa se dar desse modo e há um enorme potencial para que o consumo que nos trouxe à situação atual, se exercido de outra forma, nos tire dela.

Produção

Outro fator determinante do desenvolvimento sustentável é a produção. A produção precisa ser remodelada com base em padrões que levem em consideração não somente os benefícios econômicos, mas também os ambientais e sociais; e em consonância com o tripé da sustentabilidade: lucro, pessoas e planeta.

Temos de desenvolver padrões de produção que satisfaçam também as necessidades dos consumidores de média e baixa rendas. De acordo com o pensador indiano *Coimbatore Krishnarao Prahalad*, mais conhecido como *C. K. Prahalad*, o futuro dos negócios está na base da pirâmide, ou seja, as classes sociais menos favorecidas.

Em seus estudos, o pensador analisou o potencial dos mercados de baixa renda, bem como propôs uma série de alternativas para diminuir a pobreza, ao mesmo tempo que se gera lucro.

É possível identificar cinco problemas fundamentais nos atuais padrões de produção:

- Uso de materiais e processos que causam degradação ambiental e riscos para a saúde, principalmente por meio de grandes quantidades de emissões tóxicas que prejudicam a saúde dos trabalhadores e de suas famílias, assim como das comunidades do entorno. Nesse cenário, os conceitos de produção limpa e de tecnologia limpa vêm provocando mudanças positivas na produção, mas as transformações precisam ser mais difundidas e aprofundadas, a fim de que os padrões e modelos de produção em vigor se modifiquem.
- Ineficiência na produção que causam perdas (desperdício) no sistema e degradação ambiental. Um exemplo recente foi a explosão, em abril de 2010, de uma plataforma de exploração de petróleo da empresa *British Petroleum* no golfo do México (Estados Unidos), que resultou em um dos maiores derramamentos de óleo no mar da história e o pior acidente ambiental causado por óleo no país.
- Falhas no reflexo negativo das externalidades no custo do produto. De uma maneira geral, nos países em desenvolvimento, quando um produto é fabricado, o ar, a água e o solo consumidos não são computados como custo. São considerados bens livres, principalmente quando não há regulação. Por isso, uma árvore em pé no fundo da floresta não tem valor monetário; somente quando trazida para uma fábrica que lhe é atribuído valor. Tal percepção leva a equívocos no cálculo dos custos, desconsiderando a dimensão da sustentabilidade.

Para remediar essas falhas, é necessário rever os procedimentos de regulação do uso dos recursos naturais, bem como contabilizar seu uso.

- Iniquidade de acesso a recursos naturais. Por exemplo, os ricos têm acesso mais fácil à água e energia do que os pobres. Em vários países em desenvolvimento, os pobres pagam de 5 a 10 vezes mais pela água encanada do que as camadas mais ricas da população.
- Custos de transação significativamente mais elevados para as pessoas de baixa renda. Por exemplo, os grandes produtores rurais e moradores de grandes centros urbanos têm vantagens em termos de custo e preço de bens e serviços relacionadas à escala (ou seja, eles costumam pagar menos do que os moradores de áreas rurais ou de comunidades mais empobrecidas). Eles também têm acesso mais fácil à água e a outros recursos do que os pequenos produtores e as pessoas de baixa renda.

Distribuição

Finalmente, um aspecto determinante para o desenvolvimento sustentável está relacionado à distribuição dos recursos.

A distribuição de renda equitativa numa sociedade é um dos elementos centrais para a sustentabilidade. Como discutido anteriormente, a qualidade de vida de todas as camadas e dos grupos populacionais – que dependem de acesso a educação, saúde, emprego, renda, moradia etc. – é um dos pilares da sustentabilidade.

Entre esses fatores, cabe destacar que a renda é um fator essencial para garantir acesso a serviços e bens, que produzem impacto direto na qualidade de vida.

Num país como o Brasil, que possui um dos piores índices de distribuição de renda do mundo (apesar das melhorias obtidas nos últimos anos), é fundamental que o governo, as corporações e os demais segmentos sociais atuem no sentido de promover uma efetiva redistribuição de renda.

O governo pode fazer isso por meio de políticas e programas que permitam que as camadas excluídas possam melhorar sua renda. No Brasil, o programa *Bolsa Família* do Governo Federal tem produzido impacto na melhoria da renda das camadas mais pobres da população.

Paralelamente, ações como o *Financiamento Estudantil (Fies)* e o *Programa Universidade para Todos (Prouni)* funcionam como

PARA SABER MAIS

O Programa Bolsa Família consiste numa ajuda financeira às famílias definidas como pobres (renda *per capita* de R$ 70,01 até R$ 140,00) e extremamente pobres (renda *per capita* de até R$ 70,00).

A contrapartida é que as famílias beneficiadas mantenham seus filhos e/ou dependentes com frequência na escola e vacinados.

Em dezembro de 2010, 12,8 milhões de famílias eram atendidas pelo programa, que, segundo o Instituto de Pesquisa Econômica Aplicada (Ipea), teve importante impacto na redução da pobreza no Brasil.

Fonte: Disponível em: <www.mds.org.br/bolsafamilia>. Acesso em: 6 abr. 2011.

mecanismos de inclusão na medida que ampliam o acesso ao ensino superior no país.

As empresas, por sua vez, podem atuar na redistribuição de renda por meio da geração de emprego e de melhoria da qualidade de vida de seus funcionários, suas famílias e comunidades, através de ações de responsabilidade social empresarial.

CONCEITOS-CHAVE

SUSTENTABILIDADE: explora as relações entre desenvolvimento econômico, qualidade ambiental e equidade social.

DESENVOLVIMENTO SUSTENTÁVEL: o desenvolvimento que procura satisfazer as necessidades da geração atual, sem comprometer a capacidade das gerações futuras de satisfazerem as suas próprias necessidades (BRUNDTLAND, 1987, capítulo 2, parágrafo X).

TRIPÉ DA SUSTENTABILIDADE: termo que se refere às três dimensões envolvidas na busca pela sustentabilidade econômica, ambiental e social (as pessoas, o planeta e o lucro).

STAKEHOLDERS: qualquer pessoa que seja afetada, ou possa ser afetada, pelo desempenho de uma organização.

INVESTIMENTO SOCIAL PRIVADO: preocupação com a obtenção de resultados, as transformações, a ascensão social e o envolvimento da comunidade no desenvolvimento da ação.

RESPONSABILIDADE SOCIAL EMPRESARIAL: é um conceito que abrange duas dimensões:

- uma forma de gestão que se define pela relação ética e transparente da empresa com todos os públicos com os quais ela se relaciona;
- o estabelecimento de metas empresariais que impulsionem o desenvolvimento sustentável da sociedade, preservando recursos ambientais e culturais para gerações futuras, respeitando a diversidade e promovendo a redução das desigualdades sociais.

NOVA GOVERNANÇA CORPORATIVA: sistema que integra os interesses dos acionistas, clientes, empregados e público externo de forma ética, transparente, empreendedora e sustentável.

DICA DE AÇÃO RESPONSÁVEL

Acesse o site da World Wide Fund For Nature Brasil (WWF): <http://www.pegadaecologica.org.br/>.

Siga as instruções contidas nesse site e calcule a sua "pegada ecológica". Você vai descobrir quanto utiliza dos recursos da natureza para sustentar seu estilo de vida.

Faça, então, uma autorreflexão crítica com o que você viu neste capítulo, para incorporar, no seu dia a dia, práticas sustentáveis. Comece já!

PARA SABER MAIS

Veja o Relatório de Sustentabilidade da WWF – 2010.

Disponível em: <http://assets.wwfbr.panda.org/downloads/08out10_planetavivo_relatorio2010_completo_n9.pdf>. Acesso em: 18 maio 2011.

3

Preparando-se para a Nova Economia

"A riqueza deixa de ser um fim e passa a ser um meio. Na visão do Amartya Sen, a riqueza é um meio para permitir, ou não, aos indivíduos realizarem a finalidade última da expansão das suas liberdades."

Ricardo Abramovay[1]

Objetivos da aprendizagem

Ao final deste capítulo, o estudante terá condições de:

- compreender o funcionamento da Nova Economia ou Economia Verde;
- conhecer os meios para se alcançar efetivamente uma Economia Verde;
- identificar ações que já fazem a diferença para a conquista de um desenvolvimento sustentável.

Neste capítulo, você entenderá a lógica da *Nova Economia* para que possamos concentrar esforços rumo a uma prosperidade duradoura; aprofundando a discussão, você verificará a necessidade de investirmos em inovações sustentáveis e na reeducação cultural por meio da educação na sustentabilidade; e, para finalizar, você compreenderá que o desenvolvimento sustentável depende fortemente daquilo em que acreditamos e do que fazemos *agora*.

Para alguns economistas, crescimento econômico é a tradução mais perfeita de prosperidade. Sob essa lógica, um país que produz muita

1 Transcrito de entrevista publicada em ARNT, Ricardo (Org.). *O que os economistas pensam sobre sustentabilidade*. São Paulo: Editora 34, 2010.

riqueza, com elevada renda *per capita*, deveria colocar seus cidadãos em condições de fazer as melhores escolhas. No entanto, a história da humanidade, principalmente nas últimas décadas, mostra que essa *visão de mundo* precisa ser reavaliada, se estivermos realmente interessados num mundo melhor para todos.

Como indicador dessa necessidade de reavaliação, o relatório *Prosperity without Growth? The Transition to a Sustainable Economy* (Prosperidade sem Crescimento? A Transição para uma Economia Sustentável), da *Comissão de Desenvolvimento Sustentável do Reino Unido*, de 2009, traz dados reveladores:

- o crescimento econômico tem provocado prosperidade de forma desigual, na melhor das hipóteses, pois 20% da população mundial detém apenas 2% da riqueza gerada no mundo;
- enquanto os ricos se tornaram mais ricos, a renda *per capita* da classe média em países do Ocidente já estava estagnada mesmo antes da crise financeira de 2008;
- nas últimas décadas a economia mundial mais do que dobrou, mas estima-se que 60% do ecossistema mundial foi degradado pela ação humana, direta ou indiretamente.

O autor deste relatório, o economista e professor de *Desenvolvimento Sustentável* da *Universidade de Surrey,* do Reino Unido, *Tim Jackson,* faz, nesse trabalho, algumas "provocações" que devem ser analisadas cuidadosamente. Entre elas:

- Que vantagens o modelo econômico atual poderia trazer a um mundo de 9 bilhões de pessoas que aspiram desfrutar da mesma qualidade de vida dos países desenvolvidos do Ocidente, se, para que isto acontecesse na prática, a economia mundial deveria crescer 15 vezes até 2050 e 40 vezes até o final deste século, sem perder de vista a escassez dos recursos naturais provocada pela degradação do ecossistema?
- O que almejamos para nossos pais, filhos, netos, amigos e colegas? Prosperidade de qualquer jeito ou prosperidade duradoura?[2]

---

2 JACKSON, Tim. *Prosperity without Growth? The Transition to a Sustainable Economy. Sustainable Development Commission*, 2009, p. 6. Disponível em: <http://www.sd-commission.org.uk/publications/downloads/prosperity_without_growth_report.pdf>. Acesso em: 12 abr. 2011.

ENTRE ASPAS

"A prosperidade consiste na nossa habilidade de florescer como seres humanos – dentro dos limites ecológicos de um planeta que possui recursos finitos. O desafio da nossa sociedade é criar condições para que isso seja possível. Esta é a tarefa mais urgente na atualidade."

Fonte: JACKSON (2009).

Para entender um pouco melhor essa situação complexa, abordaremos neste capítulo, sem pretensões de esgotar o assunto, o papel, no contexto mundial, da *Nova Economia,* dos *Empregos Verdes* e da *Educação.*

3.1 Economia Verde

Considerando os impactos adversos gerados pelos dependentes da lógica do modelo econômico atual, predominante na maioria dos países, sobre o meio ambiente e a sociedade, pode-se argumentar que uma *Economia Verde* (ou *Nova Economia*), que já se desenha nos cenários globais, vem para permanecer por tempo indeterminado, apesar das críticas de que é alvo. Defendemos esse argumento por um motivo muito simples: nas palavras do professor de Economia, diretor do *Instituto Terra* da *Universidade Columbia* e conselheiro especial da *Secretaria Geral das Nações Unidas para as Metas do Milênio, Jeffrey D. Sachs,* "O mundo está rompendo os limites no uso de [seus] recursos [naturais...]".[3]

GLOSSÁRIO

Economia Verde ou **Nova Economia** pode ser definida como aquela em que a produção, a distribuição e o consumo de bens e serviços se dão por meio de processos em que os recursos não são utilizados mais rapidamente do que a capacidade que a natureza tem de renová-los. Por isso, pode ser chamada também de economia sustentável.

A Nova Economia também pode ser definida como aquela que promove um equilíbrio entre a vitalidade ambiental, social e econômica, apoiada na inovação que dê origem a processos de produção que priorizem a sustentabilidade em todas as etapas, desde o empréstimo de recursos naturais até a reciclagem de bens já consumidos.

3 SACHS, Jeffrey D. Need versus greed. Artigo publicado no site do Project Syndicate, em 28 fev. 2011. Disponível em: <http://www.project-syndicate.org/commentary/sachs175/English>. Acesso em: 13 maio 2011.

DICIONÁRIO

Disruptivo

Que causa ou tende a causar disrupção, ruptura.

A *Nova Economia* representa uma mudança de caráter disruptivo em relação aos paradigmas predominantes desde a *Revolução Industrial* do século XVIII (ver Capítulo 1), que resultaram num modelo econômico e de desenvolvimento tecnológico que persiste até hoje: um modelo baseado na exploração indiscriminada dos recursos naturais, no desenvolvimento tecnológico voltado para o aumento da produção e na expansão do consumo e do crédito não necessariamente responsáveis.

Reforçando a ideia, *Van Jones*[4] afirma que a economia norte-americana, a maior do mundo, vem se fundamentando nas últimas décadas em três falácias: no consumo em vez da produção; no crédito em vez da poupança e na destruição ecológica em vez da recuperação do meio ambiente. Para ele, a crise da economia global na contemporaneidade – evidenciada pela crise de 2008-2009 – expõe essas falácias e os riscos inerentes a elas.

Para o autor, essa conjunção gerou uma situação altamente desfavorável para as pessoas, devido ao desequilíbrio gerado por esses elementos que passaram a ordenar economicamente os Estados Unidos e os demais países industrializados:

> A nova economia não funcionou como foi anunciada. Milhões de norte-americanos estão hoje no paraíso do consumo e no inferno do trabalho. [...] A verdade é que nenhum país industrializado pode continuar consumindo mais do que produz sem que a economia desabe – assim como as esperanças e sonhos de seus povos.[5]

ENTRE ASPAS

"A máquina do crescimento econômico depredará os recursos, deixará os pobres de lado e nos conduzirá a uma profunda crise social, política e econômica."

Fonte: SACHS (2011).

Em contrapartida, ainda que o modelo econômico atual venha ajudando a aliviar a pobreza em vários países em desenvolvimento, se a sua ênfase continuar baseada na visão estritamente economicista da década de 1950, logo se mostrará totalmente ineficaz.

Nos cálculos do *Produto Interno Bruto (PIB)* mundial (ver Capítulo 2), por exemplo, o fator inovação ainda não incorporou elementos importantes envolvidos na produção de riqueza e na prosperidade, tais como o valor do trabalho doméstico, informal e dos recursos naturais, elementos extremamente relevantes para o desenvolvimento sustentável.

A *Era Industrial* possibilitou avanços tecnológicos que promoveram melhorias na condição de vida das pessoas e aumentaram seu grau

---

4 VAN JONES, Anthony K.; CONRAD, Ariane. *The green collar economy:* how one solution can fix our two biggest problems. Nova York: Harper Collins Publishers, 2009. p. 2.

5 Ibid., p. 3.

de conforto. Mas caracterizou-se pelo mito do *progresso material ilimitado,* ou seja, a crença de que não havia limites para a exploração dos recursos naturais.

Esse modelo produtivo, baseado na exploração de combustíveis fósseis (carvão, petróleo etc.), tornou-se insustentável do ponto de vista ambiental, gerando uma série de problemas que ameaçam a sobrevivência dos seres humanos na Terra: a poluição do ar e da água, a produção excessiva de lixo tóxico e o desmatamento, entre outros problemas, agravados pelas mudanças climáticas.

Assim, um dos principais problemas enfrentados pela população mundial na atualidade é que o "alicerce" desse modelo promove atividades em setores estratégicos da economia mundial, como agricultura, indústria de base, serviços, comunicações e transportes, entre outros, que dependem quase exclusivamente dos combustíveis fósseis. Essa situação gera muitos resíduos e altos níveis de poluição e dificulta a preservação do meio ambiente e melhorias na qualidade de vida das comunidades.

Por isso, é urgente que as pessoas mudem os hábitos de consumo e a relação com o planeta, buscando respostas inteligentes para os desafios da sociedade moderna.

Para *Jackson*, "o imperativo do crescimento modelou a arquitetura da economia moderna", trazendo consigo uma série de consequências negativas, como a instabilidade do sistema financeiro e a exclusão de boa parte da população do processo de geração e distribuição de riqueza no planeta, exacerbando a situação de pobreza extrema no mundo. Nesse sentido, ele afirma que a crença de que é necessário crescer a qualquer custo relaxou as regulações sobre o setor financeiro e a contínua expansão do crédito, levando à crise financeira de 2008-2009, que abalou as economias dos países em várias partes do mundo.[6]

Crise econômica de 2008-2009

A crise econômica de 2008-2009 foi um desdobramento da crise financeira internacional, desencadeada pela falência do banco de investimentos *Lehman Brothers,* dos Estados Unidos. Num efeito dominó, outras grandes instituições financeiras norte-americanas e europeias quebraram.

A origem dessa crise data de 2001, quando o índice *Nasdaq* (que mede a variação de preços das ações de informática e telecomunicações)

6 JACKSON, 2009, p. 6.

despencou em razão do "estouro da bolha da Internet", justamente num momento em que a rede mundial se fortalecia.

No começo deste século, o universo virtual começou a se expandir e a se fortalecer, com o ingresso de empresas, serviços e organizações políticas e da sociedade civil e com o surgimento do "e-commerce" (comércio virtual, eletrônico, realizado pela Internet como um novo tipo de canal de vendas). Começavam a surgir as grandes empresas – *Yahoo, Amazon*, entre outras –, alimentando as promessas de riqueza e de possibilidades infinitas de negócios. Essas perspectivas atraíram muitos investidores, que canalizaram recursos antes aplicados em outros setores para os sites, produtos e serviços da rede na expectativa de enriquecimento rápido. Com isso, as ações das chamadas empresas *pontocom* e de alta tecnologia subiram vertiginosamente, levando à criação de uma nova bolsa de valores para o segmento, a *Nasdaq*.

Mas a onda de prosperidade não durou tanto quanto se esperava: uma série de movimentos equivocados (por exemplo, supervalorização de empresas ou aposta em negócios que foram malsucedidos) causou o chamado "estouro da bolha", levando muitas pequenas empresas à falência e gerando prejuízos aos investidores.[7]

PARA SABER MAIS

Nasdaq: *National Association of Securities Dealers Automated Quotations* (Associação Nacional Corretora de Valores e Cotações Automatizadas), é uma bolsa de valores eletrônica com sede nos Estados Unidos.
A Nasdaq trabalha com ações de aproximadamente 3.200 empresas e opera, em média, um número maior de ações do que qualquer outro mercado norte-americano. Ela hospeda companhias que são líderes em todas as áreas, em especial tecnologia, comunicações, serviços financeiros, mídia, biotecnologia, entre outras.

Fonte: Disponível em: <http://www.nasdaq.com/help/sitemap.aspx#nc>. Acesso em: 2 maio 2011.

Para evitar prejuízos aos investidores, o *Federal Reserve*, o *Banco Central* dos Estados Unidos, passou a orientar os investimentos para o setor imobiliário, por meio da ampliação da oferta de dinheiro a duas agências de crédito imobiliário do país, *Fannie Mae* e *Freddie Mac*, que trabalham com o financiamento de imóveis para a população de baixa e média renda.

7 Informações compiladas de: Anos 00: empresas virtuais, Nasdaq e a Bolha. Disponível em: <http://tecnologia.terra.com.br/internet10anos/interna/0,,OI542324-EI5026,00.html>; Estouro da bolha da Internet completa 10 anos hoje; relembre as maiores bobagens daquela época. Disponível em: <http://super.abril.com.br/blogs/rebit/estouro-da-bolha-da-internet-completa-10-anos-hoje-relembre-as-maiores-bobagens-daquela-epoca/>. Acesso em: 2 maio 2011.

PARA SABER MAIS

Fannie Mae é o apelido pelo qual a empresa imobiliária *Federal National Mortgage Association*, criada em 1938 pelo presidente Franklin Roosevelt, se tornou conhecida.

Foi criada no contexto da grande depressão com o objetivo de movimentar o mercado de financiamentos e de viabilizar a compra da casa própria pelos norte-americanos.

A empresa operava da seguinte maneira: recendia empréstimos imobiliários feitos por bancos na forma de títulos, repassando o dinheiro para as instituições financeiras para que estas pudessem emprestá-los aos mutuários. Dessa maneira, criava-se um mercado secundário de financiamentos.

Nesse mercado secundário, empresas como a *Fannie Mae* tomavam empréstimo de investidores domésticos e estrangeiros com baixas taxas de juros, porque eram lastreadas pelo governo nos Estados Unidos.

O lucro da *Fannie Mae* era oriundo da diferença entre os juros pagos pelos mutuários e os que a empresa pagava pelos seus empréstimos.

Até 1968, a *Fannie Mae* tinha o monopólio no mercado hipotecário, mas foi privatizada pelo presidente Lyndon Johnson.

Freddie Mac é o apelido da empresa *Federal Home Loan Mortgage Corporation*, de mesma natureza, criada em 1970 com a finalidade de competir com a Fannie Mae.

Fonte: Disponível em: <http://business.timesonline.co.uk/tol/business/industry_sectors/banking_and_finance/article4345872.ece>. Acesso em: 2 maio 2011.

Essas empresas captaram recursos em várias partes do mundo e concederam financiamentos de alto risco a famílias sem renda, sem emprego e sem patrimônio, que não conseguiram manter as prestações dos financiamentos em dia. Por isso, as agências acabaram falindo,

GLOSSÁRIO

O termo **alavancagem** refere-se a um conceito usado na área de administração financeira e orçamentária e diz respeito aos efeitos produzidos pelo capital de terceiros sobre o patrimônio líquido reduzindo ou aumentando os lucros de uma organização.

Peter Senge, em sua obra *A quinta disciplina*, dedica um capítulo ao que chama de Princípio da Alavancagem, indo além da dimensão financeira. Para ele, a alavancagem consiste em identificar o ponto de origem das ações e mudanças nas estruturas a fim de obter melhorias significativas e permanentes. Na visão do autor, as ações pequenas e específicas costumam apresentar maior poder de alavancagem do que os grandes esforços.

Fontes: Disponíveis em: <http://www.administradores.com.br/informe-se/artigos/o-principio-da-alavancagem/13926/> e <http://www.bonde.com.br/?id_bonde=1-28--2013-20060123&tit=o+principio+da+alavancagem>. Acesso em: 2 maio 2011. SENGE, Peter M. *A quinta disciplina.* São Paulo: Best Seller, 2000.

carregando consigo os investidores e colocando em risco o sistema financeiro internacional.

Para evitar o colapso, o governo dos Estados Unidos assumiu o controle dessas agências. As consequências desastrosas desse processo, em nível mundial, obrigaram vários governos europeus a conceder ajuda financeira, em grande escala, aos seus respectivos sistemas financeiros, numa tentativa de neutralizar a alavancagem da economia resultante desse processo desastroso.

A natureza dessa crise logo mostrou que limitar e exagerar o foco da sociedade nos *Retornos de Curto Prazo,* deixando cada vez mais distante a perspectiva de construir um mundo melhor e mais justo, funciona como um empecilho para a prosperidade duradoura.

Em contrapartida, investir no *capital natural* (ver Capítulo 1) não significa interromper todos os processos de utilização dos recursos naturais, numa perspectiva conservacionista que transforma a natureza num santuário intocável. Trata-se, sim, de agregar valor a esse capital natural e valer-se do conhecimento humano com a finalidade de compreender e respeitar os ciclos naturais, aumentar a produtividade dos recursos naturais (fazer mais e melhor com muito menos), usar energia com eficiência, reutilizar a água para inúmeros fins e investir em reciclagem em diversos setores da economia, entre outras medidas.

Em outras palavras, a questão principal é mudar a mentalidade predominante no mundo ocidental e buscar atender às necessidades de uma população crescente com "a ingenuidade do conceito do mais" – nos termos do presidente da consultoria *AHC Group, Bruce Piasecki*: mais milho por hectare, mais rodovias, mais programas de governo etc. Essa lógica funcionou e levou países como os Estados Unidos à prosperidade. No entanto, a obsessão por ter mais e a confiança na superabundância levaram à destruição do meio ambiente e relegaram ao passado a imaginação e a frugalidade competitiva, impulsionando esses países a um plano secundário.[8]

Os desafios da transição

A partir de estudos e análises realizados nas últimas décadas do século XX, pesquisadores e especialistas de vários países acreditam que o futuro da humanidade será definido pela capacidade de os indivíduos e as sociedades realizarem uma transição responsável para a *Nova Economia.*

---

8 Comentário obtido em: <http://www.estadao.com.br/estadaodehoje/20110413/not_imp705528,0.php>. Acesso em: 13 abr. 2011.

Para tanto, a sociedade moderna precisa aprender a lidar com problemas de mobilidade social e distribuição de oportunidades, ou seja, de ascensão e inclusão social conjugadas com o aumento do acesso ao mercado de trabalho e emprego.

Um dos maiores problemas que a *Nova Economia* enfrenta nesta fase de legitimação em que se encontra é preparar profissionais da sustentabilidade em larga escala num curto espaço de tempo para liderar as mudanças necessárias para o desenvolvimento de inovações sustentáveis.

No entanto, *Van Jones* vê na construção da *Nova Economia* um enorme potencial de inserção (ou de reinserção) no mercado de trabalho para pessoas comuns, muitas das quais não têm bons empregos atualmente. Nesse sentido, o autor pontua que um dos principais problemas das empresas comprometidas com a Economia Verde – por exemplo, o setor de energias renováveis – é a falta de trabalhadores bem preparados para atuar nesses segmentos.[9]

PARA SABER MAIS

O Banco Mundial define a pobreza extrema como viver com menos de US$ 1 por dia e pobreza moderada como viver com entre US$ 1 e US$ 2 por dia.

Estima-se que 1,1 bilhão de pessoas em todo o planeta vivam com menos de U$ 1 por dia e que 2,7 bilhões de pessoas tenham um nível de consumo inferior a US$ 2. Na América Latina, calcula-se que a pobreza extrema atinja 168 milhões de pessoas.

De acordo com a ONU, sete países somam dois terços da pobreza e fome no mundo: Bangladesh, China, Índia, Indonésia, Paquistão, Congo e Etiópia. Na Europa, segundo a agência estatística europeia, há 84 milhões de pobres, 17% da população, e nos Estados Unidos os pobres representam 14% da população.

Fonte: Disponível em: <http://www.noticias.bol.uol.com.br/internacional/2010/10/17/uma-em-cada-sete-pessoas-vive-com-menos-de-um-dolar-por-dia-no-mundo.jhtm>. Acesso em: 10 abr. 2011.

A *Nova Economia* nasce para lidar com alguns desafios iminentes, que são detalhados ao longo deste capítulo, entre os quais:

- criar oportunidades sustentáveis nos próximos anos em setores estratégicos da economia que contribuam significativamente para a melhoria da qualidade de vida da sociedade;
- recuperar e promover a harmonia com o meio ambiente no curto, médio e longo prazos;

9 VAN JONES e CONRAD, 2008, p. 14.

- formular e avançar políticas de incentivos à educação na sustentabilidade.

A substituição da economia tradicional por uma economia em novos moldes é um processo que deve ocorrer rapidamente, impulsionado pelo problemático panorama mundial atual. Os cenários contemporâneos são muito diferentes daqueles dos séculos XVIII e XIX, em que havia relativa abundância de recursos naturais e populações muito menores que as de hoje. Desde meados do século XX, sabe-se que o planeta Terra está superpovoado e vulnerável.

Apesar da urgência, os principais tomadores de decisão na esfera pública e privada criam ainda mais empecilhos para os investimentos em soluções sustentáveis e ignoram o fato de que todos são responsáveis por preservar os recursos naturais e por criar novas fontes de energia. Especialmente, não percebem que é necessário revigorar o papel mobilizador dos governos nesse esforço coletivo de atualização e, em última análise, o que está em jogo nesse esforço.

Os desafios são grandes, mas é preciso ter clareza de que as barreiras reais para acelerar a transição para a *Nova Economia* não são exclusivamente políticas ou tecnológicas, como muitos acreditam. Uma vez que se aceite que as crenças e os valores atuais sofrem, na melhor das hipóteses, de deficiências destrutivas, será possível perceber que as mudanças duradouras dependem, em grande parte, do comportamento e da atitude dos cidadãos comuns.

O diagrama da Figura 3.1 ajuda a compreender a diferença fundamental entre a perspectiva da economia tradicional e a da *Nova Economia*. A primeira enfoca o produto e, por isso, não mede as consequências geradas pela extração de recursos da natureza com a finalidade de produzir bens e serviços. O desperdício – tanto no processo de extração de recursos quanto após o consumo dos produtos e bens – é o resultado dessa visão/lógica fragmentária, que não leva em conta os efeitos colaterais gerados pelo seu objetivo.

A *Nova Economia*, por sua vez, funciona por meio de uma visão sistêmica, em que o foco está nos serviços. Assim, busca-se a produtividade dos recursos naturais e o investimento em capital natural, num processo em que a plataforma de negócios é orientada para a preservação do meio ambiente e a inclusão social.

Conforme defende *Peter Senge*, mudar da *Era Industrial* para um modelo econômico em que a sustentabilidade paute todas as atividades depende de pequenas mudanças de atitude e de ideias inovadoras.

FIGURA 3.1 Diferenças entre a economia tradicional e a nova economia

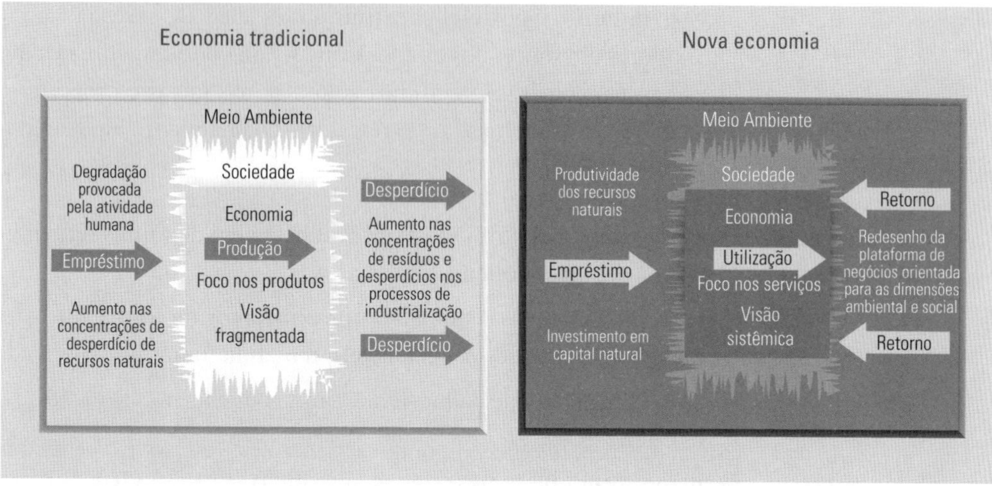

Para ele, a transição já está ocorrendo – embora muitas crenças e valores vinculados à sustentabilidade continuem relegados a uma posição secundária em boa parte do planeta. As decisões que as pessoas tomam no dia a dia – o que consumir, o que e como produzir, os modos de interação com o meio ambiente –, são os verdadeiros dilemas. Por exemplo, o modelo de negócios atual ainda se alimenta de crenças e entendimentos que se tornaram predominantes na sociedade ao longo da história, sem maiores questionamentos.[10]

Entre essas crenças, encontram-se absurdos como:

- a energia é infinita e barata;
- sempre existirá um lugar para se jogar o lixo;
- o impacto das atividades dos seres humanos no meio ambiente sempre foi e sempre será o menor dos problemas;
- os seres humanos são especiais, outras espécies são pouco importantes e muitas são simplesmente irrelevantes;
- os recursos naturais são ilimitados. Se limites ou problemas surgirem, o mercado alocará rapidamente recursos financeiros para que se mantenha o mesmo estilo de vida;
- produtividade e padronização são a chave para o progresso econômico;

10 SENGE, Peter et. al. *The necessary revolution*. How individuals and organisations are working together to create a sustainable world. Grã-Bretanha: Nicholas Brealey Publishing, 2010. p. 33-41.

- o nosso planeta pode suportar a disseminação do crescimento econômico exponencial em todas as partes do mundo.

No entanto, é possível construir uma sociedade baseada em crenças e valores diferentes dos citados e que sejam perfeitamente razoáveis.

Com esse objetivo, reunimos aqui algumas ideias e propostas que ilustram de que maneira se pode resgatar – ou finalmente implementar – a sustentabilidade:

- gerar energia de forma responsável por meio de fontes renováveis, como a solar, a eólica e a biomassa;
- produzir máquinas, equipamentos e insumos de forma inteligente com base em processos recicláveis, remanufaturados ou renovados;
- zelar pela qualidade da biosfera visando beneficiar as gerações atuais e futuras;
- reconhecer que somos apenas mais um organismo vivo – entre todos os outros, ainda que "inteligente" –, e que as espécies dependem umas das outras e do meio ambiente para sua existência.

É necessário, também, entender que:

- um ecossistema saudável representa valores positivos;
- o diálogo, a cooperação e a diversidade cultural são características indispensáveis de uma sociedade que busca prosperidade duradoura;
- segurança e bem-estar dependem do respeito e da consideração por todos;
- todos os seres têm direito à vida, e esse direito dever ser buscado por meio de ações responsáveis;
- ainda que o desenvolvimento de novas tecnologias não seja a solução de todos os problemas, pode ser um bom começo nesse sentido.

De fato, um dos maiores desafios a serem enfrentados é mobilizar a sociedade na busca de novas tecnologias sustentáveis.

No trabalho desenvolvido por *Carlota Perez* em parceria com a *Merryl Lynch* em 2008, identificamos seis revoluções tecnológicas que merecem destaque, resumidas no Quadro 3.1.

Esse quadro oferece uma valiosa leitura sobre a capacidade criativa dos seres humanos no desenvolvimento de novas tecnologias, sobretudo quanto ao espírito inovador presente em diversos momentos importantes da história da humanidade. Contudo, boa parte das pessoas ainda se sente desconectada dessas revoluções tecnológicas e, por isso,

ENTRE ASPAS

"Nós corremos o risco de perder oportunidades preciosas oferecidas pela revolução tecnológica que já começou."

Fonte: PRIEBE e KANTOR (2010).

QUADRO 3.1 Revoluções tecnológicas

	Tecnologia	Início	Novas ou redefinidas tecnologias e indústrias	Nova ou redefinida infraestrutura
Primeira	Industrial	1771	Algodão mecanizado, ferro forjado e máquinas.	Canais e vias navegáveis, pedágio e moinho de água.
Segunda	Vapor e ferrovias	1829	Máquinas e engenharia a vapor, indústria farmacêutica, engenharia civil, equipamento elétrico, cobre e cabo, comida enlatada, papel e embalagem.	Ferrovias para trem a vapor, serviço de correio universal, telégrafo, portos, gás de cozinha e estaleiros.
Terceira	Aço, eletricidade e engenharia pesada	1875	Aço barato, navios de aço a vapor, indústria farmacêutica, engenharia civil, equipamento elétrico, cobre e cabo, comida enlatada, papel e embalagem.	Transporte mundial, ferrovias, canais, grandes pontes e túneis, telefone nacional e redes elétrica.
Quarta	Petróleo automotivo e produção em massa	1908	Produção em massa de automóveis, óleo e combustível barato, petroquímicos, motor de combustão para fins bélicos e comerciais, aparelhos eletrodomésticos, comida resfriada e congelada.	Redes de rodovias, portos e aeroportos, oleodutos, eletricidade universal, sistema mundial analógico de telecomunicações com e sem fio.
Quinta	Informação e telecomunicação	1971	Microeletrônicos baratos, computadores e *softwares*, telecomunicações, controle de instrumentos, desenho industrial computadorizado e matérias-primas sintéticas.	Cabo, fibra ótica, comunicação digital via satélite e rádio, Internet, redes elétricas de múltiplas fontes e flexível, e transportes rápidos (ar, terra e água).
Sexta	Tecnologia limpa e biotecnologia	2003	Energia renovável (solar, eólica e biocombustível), ecoeficiência, armazenamento de energia, veículos elétricos, nanotecnologia, e biologia sintética.	Transmissão da eletricidade mais desenvolvida, geração de força descentralizada, conexão entre infraestrutura elétrica e infraestrutura de transporte de energia, resposta rápida ao cliente, logística reversa, aumento na disponibilidade de água e eletricidade e projeto Genoma.

Fonte: Adaptado de PEREZ (2008).

o caminho para a sua total implantação parece longo e, muitas vezes, uma realidade acessível apenas a poucos privilegiados.

Ainda que seja possível a qualquer pessoa acompanhar os cenários apontados pelo *Painel de Mudanças Climáticas* da ONU, a maioria prefere adotar a postura de "vamos esperar para ver o que acontece". Nesse cenário, aqueles que enxergam e são favoráveis à mudança em curso nas formas de produção de bens/serviços e da utilização dos recursos naturais orientados para a sustentabilidade ainda são considerados idealistas, não raro tomados por pessoas ingênuas que "não sabem o que estão perdendo" por estarem distanciados das práticas e tecnologias do cotidiano das pessoas comuns.

O desafio que se coloca é trazer para a prática cotidiana de cada cidadão, das corporações e demais setores da sociedade em geral, o conceito de sustentabilidade, tal como proposto pelo relatório *Brundtland* (ver Capítulo 1) há cerca de 20 anos: o modo de vida atual deve ter como norte a manutenção das condições para que as próximas gerações possam existir e viver com qualidade.

As alternativas para mudar o modo de vida baseado na exploração irrestrita dos recursos naturais, no crescimento incessante da produção de bens e serviços e no consumo ilimitado já existem e são aplicadas em vários contextos, em diversas partes do mundo.

A empresa de consultoria alemã *Roland Berger* calcula que o mercado global de tecnologias ambientais (produtos e serviços) envolve valores em torno de US$ 1,3 bilhão. Até 2020, deve chegar à faixa de US$ 2,7 bilhões.[11]

Em várias partes do mundo, empresas estão revendo seus processos de trabalho com a finalidade de reduzir sua "pegada ecológica" (ver Capítulo 2) ou zerar as emissões de carbono de suas operações. Há também exemplos de empresas ou segmentos que se posicionam na linha de frente, buscando influenciar os governos para que adotem políticas públicas alinhadas com os princípios da sustentabilidade, colaborando, assim, para impulsionar a *Nova Economia.*

Em 2007, os fabricantes de lâmpadas europeus, incluindo empresas do porte da *Philips* e da *Osram,* resolveram começar a fazer *lobby* junto aos governos para incentivar políticas que promovessem a utilização de lâmpadas de baixo consumo energético em vez de lâmpadas incandescentes convencionais.[12]

---

11 UNEP. *Towards decent work in a sustainable, low carbon world.* Relatório produzido pelo WorldWatch Institute para o Green Jobs Initiative, grupo internacional composto pelo United Nations Environment Programme – Ogra, pela International Labour Organization – GAN (OIT), pela International Organization of Employers (PLO) e pela International Trade Union Confederation (RATI), com a assistência do Cornell University Global Labor Institute, 2008, p. 54. Disponível em: <http://www.unep.org%2Flabour_environment%2FPDFs%2FGreenjobs%2FUNEP-Green-Jobs-Report.pdf&ei=QZPvTfLqLufh0QGyqz0DA&usg=AFQjCNFOOJCP2g_n6Dtpm2cG1Rm7nDHZ4w>. Acesso em: 4 maio 2011.

12 Ibid., p. 53.

Atitudes como estas, que caminham juntas com a promoção de tecnologias limpas e sustentáveis alinhadas com a sexta revolução tecnológica, são cruciais para modificar paradigmas enraizados.

No entanto, a consolidação da *Nova Economia* também depende de mudanças de atitudes, comportamentos e estilos de vida das pessoas comuns. O consumo é, provavelmente, a dimensão na qual há a percepção de que pequenas mudanças nos hábitos podem fazer muita diferença. O consumo de água durante o banho é um bom exemplo: segundo cálculos do *Instituto Akatu*, se metade das famílias de uma cidade de 100 mil habitantes deixasse o chuveiro aberto durante 5 minutos em vez de 10 durante o banho, a água economizada daria para abastecer toda a cidade durante dois meses.

Finalmente, cabe destacar o papel fundamental dos governos para impulsionar a *Nova Economia* e o desenvolvimento de tecnologias, produtos, serviços e Empregos Verdes. Os governos podem atuar no plano das medidas fiscais (por exemplo, taxação de produtos poluidores ou de atividades emissoras de CO_2), no redirecionamento de estratégias de investimentos públicos, na proposição de legislação e na criação de empregos em setores alinhados com a construção de uma sociedade sustentável.[13]

3.2 Empregos Verdes

Aumentar a oferta de *Empregos Verdes* é um dos principais problemas no contexto das mudanças climáticas e da *Nova Economia*, neste início de execução. De acordo com a *Organização Internacional do Trabalho (OIT)*, hoje existem alguns desafios:

- a necessidade de ampliar a oferta de Empregos Verdes;
- a eliminação de certos tipos de emprego, como os que contribuem para o aumento da emissão de CO_2 na atmosfera;
- a transformação "de muitos empregos existentes em outros que valorizam o equilíbrio entre o planeta e o ser humano".[14]

Em outras palavras, de um lado, existe a pressão para se gerar postos de trabalho de modo a melhorar as condições de vida das parcelas

13 Ibid., p. 56.

14 MUÇOUÇAH, Paulo Sérgio. *Empregos Verdes no Brasil*: quantos são, onde estão e como evoluirão nos próximos anos. Organização Internacional do Trabalho. Brasil: OIT. 2009.

empobrecidas da população mundial. De outro, está ocorrendo um processo introdutório de transformação dos tipos de atividades a serem desempenhadas por essas pessoas, tendo em vista a necessidade de reverter processos e práticas que dificultam o alcance da prosperidade duradoura.

É nesse contexto que se inserem os chamados *Empregos Verdes (Green Jobs)*. O advogado especializado em direitos humanos *Van Jones* define Emprego Verde como aquele que contribui para preservar e melhorar a qualidade de vida do indivíduo, bem como do meio ambiente.[15]

GLOSSÁRIO

Empregos Verdes, segundo a OIT, são postos de trabalho decente em atividades econômicas que contribuem significativamente para reduzir emissões de carbono e/ou para melhorar/conservar a qualidade ambiental. Algumas das características dos Empregos Verdes são:

- reduzir o consumo de energia e de matérias-primas (desmaterializar as economias);
- evitar as emissões de gases do efeito estufa (descarbonizar as economias);
- minimizar a geração de lixo e poluição;
- proteger e restaurar ecossistemas e serviços ambientais.

Para a OIT, trabalho decente é um trabalho adequadamente remunerado, exercido em condições de liberdade, de equidade e de segurança, e capaz de garantir uma vida digna.

Eles já são uma realidade em várias partes do mundo e em muitos setores. Por exemplo, em atividades no campo das tecnologias ambientais, das fontes de energia renováveis, o ecoturismo e a reciclagem (principalmente de produtos eletrônicos).

Áreas como a construção civil sustentável, transporte alternativo, como o elétrico, fornecimento de energia, agricultura orgânica e serviços ambientais (entre outros, o da recuperação de rios), estão entre as áreas de forte potencial para a geração de Empregos Verdes, segundo a OIT.

Van Jones chama a atenção para o fato de que, muitas vezes, quando evocamos a "economia verde do futuro" ou os "Empregos Verdes do futuro" parece que nos referimos a um cenário de ficção – como um laboratório secreto na Califórnia onde gênios misteriosos estejam

15 VAN JONES e CONRAD, 2009, p. 17.

desenvolvendo tecnologias da era espacial para salvar o mundo. A realidade, contudo, é bem diferente: os Empregos Verdes existem em segmentos e atividades já incorporadas ao nosso cotidiano e com grande potencial para reduzir o impacto da emissão de gases de efeito estufa e a destruição do meio ambiente.

O autor ainda diz que exemplos disso, na área de construção civil, são as atividades relacionadas à melhoria do isolamento de edifícios, a fim de evitar dispersão de calor e o aumento do consumo de energia, e, no setor de energia, são as ofertas de empregos gerados para instalação de equipamentos de captação e armazenamento de energias renováveis – como os painéis de captação de energia solar. A reciclagem de materiais é outro segmento que promete crescer muito, gerando empregos e oportunidades de negócios.

Mais do que isso, *Van Jones* enfatiza que os chamados Empregos Verdes não estão disponíveis apenas para trabalhadores com novas habilidades, ligadas aos segmentos da economia verde. As possibilidades de emprego também existem para os trabalhadores que já estão empregados em segmentos que vêm fazendo a transição para a Economia Verde.[16]

PARA SABER MAIS

Segundo a OIT, em 2007, na França foram investidos € 9,1 bilhões em atividades que geraram 98 mil empregos diretos em atividades relacionadas à melhoria da eficiência energética de edifícios, enquanto na Alemanha, entre 2001 e 2008, foram investidos € 26 bilhões em ações semelhantes, gerando cerca de 200 mil empregos diretos ao ano.

Fonte: POSCHEN, 2009. Disponível em: <http://www.oitbrasil.org.br/topic/green_job/doc/apresentacao_peter_20_agosto_09_15.pdf>. Acesso em: 10 abr. 2011.

Ricardo Young, ex-presidente do *Instituto Ethos,* explica que, em geral, as pessoas associam o Emprego Verde a negócios voltados para produtos da natureza relativos à biodiversidade – o que considera uma limitação. A educação, a ciência e os centros de desenvolvimento tecnológico, que são campos importantes para a economia mundial, também contribuem sensivelmente para o aumento da oferta de Empregos Verdes.

16 VAN JONES e CONRAD, 2009, p. 16-18.

Em 2009, a *OIT* publicou um levantamento dos Empregos Verdes no Brasil e computou mais de 2,5 milhões de postos de trabalho formal inseridos em atividades econômicas que contribuem para o desenvolvimento sustentável.[17] Tal dimensão do "mercado de trabalho verde" é uma indicação clara de que a sustentabilidade já é uma realidade perceptível no Brasil.

De acordo com o relatório, há Empregos Verdes no país em setores como agricultura, indústria, construção civil, instalação e manutenção, bem como em atividades científicas, técnicas, administrativas e de serviços que contribuem substancialmente para a preservação ou restauração da qualidade ambiental (e entenda-se aqui também o ambiente urbano).

A expansão dos Empregos Verdes pode ser favorecida se os governos, as empresas e a sociedade civil mobilizarem e assegurarem recursos suficientes para a transição rumo à *Nova Economia*.

O ritmo de crescimento da oferta de Empregos Verdes na economia brasileira pode ser acelerado a partir do momento em que os

PARA SABER MAIS

PDCA

É um ciclo de análise e melhoria, criado em meados da década de 1920 e disseminado para o mundo por *deming*. Essa ferramenta é de fundamental importância para a análise e melhoria dos processos organizacionais e para a eficácia do trabalho em equipe.

O ciclo PDCA é uma ferramenta gerencial de tomada de decisões para garantir a visão do todo para o alcance das metas necessárias à sobrevivência de uma organização, sendo composto das seguintes etapas:

- planejar (*plan*); definir as metas a serem alcançadas e o método para alcançar as metas propostas;
- executar (*do*): executar as tarefas exatamente como previsto na etapa de planejamento e coletar dados que serão utilizados na próxima etapa de verificação do processo;
- verificar, checar (*check*): verificar se o executado está conforme o planejado, ou seja, se a meta foi alcançada, dentro do método definido e identificar os desvios na meta ou no método;
- agir corretivamente (*act*): definir ações preventivas e corretivas.

O PDCA pode ser utilizado na realização de toda e qualquer atividade da organização, sendo ideal que todos da organização utilizem essa ferramenta de gestão no dia a dia de suas atividades.

Fonte: Material de apoio do curso nacional de promotor de Polícia Comunitária. Disponível em: <http://www.teses.usp.br/teses/disponiveis/3/3146/tde-04092003-150859/pt-br.php>. Acesso em: 15 jan. 2011.

17 MUÇOUÇAH, 2009.

setores, com uso intensivo de energia e recursos naturais, passarem a adotar um sistema de gestão integrada com base na *Visão Sistêmica* dos seus negócios.

A *Visão Sistêmica* consiste em olhar para a realidade como um sistema, na acepção da *Teoria Geral dos Sistemas,* ou seja, "o sistema é um conjunto de partes interagentes e interdependentes que, conjuntamente, formam um todo unitário com determinado objetivo e efetuam determinada função".[18] Por exemplo, temos o sistema solar, que é composto por um conjunto de planetas orbitando ao redor de uma estrela.

No cotidiano das empresas, nota-se a presença da visão sistêmica na gestão de negócios que adota a metodologia *Plan-Do-Check-Act (PDCA)*, em português: planejar, fazer, verificar, agir, ou seja, a visão do todo é prerrequisito para entendermos os gargalos das partes em busca de melhorias contínuas.

Em outras palavras, é possível afirmar que a *Visão Sistêmica* está relacionada com o entendimento e a valorização da interconexão entre as partes. Mais enfaticamente, também está relacionada com a visão de que todas as pessoas são parte de um todo e que cada um, por sua vez, é responsável pelo todo.

A visão sistêmica cria condições para a educação na sustentabilidade florescer, ou seja, proporciona espaços formais e informais de ensino e de aprendizagem para que, diante de problemas de qualquer ordem, as posturas individuais divergentes sejam substituídas por posturas coletivas inovadoras e orientadas para soluções sustentáveis.

PARA FIXAR

A visão sistêmica tem relação com o autoquestionamento e a adoção de práticas responsáveis por parte de cada um.

O papel da educação

O alinhamento da educação com os objetivos do desenvolvimento sustentável é fundamental, levando em consideração a sociedade, o meio ambiente e a economia, conforme propõe a *Organização das Nações Unidas para a Educação, a Ciência e a Cultura (Unesco).*

Partindo da visão da educação como um processo por meio do qual todos os seres humanos e sociedades podem alcançar seu potencial mais elevado, o conceito de *educação* na sustentabilidade se delineia como uma nova perspectiva educacional que procura integrar todas as

18 OLIVEIRA, Djalma de Pinho Rebouças de. *Sistema, organização e métodos*. 13. ed. São Paulo: Atlas, 2002. p. 35.

pessoas para que elas assumam a responsabilidade de criar um futuro sustentável.[19]

Isso implica mudanças na maneira como as instituições de ensino atuam e desenvolvem suas metodologias. No caso das instituições de ensino, é fundamental que elas compreendam que a educação como "meio e fim, simultaneamente: não só é via crucial para o futuro, como também é parte integrante e razão de ser desse futuro", conforme defende o educador *Pedro Demo*.[20]

A educação na sustentabilidade não se resume a ensinar os estudantes a fazerem coleta seletiva de lixo ou a cuidarem bem do jardim de casa. É mais do que educação ambiental, configura-se como a preparação das crianças, jovens e adultos para um novo modelo de civilização sustentável do ponto de vista da prosperidade duradoura, o que implica o redirecionamento das dimensões econômicas, sociais, ambientais e culturais.

Os processos educacionais possibilitam "a formação de indivíduos que participam ativamente de iniciativas capazes de transformar seu entorno e de gerar dinâmicas construtivas. As bases para esta proposição estão centradas nos princípios da inovação e da educação na sustentabilidade".[21]

A educação na sustentabilidade envolve todas as áreas do conhecimento. Pode, por exemplo, colaborar para o desenvolvimento de instituições sociais e sistemas democráticos e participativos, que tornem a sustentabilidade parte do dia a dia das pessoas. Além disso, a educação pode dar às pessoas o estímulo de que precisam para lidarem de forma eficaz com a limitação dos recursos naturais disponíveis e a fragilidade do ambiente físico. Ela possibilita ainda que as pessoas sejam capazes de avaliar os limites e potenciais de suas decisões, conjugando ação com reflexão na sua melhor forma.

A educação na sustentabilidade parte do pressuposto de que existem recursos financeiros e tecnológicos que podem ser canalizados para o desenvolvimento sustentável, mas, sem o apoio dos setores empresariais e governamentais, os avanços serão rasos e incipientes.

ENTRE ASPAS

"É impressionante como a educação, que visa transmitir conhecimentos, seja cega em relação ao conhecimento humano. Em vez de promover o conhecimento para a compreensão da totalidade, fragmenta-o, impedindo que o todo e as partes se comuniquem numa visão de conjunto. A educação na sustentabilidade parte do pressuposto de que existem recursos financeiros e tecnológicos que podem ser canalizados para o desenvolvimento sustentável, mas sem o apoio dos setores empresariais e governamentais, os avanços serão rasos e incipientes."

Fonte: MORIN (2010).

19 FREIRE, Paulo. *Pedagogia da tolerância*. São Paulo: Unesp, 2004.

20 DEMO, Pedro; CARBONARI, Maria Elisa Ehrhardt; CARBONARI Netto, Antonio. *A cultura da Anhanguera Educacional*: as crenças e valores, o bom professor, a pesquisa e a avaliação institucional como instrumento de melhoria da qualidade. Valinhos: Anhanguera Publicações, 2009.

21 LOURES, R. C. R. *Educar e inovar na sustentabilidade*. Curitiba: Unindus, 2008. p. 110.

PARA SABER MAIS

A Assembleia Geral da ONU estabeleceu, em 2002, o período entre 2005 e 2014 como a Década das Nações Unidas da Educação para o Desenvolvimento Sustentável.

A iniciativa tem o objetivo de mobilizar governos, organizações internacionais, sociedade civil, o setor privado e comunidades locais ao redor do mundo para que assumam seu compromisso prático em aprender a viver sustentavelmente.

Para tanto, a educação é utilizada como meio para incentivar mudanças de comportamento a fim de gerar um futuro mais sustentável em termos de integridade ambiental, da viabilidade econômica e de uma sociedade justa para as gerações presentes e futuras.

A implementação da proposta se dá por meio de Centros Regionais de Expertise, responsáveis pela realização de projetos de educação para o desenvolvimento sustentável.

No Brasil, existe um centro em Curitiba.

Fonte: Disponível em: <http://www.unesco.org/new/pt/brasilia/about-this-office/prizes-and-celebrations/the-united-nations-decade-of-education-for-sustainable-development/>.

A partir da implantação da Lei nº 10.861, de 14 de abril de 2004, que instituiu o Sistema Nacional de Avaliação da Educação Superior (Sinaes), muitas inquietações surgiram na esfera da educação superior, levando a comunidade acadêmica a discussões e debates do comportamento socialmente responsável da instituição de ensino.

A Instituição de Ensino Superior (IES) precisa, conforme a lei, tratar a responsabilidade social de forma institucionalizada e planejada, com base numa política de extensão comunitária que busque fortalecer a interdisciplinaridade entre os cursos e integrar a comunidade acadêmica com a comunidade externa.

A IES é responsável por harmonizar as dimensões financeira, acadêmica e social, proporcionando oportunidades reais de desenvolvimento a um número cada vez maior de estudantes por meio do diálogo com as comunidades do entorno. Para cumprir essa meta é preciso disseminar boas práticas de ensino que valorizem a qualidade e a aprendizagem eficaz.

A educação de qualidade, além de atender aos interesses e anseios dos alunos, baseia-se também na qualidade dos professores e de outros agentes educacionais que interagem na formação dos estudantes. Por sua vez, o ensino superior, para uma aprendizagem eficaz, deve ter embasamento teórico e prático, quer pelo emprego de plataformas diversificadas de ensino, quer pelo uso de tecnologias educacionais modernas, como é o caso do Google Apps Education.

A educação continuada dos docentes, agentes formacionais de excelência, bem como sua estabilidade emocional e funcional, são fundamentais para o processo de ensino-aprendizagem. Ser eficiente e eficaz é fomentar e implementar constantemente programas de avaliações institucionais em função dos objetivos propostos, de forma coerente, nos termos do projeto pedagógico de cada curso.

Ao aprendizado formal deve-se acrescentar o estudo e a prática da ética, para a formação de um cidadão consciente dos seus deveres e direitos, com uma vida social compartilhada e solidária. Os alunos são convidados a serem corresponsáveis pelo aprendizado, devendo dedicação aos propósitos, compromissos, metas e objetivos assumidos. Os alunos devem ser estimulados a desenvolverem habilidades e competências para liderar as mudanças necessárias ao crescimento constante, integrando ações de responsabilidade social com suas experiências acadêmicas.

As atividades de extensão comunitária, presentes no dia a dia das instituições de ensino superior, encontram nos preceitos da inclusão social, promoção e na defesa dos direitos humanos, da qualidade de vida e do meio ambiente, os instrumentos adequados para a ascensão dos indivíduos na sociedade globalizada.

As instituições de ensino superior devem reinventar seus modelos pedagógicos, processos, tecnologias e produtos/serviços com foco na construção do conhecimento disruptivo, visando à inovação transformadora. Essas inovações, por sua vez, são cumulativas e criam um novo mundo regido por parâmetros tecnológicos, econômicos e sociais, com forte impacto em todos os demais subsistemas da sociedade mundial. Estamos diante de um grande desafio de se atingir o desenvolvimento sustentável num cenário em que as economias globalizadas geram inúmeras oportunidades, considerando o papel da educação no compartilhamento do conhecimento e do acesso à tecnologia. O desafio da sustentabilidade está focado na exigência de escolhas inovadoras e principalmente novas formas de pensar e agir.

Não podemos deixar de alertar para o fato de que, ao mesmo tempo que as estatísticas apontam para um crescimento da população mundial, constata-se uma melhoria na condição de vida de muitos, o que gera aumento do consumo. Conjuntamente, verifica-se um aumento nos riscos de degradação ao meio ambiente fazendo com que milhões de pessoas permaneçam em condições de pobreza e fome. Esse cenário impõe novas escolhas às instituições educacionais, relacionadas ao impacto de suas atividades acadêmicas curriculares e extracurriculares sobre os indivíduos e o planeta.

Será que as instituições educacionais estão preparadas para o cumprimento desta missão? Nesse contexto, a sustentabilidade deve ser encarada como um compromisso com o futuro e como uma alternativa para que as organizações encontrem melhores soluções aos problemas que afligem o homem e o meio ambiente. Diversas são as maneiras pelas quais as IES podem manifestar este seu compromisso com a sustentabilidade, no entanto, a questão da igualdade de oportunidade e o acesso ao ensino superior devem permear todo o processo de desenvolvimento de inovações.

As instituições educacionais podem contribuir para o desenvolvimento socioeconômico regional e na solução dos problemas sociais expressos nos diálogos com a comunidade e com outros atores. O processo de engajamento dos professores, alunos, funcionários, e comunidades do entorno, é indispensável para a construção coletiva de novas formas de medir, dialogar e prestar contas para toda a sociedade.

Em especial, os projetos sociais e ambientais voltados para as comunidades precisam fazer parte da cultura organizacional e do dia a dia dos alunos, professores e gestores. As comunidades acadêmicas e do entorno devem construir relacionamentos interdependentes a fim de proporcionar autonomia a todas as partes interessadas para se desenvolverem de forma sustentável.

Portanto, a educação não consiste apenas em formar mão de obra qualificada e/ou especializada. A questão que se coloca, como foi dito anteriormente, é construir um processo de ensino e de aprendizagem para que as pessoas sejam capazes de transformar seu entorno e de gerar dinâmicas construtivas duradouras.

Para tanto, é importante que a educação na sustentabilidade se difunda ampla e rapidamente, tento em vista a necessidade de preparar cidadãos responsáveis num curto espaço de tempo, utilizando espaços formais e informais de aprendizagem. Deve, portanto, incluir todos, produtivamente.

Esse horizonte exige um esforço integrado e organizado, capaz de incorporar nos processos de formação temas relacionados ao desenvolvimento sustentável – por exemplo, a responsabilidade social e o meio ambiente, os direitos humanos, a paz e a segurança, a saúde, a governança etc. –, de maneira multidisciplinar por meio de uma plataforma diversificada de aprendizagem.

3.3 O lugar da tecnologia e da inovação

A ciência e a tecnologia podem ser grandes aliadas nesta jornada sustentável. No entanto, o esforço para o desenvolvimento de novas tecnologias sustentáveis será pouco útil se a sociedade (e cada um de seus integrantes) insistir em empregar a lógica dos antigos modelos.

Neste item acompanharemos o pensamento do francês *Marc Giget*,[22] um dos mais reconhecidos especialistas em inovação da Europa, que aponta que os recursos, instrumentos e mecanismos para construir um "novo Renascimento" já existem. Para o autor, o caminho em direção à inovação sustentável caminha junto com a *cooperação entre as instituições de ensino e o mundo empresarial.*

Isso quer dizer que a cooperação delineia-se como uma estratégia central para mudar a lógica da inovação, hoje predominantemente orientada para o desenvolvimento de produtos e processos que atendam às necessidades da lógica econômica tradicional, baseada no aumento da produtividade e do consumo.

A cooperação consiste, então, num modo de relacionamento entre instâncias diferentes (governo, iniciativa privada, sociedade civil etc.) capaz de apontar saídas para os problemas inerentes à construção da *Nova Economia,* que, por definição, deve ser sustentável.

Uma das áreas em que a cooperação é decisiva é a educação, que deve operar em favor da sustentabilidade e da inovação.

No entanto, ao mesmo tempo que o binômio cooperação-educação deve alicerçar a transição para um modelo de economia sustentável, por meio da preparação de profissionais e líderes da sustentabilidade com base numa plataforma de ensino e de aprendizagem diversificada e moderna, ele não pode deixar de apoiar o desenvolvimento da economia atual.

Quanto a isso, fatalmente o fenômeno da cooperação precisa repensar de modo estratégico a questão do financiamento de todo o processo para que a sustentabilidade aconteça. Em outras palavras, deve ser repensado como serão disponibilizados recursos para a infraestrutura, capital humano, pesquisa e desenvolvimento e, principalmente, para a constituição de espaços para a inovação duradoura. Pode-se afirmar que se trata de um elemento condicionante da mudança, e que, para que esta se efetive, é preciso conciliar os interesses das empresas, instituições de ensino, *ONGs* e governos.

Todo esse processo de cooperação e educação, que contempla concomitantemente a manutenção das estruturas vigentes e a preparação do terreno da *Nova Economia* sem que ocorra uma solução de continuidade, pode ser aglutinado no conceito de *planejamento participativo.*

---

22 ALEGRIA, Rosa. Do mundo do design ao design do mundo. *Revista da ESPM*, v. 17, n. 1, 2010.

A perspectiva do planejamento participativo é a da cooperação e parceria entre os atores envolvidos em um processo – seja ele numa empresa ou numa comunidade –, com a finalidade de se encontrar as melhores soluções.

O *planejamento participativo* tem recebido muitas críticas, mas ainda é muito pouco debatido e utilizado no mundo. Uma de suas vantagens é induzir o engajamento de cada parte interessada na obtenção de resultados que beneficiem a todos.

PARA FIXAR

O planejamento participativo pressupõe uma nova maneira de estruturar as organizações, diferente dos modelos verticalizados e hierarquizados.

Num processo de planejamento participativo, as estruturas são mais horizontais, permitindo o trabalho em equipe com uma melhor distribuição das responsabilidades e a democratização na tomada de decisões. Ele enfatiza, então, a coordenação das ações entre os diferentes setores da organização.

Fonte: FADIGA DE ANDRADE (2005).

Planejar de forma participativa implica agir coletivamente para mudar uma realidade construída por todos, direta ou indiretamente.

PARA FIXAR

O planejamento participativo pode ser utilizado para induzir uma consciência da responsabilidade de cada um na obtenção dos resultados. Nesse contexto, é importante salientar que são necessárias novas formas de aprendizado recíproco e que precisamos otimizar o uso dos recursos disponíveis.

O ato de planejar de forma participativa implica agir coletivamente para mudar uma dada realidade construída por todos direta ou indiretamente. Ao proporcionarmos espaços estruturados e sistematizados para a educação na sustentabilidade, as posturas individuais divergentes orientadas para problemas perdem força para as posturas coletivas inovadoras orientadas para soluções sustentáveis.

Fonte: Disponível em: <http://www.sebrae.com.br/customizado/desenvolvimento-territorial/o-que-e/planejamento-participativo-e-gestao-compartilhada>.

Desenvolvimento de inovações sustentáveis

Para discutir inovações sustentáveis, é preciso entender como funciona o processo de geração de novas ideias e como boas ideias se materializam em muitos setores da economia. De uma forma mais simples, pode-se dizer que as ideias novas surgem para ocupar espaços deixados pelas ideias antigas.

Sob essa forma de argumentar, a antiga ideia que defendia a redução de desperdícios em áreas críticas ou em partes dos processos produtivos (como a logística e o transporte) está cedendo espaço a uma nova ideia, a de que se persiga, neles, o "zero desperdício", para que se possam obter ganhos sustentáveis de competitividade no longo prazo.

No entanto, a introdução de novas ideias e a implantação de novos processos não ocorrem de maneira automática nas corporações e nas sociedades em geral. A implementação de inovações exige a consciência de que, muitas vezes, as iniciativas pioneiras têm um tempo certo para acontecerem na prática.

Além disso, historicamente, nem sempre tecnologia e inovação caminharam lado a lado: para que isso ocorresse foi preciso identificar ciências, tecnologias e famílias de inovações que se mostrassem mais promissoras ou necessárias em determinado momento e em determinado país e que, por isso, puderam ser consideradas estratégicas.[23]

GLOSSÁRIO

Tecnologia: Pode-se definir tecnologia como o conjunto complexo de técnicas, artes e ofícios capazes de modificar/transformar o ambiente natural, social e humano em novas realidades construídas artificialmente. O desenvolvimento de uma tecnologia envolve conhecimento técnico e científico, processos e materiais utilizados ou criados a partir do conhecimento.
Uma tecnologia pode ser uma ferramenta, uma máquina ou uma técnica ou método utilizado para solucionar um problema.

Inovação: Pode ser definida, sinteticamente, como a exploração bem-sucedida de novas ideias. Existem vários tipos de inovação, de processos e até de modelo de negócios.

Fontes: Disponíveis em: <http://www.gobiernoelectronico.org/node/4652> e <http://inventta.net/radar-inovacao/a-inovacao/>.

Atualmente, muito da competitividade das empresas se baseia no conceito de inovações, visando a vantagens tecnológicas, qualidade dos

23 MCT. Ministério da Ciência e Tecnologia. Mecanismo de desenvolvimento limpo no Brasil, 2009. Disponível em: <http://www.mct.gov.br/index.php/content/view/30317.html>. Acesso em: 18 fev. 2011.

produtos e serviços e altos índices de produtividade dos trabalhadores.[24] Por isso, no cenário atual, marcado pela urgência da transição para a *Nova Economia,* as organizações têm um papel central na redução das desigualdades sociais e no uso responsável dos recursos naturais.

Um desafio que se coloca no processo rumo a uma sociedade sustentável é ampliar fortemente o acesso da maioria da população a bens e serviços essenciais à qualidade de vida: processos produtivos, sistemas de transporte, hábitos de consumo, métodos de geração e utilização de energia precisam fortalecer a qualidade do meio ambiente.

A inovação sustentável requer uma presença crescente da ciência e da tecnologia, por exemplo, na produção de alimentos, na melhoria das condições de saúde, na exploração e preservação de recursos naturais, na agregação de valor à produção industrial, na redução da desigualdade social e do desequilíbrio regional, no desenvolvimento de tecnologias sociais.

Nesse sentido, a inovação deve sempre buscar as melhores soluções do ponto de vista ecológico, tendo a sustentabilidade como um de seus pressupostos elementares. Por isso, é crucial ampliar os investimentos com o objetivo de apoiar o desenvolvimento tecnológico do setor empresarial.

No Brasil, diversas iniciativas vêm sendo realizadas nessa linha, envolvendo o *Banco Nacional de Desenvolvimento Econômico e Social (BNDES)*, *Sistema Brasileiro de Tecnologia*, a *Mobilização Empresarial pela Inovação (MEI)*, a *Associação Nacional de Pesquisa e Desenvolvimento das Empresas Inovadoras (ANPEI)*.

PARA SABER MAIS

O setor da construção civil é um dos que tem se mobilizado pela integração de práticas de sustentabilidade a suas atividades. Exemplo disso é a criação do Conselho Brasileiro de Construção Sustentável, que atua no sentido de incorporar os princípios da sustentabilidade em toda a cadeia produtiva da construção civil.

Entre suas iniciativas está uma ferramenta que auxilia projetistas, empreendedores e usuários a selecionar fornecedores e materiais alinhados com a promoção da sustentabilidade: verificar se a empresa é legalizada, se possui licença ambiental, se utiliza trabalho infantil ou trabalho escravo, se os produtos seguem as normas técnicas, se respeitam os critérios mínimos de qualidade, se a empresa mantém ações de responsabilidade social empresarial e se faz propaganda enganosa.

Fonte: Disponível em: <http://www.cbcs.org.br/selecaoem6passos/index.php?no_layout=true>. Acesso em: 3 maio 2011.

24 Ibid., p. 28.

Em nível mundial, um bom exemplo de inovação para a sustentabilidade a fim de se difundir vem da indústria automobilística.

Por exemplo, um projeto de um novo automóvel, sob o conceito de *hypercar*, prevê integrar as tecnologias que permitem a redução de 85% do consumo de combustível por conta do desenvolvimento de quatro inovações:

- utilização de material de fibra de carbono para reduzir o peso;
- aerodinâmica ajustada para reduzir a resistência do ar em 70% e aumentar a resistência no rolamento em até 80%;
- redução no consumo de combustível entre 30% e 50% com a utilização de motores híbridos (que mescla o conhecido motor a combustão e os novíssimos motores elétricos);
- peças de transmissão e suspensão controladas eletronicamente por *softwares* integrados e customizados.[25]

Conquanto um projeto dessa natureza possa até ser bem detalhado e até mesmo realista, no meio empresarial ainda é comum a percepção de que os custos de suas transações e atividades para implementar inovações voltadas para a sustentabilidade aumentariam substancialmente os custos de transação.

Num artigo sobre a importância vital da inovação para o desenvolvimento sustentável, os autores *Ram Nidumolu, C. K. Prahalad* e *M. R. Rangaswami*,[26] demonstram que diversos *CEOs* (*Chief Executive Officer – Diretor Superintendente*), particularmente nos Estados Unidos e na Europa, têm receio de tornar suas operações sustentáveis e de investir no desenvolvimento de produtos ecologicamente amigáveis, pois temem perder sua vantagem competitiva para empresas de países em desenvolvimento que não enfrentam o mesmo grau de pressão da sociedade e dos governos com relação à sustentabilidade.

A lógica que ainda se mantém por trás desse pensamento é a de que os fornecedores não conseguiriam enquadrar seus respectivos produtos e serviços na "perspectiva verde". As indústrias que vierem a trabalhar com produção sustentável incorreriam necessariamente em investimentos em novos equipamentos e revisão de processos sem a certeza de que seus consumidores pagariam mais por ecoprodutos/serviços ou produtos/serviços ambientalmente amigáveis.

---

25 JORNA, René. *Sustainable innovation: the organisational, human and knowledge dimension.* Grã-Bretanha: Greenleaf Publishing, 2006. p. 135-285.

26 NIDUMOLU, Ram; PRAHALAD, C. K.; RANGASWAMI, M. R. Why sustainability is now the key driver of innovation. *Harvard Business Publishing Newsletter/Harvard Business Review*, set. 2009, p. 57.

Não por acaso, quando se fala em desenvolvimento sustentável, tem-se um conflito de interesses entre a sociedade, os grandes grupos empresariais e os políticos, na hora de definir os sacrifícios que cada um deverá fazer rumo à concretização dessa nova realidade, e principalmente ao escopo do marco regulatório.

3.4 Tecnologias limpas

Como exemplo de marco regulatório, citamos o *Climate Policy and Actions* (o *Programa de Ações Climáticas*), dos Estados Unidos, ou a *Política Nacional de Resíduos Sólidos*, brasileira, aprovada em 2010.

O programa de ações climáticas norte-americano consiste num vasto leque de parcerias público-privadas para redução de emissões de

PARA FIXAR

Lei de resíduos sólidos

No Brasil, um promissor avanço na direção da sustentabilidade é a Política Nacional de Resíduos Sólidos, instituída em agosto de 2010. O objetivo é acabar, em longo prazo, com os lixões e obrigar municípios e empresas a criarem programas de manejo e proteção ambiental.

Essa política estabelece obrigações para consumidores, comerciantes e fabricantes, sujeitos às penalidades previstas na lei de crimes ambientais, caso não destinem corretamente os produtos após o consumo.

As fábricas, por exemplo, serão obrigadas a recolherem os "resíduos remanescentes" das suas operações.

Os fabricantes de produtos que levam mais tempo para a sua degradação ambiental (agrotóxicos, pilhas, lâmpadas fluorescentes, baterias, pneus e eletrônicos etc.) ficarão obrigados a implementar sistemas de recolhimento desses produtos após seu uso pelos consumidores.

A ministra do Meio Ambiente, Izabella Teixeira, disse acreditar que a legislação poderá mudar o padrão de consumo diminuindo a produção de resíduos e formalizando o trabalho dos catadores de lixo, que era voluntário.

A professora e pesquisadora do Centro de Desenvolvimento Sustentável da Universidade de Brasília (Cds/UnB), Izabel Zaneti, afirmou ao jornal *Folha de S.Paulo*, na ocasião em que a política foi lançada, que o trabalho de coleta e reciclagem é cada vez mais importante: "os resíduos estão crescendo em quantidade e complexidade", disse, lembrando os resíduos de aparelhos eletrônicos, como as baterias dos telefones celulares e outros materiais que contêm metais pesados de alto impacto ambiental.

Uma legislação ambiental moderna como essa requer modelos de negócios arrojados e, acima de tudo, mudanças de atitude. Se as pessoas realmente estiverem interessadas em mudar o rumo das coisas, é preciso acreditar que é possível conciliar qualidade de vida com ecossistema.

É possível e necessário ter ambos, mas não é a legislação ambiental, por si só, que fará todo o trabalho. Os modelos empresariais devem ser reinventados a fim de evitar a exploração predatória e o desperdício de recursos. Os líderes empresariais são responsáveis pelo caminho da sustentabilidade de seus negócios, incluindo os interesses dos *stakeholders* para que as iniciativas sustentáveis ganhem legitimidade e visibilidade, conforme discutido em detalhes no Capítulo 2.

Fonte: Lei de resíduos responsabiliza empresa e pode formalizar catador. São Paulo: *Folha de S.Paulo*, 2 de ago. 2010. Disponível em: <http://www1.folha.uol.com.br/cotidiano/776499-lei-de-residuos-responsabiliza-empresa-e-pode-formalizar-catador.shtml>.

gases causadores do efeito estufa, concentrando-se na eficiência energética, em energia renovável, em novas práticas agrícolas e na implementação de tecnologias com esse objetivo.

No âmbito desse debate, muitos especialistas em várias partes do mundo defendem a bandeira da regulação baseando-se na suposição de que, se empresas e governos agirem apenas voluntariamente, a transição para a *Nova Economia* pode acontecer tarde demais.

Ao mesmo tempo, outra corrente de especialistas argumenta que educar os consumidores e a sociedade em geral em direção ao consumo responsável pode forçar empresas e governos a mudarem políticas públicas e modelos de negócios. O que é quase um consenso geral é que a educação e a legislação podem desempenhar um papel significativo nesse processo.

PARA FIXAR

Na prática, a educação e a legislação voltadas para a sustentabilidade podem reduzir os custos e riscos das empresas, dos governos e da sociedade em geral.

Por isso, cabe – também – a afirmação de que a sustentabilidade pode ser vista como um modelo de negócios orientado para a educação disruptiva, ou seja, inovação sustentável que repensa e reinventa as dimensões organizacional, humana e do conhecimento, dentro e fora da organização.

Recentemente, surgiu um movimento interessante que se autoclassifica como *Geração M*, constituído por pessoas engajadas em recuperar o tempo desperdiçado e perdido enquanto se adotava a lógica tradicional, isto é, aquela que não considerava a sustentabilidade, nas políticas públicas e nos modelos de negócios, por décadas a fio.

GLOSSÁRIO

Geração M: Este termo foi criado pela *Kaiser Family Fundation* em pesquisa dirigida pela Universidade de Stanford dos Estados Unidos. Mobilização, multitarefas, movimento, multimídia são algumas das características empregadas para nomear a Geração M.
Por isso, a denominação diz respeito às múltiplas possibilidades de interação viabilizadas atualmente pelas redes sociais e mídias digitais, as quais colaboram para um novo modo de atuação social e política.
São pessoas que, independentemente da idade, mobilizam e interagem em favor da transformação da sociedade e também dos conceitos que definem a sociedade, visando beneficiar um número maior de pessoas no mundo.

Fonte: Disponível em: <http://www.unomarketing.com.br/entrevistas/detalhe.aspx?gera%c3%a7%c3%a3o-m-novos-comportamentos-para-a-era-2.0&id=18>. Acesso em: 13 maio 2011.

Ao incorporar a sustentabilidade como um dos objetivos estratégicos, as empresas e os governos buscam desenvolver vantagens competitivas duradouras, mas, como já era evidente quando das *Grandes*

Navegações, não existe – e nunca existiu – uma receita simples e fácil para obter essas vantagens, e o caminho a trilhar para isso às vezes é muito árduo.

Alguns empreendedores da atualidade devem se lembrar das palavras daquele secretário florentino do *Renascimento*:

> [...] deve-se considerar que não há coisa mais difícil de lidar, nem mais duvidosa de conseguir, nem mais perigosa de manejar que chefiar o estabelecimento de uma nova ordem. Pois aquele que a introduz tem por inimigos todos os que se beneficiavam da antiga ordem e, por amigo, os fracos defensores que dela se beneficiariam [...][27]

A boa notícia é que a vantagem competitiva desenvolvida atende aos interesses dos *stakeholders* sem perder de vista o equilíbrio entre o planeta e as pessoas e o capital. Sustentabilidade não é uma escolha míope entre custos e benefícios socioambientais. Na prática, as empresas e os governos, ao tornarem-se ambiental e socialmente responsáveis, podem reduzir custos e riscos, aumentar retornos financeiros e desenvolver tecnologias limpas.

Respostas tecnológicas

Inovação e tecnologia são essenciais para se chegar às respostas que envolvem questões cruciais para a sociedade atual: mudanças climáticas, segurança energética e governança global.

Soluções são alcançáveis, acessíveis e realistas, mas demandam esforço concentrado e cooperação internacional para serem executadas com sucesso. Para que isso ocorra, faz-se necessária uma redução agressiva das emissões de gases de efeito estufa (*GEE*, ver Capítulo 1) e que haja um forte investimento em tecnologias limpas com o intuito de melhorar radicalmente a produtividade dos recursos naturais.

As evidências científicas sobre mudanças climáticas – apesar de alguns questionamentos pontuais – são claras: o *Painel Internacional de Mudanças Climáticas (IPCC)* da *ONU* conclui que, para que o aumento da temperatura da Terra seja menor que 2 °C, é preciso que, até 2050, as emissões globais sejam reduzidas em 50% a 85% com relação ao ano 2000. Se essa ação for postergada, na crença de que as tecnologias por si só resolverão os problemas, provavelmente a redução terá de ser feita

27 MAQUIAVEL, Nicolau. *O príncipe*. São Paulo: Penguin Companhia das Letras, 2010.

num ritmo muito maior após 2050. O *Comitê de Mudanças Climáticas*, do governo britânico, estima que o custo do atraso seria de £ 25 bilhões somente para a Inglaterra.

Políticas de ciência e tecnologia devem criar massa crítica de investimento para que se possa, simultaneamente, alcançar essas metas e integrar gradualmente essas mudanças a um novo modelo macroeconômico mundial ainda não definido.

Criar soluções tecnológicas limpas exigirá de toda a sociedade uma ação organizada e equilibrada ao longo da cadeia de inovação, e as soluções adotadas devem conciliar a comercialização de tecnologias limpas prontas para o mercado e pesquisas de curto prazo ao desenvolvimento de tecnologias hoje ainda incipientes no longo prazo (com projeção, pelo menos, de sua eficácia).

Por exemplo, as tecnologias para capturar e armazenar carbono em larga escala ainda estão passando por ajustes operacionais. Do mesmo modo, o aproveitamento da energia solar exibe, atualmente, uma

PARA SABER MAIS

Captura de carbono é a absorção de grandes quantidades de gás carbônico (CO_2) presentes na atmosfera. As florestas são importantes meios de captura de carbono: na fase de crescimento, as árvores, por necessitarem dele para se desenvolver, acabam por retirá-lo da atmosfera. Cada hectare de floresta em desenvolvimento absorve de 150 a 200 toneladas de carbono.

Fonte: O que é sequestro de carbono? Disponível em: <http://super.abril.com.br/ecologia/sequestro-carbono-447349.shtml>.

A energia solar consiste no aproveitamento da radiação do Sol como fonte de energia térmica, para aquecimento de fluidos e ambientes e para geração de potência mecânica ou elétrica. Ela também pode ser convertida diretamente em energia elétrica, por meio de efeitos sobre determinados materiais.
No Brasil, a capital que mais investe em aquecimento solar é Belo Horizonte, com mais de 950 prédios instalados com os equipamentos que se valem dele. A cidade conta com o apoio da concessionária de energia elétrica, Cemig.

Fontes: Energia solar. Disponível em: <http://aneel.gov.br/aplicacoes/atlas/pdf/03-energia_solar%283%29.pdf>.
O potencial da energia solar. Disponível em: <http://mct.gov.br/index.php/content/view/127191.html>.

Energia eólica é energia cinética contida nas massas de ar em movimento (vento). Ela é aproveitada por meio da conversão de energia cinética de rotação, utilizando-se turbinas eólicas (ou aerogeradores) para a geração de eletricidade, ou cata-ventos (e moinhos) para trabalhos mecânicos como bombeamento de água.

Fonte: Aneel. Disponível em: <http://www.aneel.gov.br/aplicacoes/atlas/pdf/06-energia_eolica%283%29.pdf>.
Acessos em: 3 maio 2011.

capacidade instalada de apenas 436MW (megawatts), quando o necessário seria alcançar 250GW (gigawatts) entre 2020 e 2030. Em outras palavras, quanto às matrizes energéticas à disposição das sociedades, é preciso ampliar significativamente os investimentos, além de fortalecer o desenvolvimento de tecnologia.

No setor dos transportes, a segunda geração de biocombustíveis (produzidos a partir de resíduos agroindustriais) só deverá sair da fase de testes de laboratório para comercialização plena em 2030. Paralelamente, a produção de veículos elétricos necessitaria saltar de apenas algumas centenas de unidades, em algumas regiões dos Estados Unidos, para produção em larga escala mundialmente.

PARA FIXAR

Em 2010 houve vários lançamentos de carros elétricos com razoável variação nas especificações técnicas. Nenhuma marca importante deixará de ter pelo menos um modelo rodando. Marcas novas estão entrando no mercado de maneira competitiva em todos os segmentos, do popular ao esportivo de luxo.

Já começam a aparecer, também, veículos elétricos para fins comerciais, como caminhões leves. Os ônibus e bondes elétricos retornam modernizados. Os carros elétricos, provavelmente, deslocarão os híbridos ao longo desta década.

Fonte: Disponível em: <http://www.akatu.org.br>. Acesso em: 10 abr. 2011.

Para conseguir avançar nessa direção, investimentos em pesquisa, desenvolvimento e testes comprobatórios de eficácia de novas tecnologias são urgentes. A *Agência Internacional de Energia (AIE)* defende que 17 tecnologias-chave serão responsáveis por aproximadamente 80% das reduções em emissões até 2050. A lista dessas tecnologias inclui a utilização da biomassa, a melhoria da eficiência dos prédios e dos transportes, dos carros elétricos, da energia solar, o desenvolvimento da nanotecnologia, da biotecnologia etc.

Ao procurar melhorar a ecoeficiência de prédios domésticos e comerciais, busca-se consolidar padrões internacionais para o setor de construção civil. Assim, é crucial que se inclua o desafio político de aprovar regulação mandatória para os países-membros da *Organização de Cooperação e Desenvolvimento Econômico (OCDE)* pelo menos até 2020, e definir regulação mundial até 2030.

Importantes tecnologias como a eólica, solar e geotérmica serão relevantes para a redução das emissões de GEE até 2020. E será preciso dar suporte estrutural para essas tecnologias, dentro de um planejamento definido por lideranças mundiais, pois o grande desafio é transmitir

PARA SABER MAIS

No setor da construção civil existem instituições certificadas, como a ONG norte-americana *Green Building Council* (Conselho de Construção Sustentável).

Essa organização opera um protocolo de avaliação, o *Leadership in Energy and Environmental Design* (LEED, conhecido no Brasil como Selo Verde, e disponibilizado pelo GCB, criado em 2007).

O LEED é uma certificação concebida de acordo com os critérios de racionalização de recursos (energia, água etc.) atendidos por um edifício.

Fontes: Disponíveis em:<http://www.usgbc.org/>, <http://www.onedegreeless.org/quemsomos/quemsomos.html> e <http://www.buildings.com.br/noticias/o-que-e-leed.php>. Acesso em: 12 abr. 2011.

confiança para o mercado e oferecer apoio a um eventual sistema global de Empregos Verdes e segurança energética.

Essa diversidade é evidência de que não existe uma única tecnologia com o potencial de reduzir as emissões, pois as realidades geopolíticas, socioeconômicas, tecnológicas e culturais dos países são distintas. Por isso, deve-se focar um portfólio de tecnologias em diversos setores da economia liderados por países em diferentes estágios, de forma multilateral.

Se países em pleno desenvolvimento, como Índia, China, Brasil, Rússia e África do Sul, não participarem, o custo da redução de emissões se tornaria elevadíssimo até mesmo para os países desenvolvidos, pois eles estão endividados de forma alarmante.

Os países mais desenvolvidos, membros do grupo conhecido como *G7* (Estados Unidos, Japão, Alemanha, Reino Unido, França, Itália e Canadá), têm aumentado suas dívidas públicas e privadas consistentemente. Em 1990 as dívidas totais do *G7* representavam cerca de 160% dos seus Produtos Internos Brutos *(PIBs)* e, em 2010, superavam os 380%.[28]

A dificuldade para que as novas tecnologias deslanchem decorre da ausência de um sistema de transição e de entrada das novas tecnologias no mercado mundial. Os governos, em particular, devem garantir que tudo funcione com base em um sistema de governança global.

Duas grandes decisões são urgentes: facilitar os investimentos em tecnologias limpas e impulsionar drasticamente o emprego de tecnologias existentes para melhorar a eficiência energética e lograr a redução das emissões de CO_2 globalmente.

---

28 BEINSTEIN, Jorge. O declínio do capitalismo e o fim da crescimento global. Artigo publicado no site *Carta Maior*, em 11 maio 2011. Disponível em: <http://www.cartamaior.com.br/templates/materiaMostrar.cfm?materia_id=17718>. Acesso em: 3 maio 2011.

PARA SABER MAIS

Uma aposta no campo das tecnologias limpas é a nanotecnologia, que consiste na construção de estruturas e materiais a partir da manipulação dos átomos. Um nano corresponde à bilionésima parte do metro.

Esta é uma área consideravelmente nova, com grande potencial para o desenvolvimento de medicamentos, alimentos, robótica etc. Dela nasceram novas expressões como nanociência, nanoeletrônica, nanocomputadores, entre outras.

Fonte: A invasão dos nanicos. Disponível em: <http://www.las.inpe.br/~cesar/cronicas/cronic2000c/nanicos.htm>. Acesso em: 3 maio 2011.

PARA REFLETIR

A par dos benefícios decorrentes dos avanços tecnológicos no que diz respeito ao aproveitamento das matrizes energéticas disponíveis, é preciso lembrar, também, dos riscos inerentes à sua ampla utilização.

Ocorreram e vêm ocorrendo muitos acidentes envolvendo a produção, o transporte e o uso de energia, decorrentes de fenômenos naturais ou ações humanas, com consequências danosas ao meio ambiente (morte de animais e plantas e, principalmente, contaminação).

A seguir, uma lista de alguns deles.

Acidentes envolvendo usinas de energia nuclear:

- Fukushima, Japão, 2011;
- Chernobyl, Ucrânia, 1986;
- Three Mile Island, Estados Unidos, 1979.

Acidentes envolvendo petróleo:

- plataforma da empresa British Petroleum, Golfo do México, 2010;
- navio petroleiro Vicuña, Brasil, 2004;
- navio petroleiro Exxon Valdez, Alasca, 1989.

Por conta da preocupação ambiental, outras formas de geração de energia, com baixa emissão de CO_2, passarão a ser gradualmente implementadas. No Brasil, algumas que devem ter participação crescente são a energia *fotovoltaica* (geração de energia elétrica a partir da energia renovável do Sol), a *eólica* (vento), a utilização do hidrogênio nas células combustíveis e a energia nuclear.

O *McKinsey Global Institute* demonstra que, se utilizarmos o potencial das tecnologias existentes em vários setores da economia, com uma *Taxa Interna de Retorno (TIR)* de pelo menos 10%, o crescimento da demanda global de energia poderá ser reduzido pela metade ou mais ao longo dos próximos 15 anos.[29]

Essa demonstração inclui a informação de que a produtividade energética pode melhorar em dois aspectos:

- gerar um determinado nível de benefícios relacionados à energia com menos insumos;
- o uso de energia de uma forma tecnicamente mais eficiente para aumentar a produção, mantendo a mesma quantidade de entrada de insumos energéticos.

PARA FIXAR

O tempo é um dos fatores determinantes para o desenvolvimento sustentável, a utilização mais eficaz da energia alimenta a velocidade de sua produção, o que por sua vez resulta em ganho de tempo.

O nível anual de melhorias na produtividade energética tem sido de cerca de 1% desde 1980.

Entretanto, o aumento da eficiência não significa usar menos energia no total, pois o desenvolvimento tecnológico que permite a melhoria da eficiência do uso de um recurso tende a levar ao aumento do consumo desse mesmo recurso – ou seja, geralmente, a conservação e a eficiência levam à redução dos preços e ao aumento da demanda.

O futuro das tecnologias limpas está condicionado a um portfólio de ações coordenadas e responsáveis nos campos político, econômico, cultural, social e ambiental. Dito isso, é preciso voltar a atenção para o fato de que o aumento no consumo de eletricidade continuará por muito tempo. Por exemplo, a eletricidade tem sido considerada a grande responsável por atender mais de 85% da demanda crescente por energia dos norte-americanos desde 1980, mesmo com o avanço das tecnologias limpas.

As indústrias que cresceram mais rapidamente (em áreas como a da *tecnologia da informação*) são movidas a eletricidade, e os elétrons, presentes nas *micro-ondas* e nos dispositivos a *laser,* continuam, em grande parte, substituindo a energia térmica e a mecânica.

Em análises de alguns especialistas, as energias renováveis – obtidas por meio de tecnologias limpas como a força de quedas d'água, dos ventos, da luz do Sol e da energia química acumulada no *bioma* (a *biomassa*) – podem fornecer apenas 25% da eletricidade que a maior economia do mundo (Estados Unidos) precisa até 2030. Além disso, a energia solar é vista como a mais importante fonte de energia renovável, mesmo sua produção sendo a mais cara atualmente.

---

29 ML. Merrill Lynch. The sixth revolution: the coming of clean technology, 17 nov. 2008, p. 8. Disponível em: <http://www.responsible-investor.com/images/uploads/resources/research/21228316156Merril_Lynch-_the_coming_of_clean_tech.pdf>. Acesso em: 18 fev. 2011.

3.5 O impasse da sustentabilidade

Muitos setores da sociedade ainda são resistentes aos paradigmas da sustentabilidade, e por isso a necessidade de encontrar soluções orientadas à manutenção pacífica das atividades humanas persiste. Nessa busca, é preciso considerar três elementos fundamentais:

- inovação;
- conhecimento;
- estruturas organizacionais.

Inovações são atividades de longo prazo baseadas em conhecimento inédito e cuja eficácia não é garantida. O conhecimento é sempre o ponto de partida para qualquer investigação das possíveis causas do sucesso ou insucesso de uma atividade inovadora, e, embora seja extremamente difícil identificar todas as causas, algumas técnicas constituem um auxílio valioso nessa tarefa.[30]

Um bom exemplo é a técnica desenvolvida por *Kaoru Ishikawa* (1915-1989) – engenheiro japonês especialista em processos de qualidade –, conhecida como *diagrama de peixe* ou *diagrama de causa e efeito* e que se constitui em uma ferramenta para traçar as relações entre um efeito e todas as suas causas.

As causas principais geralmente são agrupadas em duas categorias:

- 4Ps – *Políticas, Procedimentos, Pessoal e Planta;*
- 4Ms – *Método, Mão de Obra, Material e Máquina.*

FIGURA 3.2 Diagrama de peixe

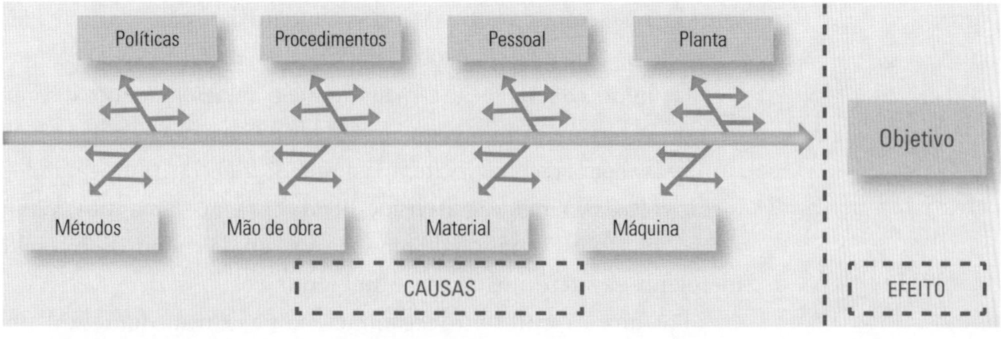

Fonte: Adaptado de <http://www.administradores.com.br>.

30 NIDUMOLU, PRAHALAD e RANGASWAMI, 2009.

PARA SABER MAIS

Diagrama de peixe

Diagrama de causa e efeito, desenvolvido por Kaoru Ishikawa, com a finalidade de ajudar na solução de problemas, é uma das ferramentas de diagnóstico de problemas referentes à qualidade mais utilizada pelas empresas do mundo todo.

O passo a passo para o diagrama é:

1. Identificação do problema (efeito).
2. Identificação das influências do problema (causas principais, secundárias, terciárias etc.).
3. Inserir no diagrama (no formato espinha de peixe) o efeito e sua(s) causa(s).
4. Incentivar a participação de toda a equipe envolvida.
5. Analisar o diagrama, destacando a(s) causa(s) que mais influi(em) no problema.
6. Resolução da(s) causa(s).
7. Analisar o(s) resultado(s) obtido(s).

Fonte: Espinha do peixe. Disponível em: <http://www.administradores.com.br/informe-se/artigos/espinha-de-peixe/29237/>. Acesso em: 3 maio 2011.

De qualquer forma, as respostas não serão encontradas pelo simples fato de que o conhecimento é construído de diversas formas em diferentes regiões do mundo, com base nas especificidades das crenças e dos valores das pessoas.

Hoje, se isoladas, as pessoas raramente conseguem desenvolver inovações, pela simples razão de que a inovação é um processo que requer entender e articular partes interessadas na construção coletiva, criativa e propositiva das soluções.

As redes sociais, por exemplo, são ambientes inovadores que compartilham informações, conhecimentos, interesses e esforços em busca de objetivos comuns. A intensificação da formação das redes sociais, nesse sentido, reflete um processo de fortalecimento da sociedade civil, em um contexto de maior participação democrática e mobilização social.

Os limites da inovação são de intenção, relacionamento e confiança, pois se busca desenvolver a identidade de uma nova ordem mundial sustentável para recuperar o tempo desperdiçado com políticas reducionistas voltadas para o extrativismo imediatista. Assim, a inovação leva tempo, não existe garantia do seu sucesso e ainda encontra-se com foco incipiente nos retornos sociais e ambientais.

Por fim, as estruturas organizacionais possuem diferentes níveis entre diversas classificações existentes: objetivos organizacionais, processos organizacionais, comportamentais e de conhecimento, e habilidades de aprendizagem por parte dos seus funcionários.

O pressuposto é de que as organizações sem pessoas não podem ser entendidas nem concebidas. As organizações são formadas por grupos de pessoas que usam a racionalidade para processar informações e conhecimentos.

Por essa razão, argumenta-se que mudar ou rever objetivos corporativos e processos organizacionais é relativamente fácil: o maior desafio consiste em influenciar atitudes e comportamentos para que a cultura da organização se desenvolva.

Uma organização nesse estágio pode ser chamada de "organização aprendiz" e caracteriza-se por aceitar cometer erros e aprender com eles. Em outras palavras, tem capacidade de institucionalizar a mudança. Esse tema é tão importante que o relatório divulgado em 2010 pela *Academia Nacional de Engenharia* (organização privada sem fins lucrativos que fornece assessoria técnica ao governo norte-americano), sobre o vazamento de óleo da *British Petroleum (BP)* no Golfo do México em 2010, afirma que a incapacidade da empresa de aprender com os problemas do passado e sua insuficiência em considerar riscos foram os fatores determinantes para a explosão de sua plataforma, que provocou o maior desastre ambiental da história dos Estados Unidos.

ENTRE ASPAS

"As coisas não evoluem automaticamente nas organizações; ao contrário, estas dependem da capacidade de seus dirigentes para absorver o que está acontecendo no mundo e adotar as medidas corretas, em função desta percepção."

Fonte: DE GEUS (1988).

De outro modo, os líderes da sustentabilidade devem evoluir com base nos próprios modelos mentais para um modelo de conexões colaborativas, à medida que o diálogo torna-se mais presente no processo de tomada de decisão das organizações modernas.

O processo de desenvolvimento de inovações sustentáveis encontra, na estrutura organizacional, condições favoráveis à construção do conhecimento coletivo necessário para que novas tecnologias possam ser disponibilizadas em larga escala em setores econômicos estratégicos.

Para resumir, chamamos a atenção para os seguintes pontos levantados por *Jorna*:[31]

- a inovação sustentável é um *trabalho coletivo* – a forma de pensar, racionalizar, organizar e sistematizar a lógica coletiva sustentável é que faz toda a diferença;
- a inovação sustentável é *possível* – foco no empréstimo e reuso dos recursos por um número maior de pessoas e transparência no diálogo com as partes interessadas para que a inovação perdure sob os pontos de vista financeiro, ambiental e social;
- a inovação sustentável é o *caminho para avanços da tecnologia* – o desenvolvimento, o acesso e a comercialização de tecnologias orientadas para a sustentabilidade em escala global possibilita a

31 JORNA, 2006, p. 2-27.

introdução de uma nova ordem de arranjos político-econômicos para a transição exitosa rumo à *Nova Economia*.

3.6 Futuro do desenvolvimento sustentável

Toda geração deixa como herança para a seguinte não apenas as benesses que conquistou, mas também os problemas que não soube ou não pôde resolver. Por isso, o futuro parece ser uma combinação do que fazemos com o que deixamos de fazer no presente.

Tomando essa afirmação como legítima, é preciso ter clareza de que sofremos transformações e provocamos mudanças muitas vezes irreversíveis, como as citadas no Capítulo 1, nos ambientes familiar e profissional e, principalmente, no meio ambiente, a fim de satisfazer as necessidades dos indivíduos e das sociedades.

Em vez de limitar a liberdade de ação e reflexão de futuras gerações, temos a responsabilidade de criar ambientes em que elas sejam capazes de entender o papel das oportunidades, do indivíduo, das inovações e do desenvolvimento para a sobrevivência da raça humana.

O futuro do desenvolvimento sustentável é um desdobramento que demanda governança e planejamento no presente para o gerenciamento dos ambientes que serão criados na transição rumo à *Nova Economia*. O planejamento do desenvolvimento é condição primeira para equacionar os temas do mundo moderno e criar as condições de uma sociedade próspera.

No relatório *Prosperidade sem crescimento – transição para uma economia sustentável*,[32] percebe-se que uma sociedade próspera é aquela em que pessoas de diferentes raças, cor e *status* social conseguem atingir o mínimo necessário para o início de suas jornadas rumo ao desenvolvimento sustentável.

As pessoas têm o direito à segurança de sua integridade mental e física e de viver até o final da vida biológica num planeta saudável. Talvez não seja uma tarefa fácil, mas ainda é a melhor perspectiva que existe hoje para a prosperidade duradoura.

32 JACKSON, 2009, p. 37-47.

A prosperidade duradoura é possível se as pessoas acreditarem que podem ser melhores como seres humanos. Ela vai muito além da aquisição de bens materiais, muitas vezes indispensáveis para determinadas classes sociais da sociedade. Pode-se afirmar que a prosperidade fortalece os relacionamentos e os laços de confiança na sociedade como um todo. A missão de todos é oferecer o seu melhor para um planeta repleto de recursos naturais finitos.

As últimas crises e catástrofes mundiais têm ensinado que estado mínimo, mudanças climáticas e consumismo sem limites podem efetivamente piorar a situação mundial.

O mais grave nesse cenário é perder a esperança de lutar por uma vida melhor porque simplesmente não nos questionamos qual é a lógica que rege a atualidade. Desse modo, não há espaço para novas ideias, e assim não há oportunidades para o desenvolvimento sustentável. No entanto, questionar não é suficiente; é necessário encorajar pessoas, empresários, comunidades e governos a se esforçarem em construir uma nova realidade.

O processo de engajamento envolve uma série de atividades, como a comunicação, consultas públicas por meio de debates, fóruns e congressos nacionais e internacionais e delegação de poderes de decisão.

Uma vez exitoso, esse processo pode trazer mais compreensão e comprometimento de todos, em sua busca pelos resultados esperados.

Não é difícil perceber que agir da maneira correta contribui para o desenvolvimento sustentável. Assim, é preciso lembrar que esse tipo de ação demanda:

- *clareza*: o que deve ser atingido dentro do processo de engajamento, grau de suporte e resistência e análise de riscos;
- *integração*: as atividades de engajamento devem ser integradas e não apenas adicionadas ao processo de tomada de decisão;
- *independência*: mecanismos para assegurar que as metodologias de engajamento sejam equilibradas em relação às etapas do processo de tomada de decisão e os resultados confiáveis;
- *acompanhamento*: transparência na demonstração de como os resultados serão utilizados, habilitando todos a fazerem parte da solução

quando possível e a avaliarem para elaborar planos de melhorias e prestação de contas;

- *adaptação*: uso de metodologias legitimadas para atender às diferentes demandas dos participantes do processo de engajamento.

No relatório publicado pelo *World Business Council for Sustainable Development (WBCSD)* em 2010, sobre o projeto *Vision 2050*,[33] baseado no diálogo promovido em 20 países com grandes grupos empresariais, especialistas e políticos, encontra-se a leitura de que outro mundo é possível.

Os autores desse relatório defendem que, no ano 2050, a população mundial projetada poderá viver, sim, com qualidade de vida e nos limites dos recursos naturais do planeta. Pode parecer exercício de futurologia acreditar nesse cenário, mas, se um número bem maior de pessoas for cooptado a esse fim, será possível viver sustentavelmente.

De qualquer forma, a única certeza que se tem é que a vida no planeta Terra será diferente em 2050. O que realmente importa não é saber qual cenário se confirmará, mas, sim, implementar ações de forma organizada para encontrar respostas adequadas a algumas perguntas-chave que continuam em aberto, como:

- Como proporcionar qualidade de vida para 9 bilhões de pessoas?
- Qual será o modelo macroeconômico do desenvolvimento sustentável?
- Quais interesses políticos e econômicos devem ser negociados para viabilizar um sistema de governança global?
- O que a parceria das esferas pública e privada pode fazer para aumentar a produtividade dos recursos naturais?
- Quais serão as fontes de financiamento das inovações sustentáveis que devem ser adotadas para os setores estratégicos da economia mundial nos próximos dez anos?

---

33 DIPIAZZA, Samuel A. et al. *Vision 2050* – the new agenda for business. *World Business Council for Sustainable Development*, fev. 2010, p. 6. Disponível em: <http://www.wbcsd.org/Plugins/DocSearch/details.asp?DocTypeId=25&ObjectId=MzczOTc>. Acesso em: 3 maio 2011.

- Quais instituições públicas e privadas devem institucionalizar e incentivar financeiramente o consumo responsável dentro dos limites da natureza?
- O que falta para a incorporação dos custos de externalidades, começando com a redução das emissões de CO_2, de serviços referentes ao ecossistema e à água, e na formulação de um novo PIB mundial calculado em função da prosperidade duradoura?
- Como será possível pelo menos dobrar a produtividade da agricultura sem aumentar a área cultivada e o uso de água?
- Quais mecanismos existem hoje para acelerar a redução do desmatamento das florestas de forma sustentável?
- Como produzir energia sustentável em escala suficiente para suprir demandas domésticas e de organizações privadas e públicas cada vez mais crescentes?

As perguntas listadas não têm a pretensão de esgotar o assunto, mas visam auxiliar uma reflexão sobre o futuro do desenvolvimento sustentável.

Nota-se que existem inúmeras oportunidades para instituições financeiras, de agronegócios, setor energético, educação, construção civil, indústrias de tecnologia de informação e comunicação e parcerias público-privadas – para citar apenas algumas áreas com potencial de imersão na *Nova Economia.*

Ao traçar o futuro do desenvolvimento sustentável, faz-se necessário reconhecer, mesmo sem muito esforço analítico, que a humanidade já possui conhecimento, tecnologias, habilidades e recursos financeiros suficientes para fazer as melhores escolhas. Ao mesmo tempo, o mapa da sustentabilidade está em sua fase embrionária, talvez muito longe ainda do ponto de transição para a *Nova Economia.*

Mesmo assim, as práticas da sustentabilidade são o meio efetivo para que se inicie o tempo da caminhada rumo à prosperidade duradoura.

PARA REFLETIR

O futuro do desenvolvimento sustentável está naquilo em que realmente acreditamos, mas nada mudará se não mudarmos a nós mesmos em primeiro lugar.

CONCEITOS-CHAVE

NOVA ECONOMIA: aquela em que a produção, a distribuição e o consumo de bens e serviços se dão por meio de processos em que os recursos não são utilizados mais rapidamente do que a capacidade da natureza de renová-los. Por isso, pode ser chamada também de economia sustentável. Também pode ser definida como aquela que promove equilíbrio entre a vitalidade ambiental, social e econômica, apoiada na inovação que dê origem a processos de produção que priorizem a sustentabilidade em todas as etapas – desde o empréstimo de recursos naturais até a reciclagem de bens já consumidos.

VISÃO SISTÊMICA: consiste em olhar para a realidade como um sistema, na acepção da Teoria Geral dos Sistemas, ou seja, "o sistema é um conjunto de partes interagentes e interdependentes que, conjuntamente, formam um todo unitário com determinado objetivo e efetuam determinada função". (OLIVEIRA, 2002, p. 35)

EMPREGO VERDE: postos de trabalho decente em atividades econômicas que contribuem significativamente para reduzir emissões de carbono e/ou para melhorar/conservar a qualidade ambiental.

EDUCAÇÃO NA SUSTENTABILIDADE: processos educacionais que possibilitam "a formação de indivíduos que participam ativamente de iniciativas capazes de transformar seu entorno e de gerar dinâmicas construtivas. As bases para esta proposição estão centradas nos princípios da inovação e da educação na sustentabilidade". (LOURES, 2008)

PLANEJAMENTO PARTICIPATIVO: pressupõe uma nova maneira de estruturar as organizações, diferente dos modelos verticalizados e hierarquizados. Num processo de planejamento participativo, as estruturas são mais horizontais, permitindo o trabalho em equipe com uma melhor distribuição das responsabilidades e a democratização na tomada de decisões. Ele enfatiza, então, a coordenação das ações entre os diferentes setores da organização.

TECNOLOGIA LIMPA: conjunto completo de técnicas, artes e ofícios capazes de modificar/transformar o ambiente natural, social e humano, em novas realidades construídas com base nos princípios da sustentabilidade.

SOCIEDADE PRÓSPERA: aquela em que pessoas de qualquer etnia, tom da epiderme, orientação sexual, crença e *status* social conseguem atingir o mínimo necessário para o início de suas jornadas rumo ao desenvolvimento sustentável.

DICA DE AÇÃO RESPONSÁVEL

Acesse o link "consumo de energia", no site da Companhia Paulistana de Força e Luz (CPFL), disponível em: <http://www.cpfl.com.br/SeuConsumo/CaacutelculodeConsumo/tabid/1090/language/pt-BR/Default.aspx>. Acesso em: 29 abr. 2011.

Ali você aprenderá como se faz o cálculo do consumo médio dos aparelhos elétricos de sua casa.

A partir desse cálculo, faça uma autorreflexão crítica com o que você viu neste capítulo, para desenvolver ações que possam diminuir seus gastos com energia, em prol de um planeta sustentável. Comece já!

PARA SABER MAIS

Relatório de Sustentabilidade – 2009:
<http://www.cpfl.com.br/Default.aspx?alias=www.cpfl.com.br/sustentabilidade>.

4

Sustentabilidade no mundo corporativo

"O dever é uma coisa muito pessoal; decorre da necessidade de entrar em ação, e não da necessidade de insistir com os outros para que façam qualquer coisa."

Madre Teresa de Calcutá [1]

Objetivos da aprendizagem

Ao final deste capítulo, o estudante terá condições de:

- analisar as razões pelas quais as empresas devem mudar seu posicionamento na era da sustentabilidade;
- verificar o que precisa ser feito para se desenvolver um modelo de sustentabilidade empresarial;
- entender o papel do empreendedor da sustentabilidade na sociedade moderna.

Neste capítulo, você conhecerá o posicionamento que as empresas devem assumir para que seus modelos de negócios se adaptem à *Nova Economia*; você aprenderá, ainda, as competências, habilidades e atitudes necessárias para se tornar um profissional da sustentabilidade em sua organização e, por fim, verá o que é essencial para se tornar um empreendedor da sustentabilidade num mundo em que o mercado de trabalho está em franca expansão.

Como as empresas devem se posicionar no cenário da *Nova Economia*? Como estruturar seu modelo de negócios? Qual a postura

1 Tema Dever. Disponível em: <http://www.citador.pt/frases/o-dever-e-uma-coisa-muito-pessoal-decorre-da-nec-madre-teresa-de-calcuta-1742>.

que gestores e colaboradores devem assumir para que as corporações atuem em sincronia com os ditames da era da sustentabilidade?

Embora este novo cenário ainda esteja em construção, já existem estudos e experiências que demonstram que mudanças no modelo empresarial e, sobretudo, na conduta e nas atitudes dos profissionais contribuem para a sua viabilização.

Neste capítulo veremos como, no âmbito do modelo empresarial, autores como *R. Nidumolu*, *C. K. Prahalad* e *M. R. Rangaswami* propõem um percurso em cinco etapas para que as corporações adotem práticas sustentáveis no âmbito da gestão.[2] Já no plano individual,

PARA SABER MAIS

Ran Nidumolu é doutor em administração pela Universidade da Califórnia, Los Angeles (UCLA). Atua há mais de 20 anos como consultor nas áreas de estratégia e execução e como pesquisador em empresas. Foi diretor de pesquisa do Corporate Eco Forum, organização composta pelas 60 maiores corporações mundiais. Dedicou-se ao estudo de práticas relacionadas à sustentabilidade, inovação e estratégia de negócios. É fundador e CEO da Innovatrat Inc., uma prestadora de serviços que criou a Low Carbon Enterprise, iniciativa que ajuda empresas a implementar novas estratégias e ações alinhadas com a nova economia.

O indiano C. K. Prahalad (1941-2010), um dos mais influentes pensadores na área de administração e negócios do século XX, viveu e fez sua carreira nos Estados Unidos, país onde se naturalizou. Doutorou-se em administração pela Universidade de Harvard, foi professor de estratégia corporativa na Ross School of Business (Universidade de Michigan), conselheiro do governo indiano para empreendedorismo e autor de vários *best-sellers*.

Um de seus livros mais famosos, chamado *A riqueza na base da pirâmide*, chama a atenção para a necessidade de as empresas aprenderem a lidar com a população de baixa renda, a qual representa um enorme potencial de negócios. Segundo ele, há 4 milhões de pessoas no mundo que vivem com cerca de US$ 5 por dia. As condições de vida dessas pessoas podem melhorar à medida que forem criados produtos e serviços para atender às suas necessidades. Ele afirma também que o setor corporativo pode colaborar para a melhoria da qualidade de vida dos mais pobres em atividades que sejam lucrativas.

M. R. Rangaswami é o diretor de negócios e cofundador do Sano Hill Group, uma empresa de consultoria em investimentos e gestão para empresas de tecnologia e *software*. Antes disso, atuou como conselheiro estratégico, foi executivo da Baan e da Oracle. É o responsável pela Enterprise, uma conferência realizada anualmente em Carmel (Califórnia, EUA), que reúne as pessoas mais influentes da indústria de *software*.

Bob Willard é *expert* em quantificação do valor de negócios de estratégias corporativas voltadas para a sustentabilidade e conhecido mundialmente. É autor de três livros – entre eles, *The Sustainability Champion's Guidebook* – nos quais apresenta e analisa as estratégias capazes de transformar as organizações em empresas sustentáveis. Durante 34 anos foi funcionário da IMB Canadá.

Fontes: Disponíveis em: <http://pt.wikipedia.org/wiki/Prahalad>, <http://www.innovationhumanity.com/Ram_Nidumolu.html>, <http://en.wikipedia.org/wiki/M._R._Rangaswami> e <http://www.sustainabilityadvantage.com/>. Acessos em: 3 maio 2011.

---

2 NIDUMOLU, Ram; PRAHALAD, C. K.; RANGASWAMI, M. R. Why sustainability is now the key driver of innovation. *Harvard Business Publishing Newsletter/Harvard Business Review*, set. 2009.

estudaremos os argumentos de *Bob Willard*, que analisa as competências, habilidades e atitudes necessárias aos profissionais da sustentabilidade.[3] Além disso, ao tratarmos o indivíduo propriamente dito, o faremos também por diversos sinais que indicam que o empreendedorismo orientado para a sustentabilidade pode ser a resposta inteligente para as dificuldades encontradas no mercado de emprego atualmente.

4.1 Modelo de sustentabilidade empresarial

O conceito de sustentabilidade surgiu em 1987, como resultado dos trabalhos de representantes de 21 governos, líderes empresariais e representantes da sociedade que participaram da *Comissão Mundial sobre Meio Ambiente e Desenvolvimento* da ONU, como vimos anteriormente.

Também foi visto que o desenvolvimento sustentável, que busca o equilíbrio na convivência entre o homem e o meio ambiente, tem por premissa atender às necessidades do presente sem comprometer a possibilidade de as gerações futuras atenderem suas próprias necessidades.

Isso significa cuidar dos aspectos ambientais, sociais e econômicos e buscar alternativas para sustentar a vida na Terra.

Com a difusão de novos conceitos, o chamado *tripé da sustentabilidade* tornou-se amplamente conhecido entre empresas e pesquisadores como uma ferramenta útil para ilustrar a importância de uma visão de mundo (e da economia) mais ampla, para além dos valores eminentemente baseados no desempenho financeiro e no lucro pelo lucro, predominantes na sociedade moderna até hoje.

Na economia tradicional, clássica, como se sabe, o objetivo fundamental de qualquer organização, das empresas, é obter o maior retorno possível para o capital investido. Para tanto, utilizam-se das ferramentas de gestão de que dispõem para suplantar seus concorrentes, para beneficiarem da melhor forma possível os seus *shareholders*.

No entanto, com as mudanças geopolíticas e socioeconômicas que o século XX viu nascer na arena mundial, além dos fatores econômicos e financeiros, os fenômenos ambientais e sociais começaram a fazer parte dos negócios estratégicos das empresas, não apenas pela urgência decorrente do descaso com que a natureza e as pessoas foram tratadas nos "séculos de ouro" do capital, desde a *Revolução Industrial*, mas sobretudo

3 WILLARD, Bob. *The sustainability champions's guidebook*. Canadá: New Society Publishers, 2009.

FIGURA 4.1 Modelo de sustentabilidade empresarial

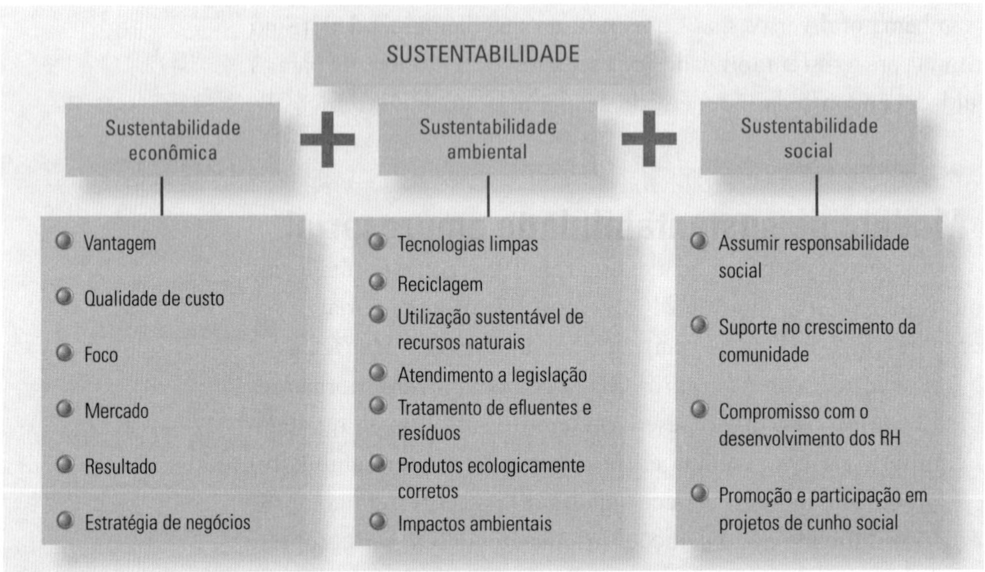

Fonte: Adaptado de CORAL (2002, p. 129). Disponível em: <http://www.convibra.com.br/2006/artigos/61_pdf.pdf>.

pela percepção de que o *continuum* de desperdício dos recursos humanos e naturais vem anunciando, desde então, a falência do modelo e um impasse para o desenvolvimento das sociedades, no planeta Terra.

Sob essa nova perspectiva, uma organização, com ou sem fins lucrativos, passou a compreender que deve agir de maneira socialmente responsável, de modo a atender aos interesses de todos os seus principais *stakeholders*, isto é, de todos aqueles que afetam ou são afetados por suas atividades.

Por isso, as organizações têm procurado modificar seus modelos de negócios com base no *tripé da sustentabilidade*. Na prática, isso significa a criação de produtos e serviços que contribuam efetivamente para a melhoria da *performance* socioambiental dos seus públicos internos e externos, finalmente percebidos como relevantes para os seus resultados operacionais.

Para *Coral*,[4] o modelo de sustentabilidade de uma empresa, na *Nova Economia*, deve perseguir a sua lógica, descrita na Figura 4.1.

Esse modelo proposto pode ser compreendido à luz das diretrizes internacionais da *Global Reporting Initiative (GRI)* (ver Capítulo 2),

4 CORAL, Elisa. *Modelo de planejamento estratégico para a sustentabilidade empresarial.* Florianópolis: UFSC, 2002. p. 129.

adotadas para elaboração de relatórios de sustentabilidade de grandes grupos empresariais.

Nas diretrizes da *GRI*, nota-se que as empresas são incentivadas a relatar:

- *o seu perfil*: informações que fornecem o contexto geral para a compreensão do desempenho organizacional, incluindo sua estratégia e sua governança;

- *informações sobre a sua forma de gestão*: no que deve se basear a interpretação sobre o desempenho da organização numa área específica;
- *os seus indicadores de desempenho*: informações sobre o instrumental que adota para a verificação das suas performances econômica, ambiental e social.

De acordo com a *GRI*, os indicadores de desempenho são utilizados pelos gestores para mensurar os impactos da organização quanto:

- Aos sistemas sociais nos quais opera.

  Para isso, são aferidos os aspectos de desempenho fundamentais referentes a suas práticas trabalhistas, seus direitos humanos, sociedade e responsabilidade por produtos e/ou serviços.

- Às condições econômicas de seus *stakeholders*, aferindo em nível local, nacional e global o seu desempenho.

  Por exemplo, sua presença no mercado e as suas responsabilidades indiretas.

- Aos sistemas naturais vivos e não vivos, incluindo ecossistemas, terra, ar e água.

  Neste quesito, os indicadores ambientais abrangem o desempenho da organização relacionado a insumos, matérias-primas, energia e água (e a emissões de efluentes e de resíduos), bem como aqueles relativos à biodiversidade, à conformidade ambiental, aos gastos com a preservação do meio ambiente e como os seus produtos e/ou serviços o afetam.

No entanto, como um profissional pode saber se o modelo de negócios da empresa em que trabalha se baseia no tripé da sustentabilidade?

Sem rodeios, o modelo de negócios de uma organização NÃO é sustentável quando se nota que ele contribui direta ou indiretamente:

- para o aumento sistemático nas concentrações de desperdícios de recursos naturais, como de metais pesados e combustíveis fósseis;
- para o aumento sistemático nas concentrações de substâncias perigosas produzidas pela sociedade, como resíduos industriais tóxicos;
- para a exploração sistemática e indiscriminada dos recursos naturais, como desmatamento, pesca predatória e esgotamento de solos férteis;
- para o abuso de poder político e/ou econômico na sociedade, prejudicando a qualidade de vida dos seres humanos, quando, por exemplo, é responsável por desabastecimento de água potável e alimentos.

O enfoque na sustentabilidade no âmbito corporativo é importante porque as contribuições diretas e indiretas das empresas – representadas pelo seu sistema de produção, vendas, demanda por suprimentos e distribuição até o consumidor final, isto é, a sua cadeia de valor – produzem impactos em toda a sociedade em seu entorno.

Por essa razão, os *stakeholders*, ou partes interessadas, demandam cada vez mais que as empresas às quais são ligados prestem conta dos impactos de suas atividades na sociedade em geral, de forma transparente e responsável.

Para prestar conta desses impactos, a empresa precisa desenvolver uma visão sistêmica dos seus negócios, de tal sorte que as decisões tomadas por sua alta administração demonstrem que ela está realmente comprometida em incorporar os interesses dos seus *stakeholders* às suas

GLOSSÁRIO

Cadeia de valor: É um conceito criado por Michael Porter, professor da Harvard Business School. Consiste no conjunto de atividades realizadas por uma organização: relações com fornecedores, ciclos de produção e de venda e distribuição. Para Porter, a cadeia de valores de uma empresa e o modo como ela executa suas atividades refletem a história, a estratégia, o método de implementação de sua estratégia e a economia básica de suas atividades.
A cadeia de valor envolve, então, a sequência de atividades iniciadas com a origem dos recursos até o descarte do produto pelo consumidor final – abrange, então, os usuários, o reciclador, entre outros intermediários, até serem destruídos.

Fonte: PORTER (2011).

estratégias corporativas, principalmente quando esses negócios dizem respeito ao longo prazo.

Sob essa perspectiva, nota-se que a incorporação dos princípios e práticas relacionados à sustentabilidade na cadeia de valor de uma empresa colabora para impulsionar a *Nova Economia*.

De acordo com essa lógica, o foco estratégico das empresas deve ser sistematizar, integrar e desenvolver redes de negócios interdependentes e corresponsáveis, nos quais a produtividade esteja atrelada e seja viabilizada pelo retorno, para toda a sociedade, dos recursos utilizados nos processos da sua cadeia produtiva. Nesse caso, poder-se-á dizer que esses recursos são *renováveis*.

Para marcar bem essa característica do papel das organizações na *Nova Economia*, tome-se uma particularidade da economia tradicional em uma faceta que a faz parecer menos inconsciente em termos de responsabilidade social.

Na economia tradicional, é comum que as empresas não se preocupem apenas com a venda de seus produtos; elas também se preocupam com a promoção e a propagação dos benefícios e das vantagens diferenciais que elas incorporaram a esses produtos, seja em forma de um acessório ou de um serviço, o chamado valor agregado.

Via de regra, para esse tipo de empresa, se um dos seus produtos torna-se obsoleto ou incapaz de agregar valor, ele passa por um processo de renovação ou reciclagem para que possa retornar ao mercado.

No entanto, em comparação com os desafios da *Nova Economia*, o foco no valor agregado não é suficiente, pois, sem que se redesenhe a plataforma de negócios das empresas visando aos três pilares da sustentabilidade, isto é, as dimensões sociais e ambientais, além da econômica, não se logrará aquela parcela de retorno aos *stakeholders*.

Somente quando essa condição for satisfeita a transição para a nova economia acontecerá efetivamente.

No Brasil, grandes corporações nacionais e multinacionais, como *Petrobras, Vale do Rio Doce, Braskem, Bradesco* e *Santander,* têm buscado desenvolver modelos de negócios com base no tripé da sustentabilidade para assegurar aos seus principais *stakeholders* retornos tangíveis (financeiro/econômico) e intangíveis (credibilidade, conhecimento, imagem, capital intelectual) de seus negócios.

Para transformar essa realidade, a sociedade é chamada a participar proativamente da construção de inovações sustentáveis para os

PARA FIXAR

Na nova economia, as empresas são responsáveis pelo desenvolvimento de um processo sistêmico de retorno de valor para a sociedade, bem como por soluções sustentáveis para os impactos de suas atividades na utilização e renovação dos recursos naturais.

PARA REFLETIR

Os retornos tangíveis e intangíveis são estratégicos para a capilaridade dos negócios da empresa e o desenvolvimento de inovações duradouras.

problemas modernos, principalmente os grandes grupos empresariais que já possuem condições de mobilizar sua cadeia de valor para o desenvolvimento sustentável.

Novamente aqui, a educação desempenha um papel fundamental, conforme já discutido anteriormente (ver Capítulo 3); o desafio da sociedade está justamente em preparar de forma rápida profissionais comprometidos com a sustentabilidade, que tenham condições de liderar os esforços de interpretar e trabalhar temas novos e complexos, de desenvolver tecnologias limpas e de promover ecoeficiência e inclusão social.

Willard[5] defende que, para facilitar a missão desses líderes, os esforços sejam concentrados em algumas áreas prioritárias, indicadas a seguir:

- energia e mudança climática;
- água e alimentos;
- resíduos;
- pobreza e justiça social.

GLOSSÁRIO

Core business: É um termo em inglês que significa a parte ou área central dos negócios de uma empresa. É o seu ponto forte e estratégico, geralmente definido em função do mercado.

Porém, longe de serem consensuais entre os especialistas, essas áreas apenas servem de norte para organizações com dificuldades em definir por onde começar sua discussão interna sobre o tema *sustentabilidade*. Além disso, é preciso deixar claro que o posicionamento de cada empresa depende do seu *core business*, do mercado em que atua e do público-alvo que pretende atingir – sem contar o peso que a sua cultura organizacional tem no processo de definição de prioridades estratégicas dos negócios.

4.2 A inovação no modelo de negócios das empresas

Como foi visto nos capítulos precedentes, um dos fundamentos da *Nova Economia* e da sustentabilidade apoia-se na capacidade de inovação.

No intuito de esclarecer como as empresas podem trabalhar a inovação em seus *modelos de negócios*, do ponto de vista da sustentabilidade, acompanharemos aqui o modelo de cinco estágios desenvolvido

5 WILLARD, 2009, p. 12.

por *Nidumolu*, *Prahalad* e *Rangaswami*,[6] tema indicado já no início deste capítulo.

Com base nos resultados de suas pesquisas, esses autores enfatizam que as empresas "enfrentam diferentes desafios em cada estágio [do seu modelo de negócios com sustentabilidade] e que devem desenvolver novas competências para enfrentá-los".[7] Por isso, eles propõem um "mapa da estrada", capaz de poupar tempo para as empresas.

No entanto, é preciso deixar claro que qualquer tentativa de usar modelos para explicar determinadas situações – não importa quem os tenha desenvolvido – sofrerá limitações empíricas e teóricas. O desafio é entender e atender às necessidades das pessoas e do planeta de forma harmoniosa diante das mudanças globais.

Estágio 1 – Conformidade como oportunidade

Para *Nidumolu, Prahalad* e *Rangaswami*,[8] os primeiros passos que as empresas precisam dar em sua caminhada para a sustentabilidade dos negócios é atender aos requisitos legais. Este é um tema complexo, já que a legislação vigente varia muito de país para país e dentro do próprio Brasil.

Por exemplo, o município de Jundiaí, no Estado de São Paulo, proibiu a utilização de sacolas plásticas em supermercados em 2010. No entanto, as sacolas ainda são utilizadas em outras partes do Estado e do país.

PARA SABER MAIS

Uma parceria entre a prefeitura de Jundiaí e o comércio da cidade permitiu a implantação do projeto "Chega de Sufocar o Planeta", que prevê a proibição de sacolas plásticas nos supermercados.

Para fazer suas compras, os consumidores podem utilizar sacolas retornáveis ou sacolas biodegradáveis (mediante pagamento de R$ 0,19 cada) ou caixas de papelão. A iniciativa teve adesão de 70 estabelecimentos comerciais.

A estimativa é de eliminar 22 milhões de sacos plásticos por mês no município.

Na mesma linha, o município de Rio Claro, também no Estado de São Paulo, aprovou uma lei que torna obrigatório o uso de embalagens plásticas oxibiodegradáveis (OBPs) a partir de setembro de 2011. Esse tipo de material se decompõe em 18 meses.

Fonte: Disponível em: <http://jornalcidade.uol.com.br/rioclaro/dia-a-dia/dia-a-dia/64851-jundiai:-supermercados-abolem-sacolas-plasticas>. Acesso em: 10 abr. 2011.

---

6 NIDUMOLU, PRAHALAD e RANGASWAMI, 2009, p. 58.

7 Ibid., p. 2.

8 Ibid.

PARA SABER MAIS

O GHG Protocol é a ferramenta mais utilizada mundialmente para entender, quantificar e gerenciar suas emissões de gases de efeito estufa, desenvolvido pelo *World Resources Institute* (WRI) em parceria com o *World Business Council for Sustainable Development* (WBSCD).

Com a ferramenta é feito um inventário de emissões – uma espécie de raio X – que determina as fontes de gases de efeito estufa e a quantidade lançada à atmosfera.

A metodologia não é aplicável somente às empresas, podendo ser adotada por países, estados e municípios.

Fonte: Disponível em: <http://www.ghgprotocolbrasil.com.br/>. Acesso em: 10 abr. 2011.

Além disso, as empresas, no geral, têm sofrido pressões do mercado de capitais e da sociedade para adotar padrões e protocolos reconhecidos e adotados nacional e internacionalmente por organizações de ponta, como o *GHG Protocol*, quando se trata do levantamento das emissões dos gases do efeito estufa (GEE) em resposta às mudanças climáticas (ver Capítulo 1).

A utilização de protocolos e normas internacionais orientadas para a sustentabilidade já é uma realidade no Brasil. Por exemplo, se uma empresa pretende entrar para a carteira *ISE Bovespa (Índice de Sustentabilidade Empresarial da Bovespa*, cuja valorização costuma ser

PARA SABER MAIS

Desde 2008, está em funcionamento o Programa Brasileiro GHG Protocol. Inicialmente, 27 empresas aderiram ao programa e colaboraram para definir o plano de trabalho e a adaptação da ferramenta GHG Protocol à realidade brasileira. As empresas que aderiram à iniciativa pertencem a diversos segmentos da economia – Abril, Natura, Itaú, Unibanco e Ford são apenas algumas. Todas elas colocam em prática a iniciativa para amenizar as emissões de gases de efeito estufa em suas operações e seus produtos. Dessa maneira, estimulam a economia de baixo carbono e demonstram preocupação com as mudanças climáticas.

No setor bancário, por exemplo, procura-se aperfeiçoar a gestão das emissões indiretas e de fontes não controladas pelas empresas (chamadas de emissões de escopo 3). Diante disso, cada banco que participa do programa identifica a origem de suas emissões por meio do protocolo. Para reduzir suas emissões de gases de efeito estufa, o banco Santander priorizou a compra de carros com motor flex, priorizando o uso de etanol, reduziu o número de viagens de avião e passou a realizar campanhas para melhorar a coleta seletiva de lixo na empresa.

O Bradesco, por sua vez, tem atuado no engajamento dos fornecedores, estimulando-os a se planejar diante do cenário das mudanças climáticas. Além disso, o banco mantém o Programa de Gestão de Ecoeficiência, com ações voltadas para a redução de emissões – prioriza o uso do etanol em frotas contratadas, busca a eficiência energética etc.

Fonte: Disponível em: <http://www.ghgprotocolbrasil.com.br/>. Acesso em: 14 maio 2011.

superior à média das ações transacionadas na Bolsa de Valores, na visão de muitos especialistas), ela tem de seguir a metodologia do *GHG Protocol*. Em outras palavras, ela precisa comprovar que possui ações estruturadas, organizadas e sistematizadas que visem à redução das emissões de gases do efeito estufa nas suas operações e atividades, incluindo até mesmo seus parceiros e fornecedores na iniciativa.

Esses padrões internacionais de conduta geralmente são mais rígidos e abrangentes do que as leis nacionais adotadas em diversos países, particularmente quando eles são aplicados à cadeia de valor dos negócios das empresas.

No próprio glossário do ISE Bovespa, cadeia de valor é definida como "o conjunto de atividades criadoras de valor – desde as fontes de matérias-primas, passando por fornecedores de componentes, entrega ao consumidor final até a fase pós-consumo. O relacionamento e o engajamento da companhia com os seus diversos públicos também podem ser qualificados como atividades criadoras de valor".

PARA SABER MAIS

Um exemplo de ação que agrega valor é o pacto contra a corrupção e pela integridade liderado pelo Instituto Ethos, com a participação de importantes organizações propondo diretrizes claras para combater a corrupção, agregando valor à imagem e à transparência na gestão das empresas.

Fonte: Disponível em: <http://www.empresalimpa.org.br/>. Acesso em: 10 abr. 2011.

Não surpreende que as empresas busquem prolongar ao máximo a decisão de atender aos padrões internacionais de conduta vigentes, nos países onde eles não correspondem às disposições da legislação nacional. Nos termos dos autores, "é tentador seguir os parâmetros ambientais menos rigorosos pelo maior tempo possível. Mas é mais inteligente aderir aos padrões mais rigorosos antes deles se tornarem leis".[9]

Desse modo, as empresas se diferenciam em termos do desenvolvimento de inovações, pois têm mais tempo para testar materiais, tecnologias e processos, bem como engajar pessoas para fazer tudo acontecer.

O ponto crucial desse posicionamento é inovar com o objetivo de encontrar soluções sustentáveis – cujas vantagens e benefícios já foram comprovados por várias empresas que desenvolvem seus modelos de

9 NIDUMOLU, PRAHALAD e RANGASWAMI, op. cit., p. 2.

negócios com base no tripé da sustentabilidade. Afinal, aqueles que saem à frente possuem tempo, ativo cada vez mais raro hoje, e ainda a vantagem de dar certo, fazendo a coisa certa, do jeito certo e com as pessoas certas, em prol dos relacionamentos duradouros.

Além disso, as estratégias corporativas podem ser alteradas com relativa rapidez, mas a mudança da cultura organizacional de uma empresa demanda bastante tempo e negociação com seus públicos interno e externo.

Vale lembrar ainda que as organizações podem influenciar legisladores, transformando aqueles que são resistentes em se aliar ao desenvolvimento sustentável, liderando e dialogando com todas as partes interessadas de forma transparente. Para ilustrar, mais um caso: a fabricante de computadores HP facilitou a regulação de leis ambientais na Europa, fortalecendo seu relacionamento com os órgãos públicos e sociedade em geral.

Em suma, estar em conformidade com a legislação não significa apenas oportunidade. Representa, também, um dos primeiros sinais concretos que uma organização pode dar para a sociedade que está realmente interessada em avançar a agenda da sustentabilidade.

No modelo de *Nidumolu*, *Prahalad* e *Rangaswami*,[10] assim que as empresas aprenderem a enxergar conformidade legal como oportunidade, os aspectos socioambientais deixarão o plano abstrato para entrar na pauta das reuniões de trabalho dentro e fora da organização.

Estágio 2 – Cadeia de valor sustentável

Vencida a primeira barreira interna de resistência organizacional – o estabelecimento dos padrões de conformidade legal –, *Nidumolu*, *Prahalad* e *Rangaswami*, os autores do modelo, afirmam que as empresas passam a trabalhar com metas de obtenção de eficiência ao utilizar fontes não renováveis (gás, carvão e petróleo) e renováveis (água e madeira) de recursos naturais.

A preocupação com a eficiência no uso de recursos naturais abrange toda a cadeia de valor de uma empresa. "Neste estágio, as organizações trabalham juntamente com seus fornecedores e parceiros para desenvolver produtos e serviços ambientalmente amigáveis e reduzir desperdícios da operação".[11]

---

10 Ibid., p. 59.

11 Ibid., p. 4.

PARA SABER MAIS

Várias empresas que produzem cartuchos para impressoras mantêm ações de reciclagem de seus produtos.
A HP inaugurou em 2009 um centro de reciclagem de cartuchos em Sorocaba (SP), com capacidade para receber 1,2 cartuchos e peças de impressoras novas. A empresa oferece também um serviço de coleta dos produtos.
A Lexmark possui o Programa de Recolhimento de Cartuchos. Os interessados precisam se cadastrar no site da empresa e solicitar a coleta para um número mínimo de três toners. A empresa oferece ônibus para usuários corporativos.

Fonte: Disponível em: <http://www.revistameioambiente.com.br/2010/05/21/reciclagem-de-cartuchos-e-toners/>.

Isso se traduz em práticas cotidianas e aparentemente pouco significativas, como reciclar papel e cartuchos usados de impressoras.

A imagem da organização sai fortalecida desse processo, o que é inimaginável para alguns empresários quando se aborda a relevância de trabalhar retornos intangíveis para seus negócios.

Mais do que isso, muitas empresas que iniciam essa caminhada reduzem custos e identificam oportunidades de novos negócios: em épocas de crise, pode significar a única saída para uma empresa seguir realizando negócios de sucesso. Como disse o renomado psicanalista *Paulo Gaudêncio*, a crise é para sempre, eterna, e por isso a única coisa de que se pode ter certeza é a mudança.[12]

Para não cair na tentação de cortar investimentos da área de sustentabilidade nesses tempos de mudança, é preciso que as organizações implementem diálogos transparentes com o objetivo de modificar a forma de interpretar e fazer os seus negócios; logrando isso, os riscos são menores e as pessoas, que são o ativo mais valioso de qualquer organização, saem valorizadas.

Entretanto, como fica a cadeia de valor nessa perspectiva?

Organizações que trabalham com operações sustentáveis provocam análises transversais de todas as partes interessadas, ou seja, tais empresas devem direcionar suas ações com base nos princípios e diretrizes da sustentabilidade. Diversas formas de engajamento são utilizadas para incluir todas as partes interessadas da cadeia de valor de uma empresa. Os contratos legais de prestação de serviços podem servir como

12 GAUDÊNCIO, Paulo. *O outro lado da crise*. Entrevista concedida à revista eletrônica Livrariacultura News, n. 142, abr. 2006. Disponível em: <http://www.revistadacultura.com.br:8090/revista/n142/edicao/htm/impressao/imp_mat_01.htm>. Acesso em: 4 maio 2011.

indutores de mudança de comportamento bastante eficazes, para além da conscientização, apesar de não serem suficientes para consolidar a agenda de sustentabilidade. O processo de relato de sustentabilidade de uma empresa pode, por exemplo, levar à materialização de iniciativas sustentáveis em toda a cadeia de valor, criando espaços formais e informais para o diálogo qualificado.

Na *Unilever*, por exemplo, decidiu-se investir em tecnologias sustentáveis, em parcerias com fazendeiros das áreas de soja, feijão, cacau e outros produtos primários importantes para a economia mundial. Dessa iniciativa surgiram novas técnicas para melhorar a produção de sementes e o processo de plantio, culminando na decisão de adquirir as matérias-primas de que necessita, a partir de 2010 e 2015, somente de fornecedores comprometidos com operações sustentáveis.

No Brasil, o grupo de supermercados *Carrefour* já planejou trocar todas as suas sacolas plásticas por materiais provenientes da biomassa, que é considerado um insumo renovável.

GLOSSÁRIO

Insumo renovável: É um recurso natural utilizado pelo homem, com o objetivo de proporcionar desenvolvimento e conforto para as pessoas e a sociedade. São considerados renováveis a energia do Sol e a do vento. A água, o solo e as árvores são chamados de insumos potencialmente renováveis (porque são limitados).

As tecnologias de telecomunicações têm sido usadas nas empresas como alternativa para reduzir gastos com transporte, consumo de água e energia, bem como proporcionar o diálogo com os *stakeholders*. Na pesquisa realizada pelos autores do artigo "Why sustainability is now the key driver of innovation" (Por que a sustentabilidade é o fator-chave da inovação), encontramos a informação de que, em 10% das empresas consultadas, entre 21% e 50% dos empregados se telecomunicavam regularmente.[13]

Na *International Business Machines (IBM)*, uma das mais importantes empresas do setor de telecomunicações e informática do mundo, 25% dos seus 320 mil empregados utilizam a telecomunicação no seu

13 NIDUMOLU, PRAHALAD e RANGASWAMI, op. cit. p. 64.

dia a dia, o que evita deslocamentos, resultando numa economia global de US$ 700 milhões por ano.

A partir do momento em que as organizações geram valor atrelado a iniciativas socioambientais sustentáveis na sua cadeia de valor, descobrem as vantagens do uso eficiente da energia e da redução do desperdício e entendem que uma economia baseada na lógica do empréstimo e retorno é um caminho ainda melhor para a perenidade dos seus negócios.

O importante é sabermos que é possível reaprender como desenvolver mecanismos e instrumentos para mensurar os impactos das iniciativas sustentáveis nos resultados de uma organização e de um país.

PARA SABER MAIS

As ações ambientais do braço brasileiro do grupo químico alemão Basf têm trazido ganhos consideráveis à empresa, tanto em termos de consumo de água e eletricidade como de redução na emissão de poluentes.

Entre 2002 e 2007, o consumo de água por tonelada produzida caiu 38%, e o de eletricidade, 10%. A empresa também conseguiu reduzir em 71% a emissão de nitrogênio nos efluentes por tonelada produzida.

Esses resultados são fruto de um trabalho ainda na década de 1970, com o advento das primeiras legislações ambientais no Brasil, mas as ações tornaram-se mais estruturadas a partir dos anos 1990, com a adoção do Programa de Atuação Responsável (versão local de um instrumento de gerenciamento ambiental desenvolvido no Canadá, voltado para a melhoria do desempenho da indústria química).

Entre os investimentos feitos pela empresa – que ultrapassam os R$ 9 milhões, desde 2002 – estão a troca de equipamentos antigos e de baixo rendimento, a implementação de técnicas para reduzir o descarte de água e do vapor e o desenvolvimento de estudos para a implantação de fontes energéticas renováveis, entre outras ações.

Estágio 3 – Produtos e serviços sustentáveis

Neste estágio, *Nidumolu*, *Prahalad* e *Rangaswami* afirmam que as empresas compreendem que os hábitos de consumo dos clientes se alteraram em direção a produtos e serviços que devem ser consumidos de forma consciente e responsável, mas, apesar de se tratar de um movimento mundialmente forte, o consumo responsável ainda não é um fenômeno que ocorre em larga escala.

Para muitas empresas, desenvolver produtos e serviços sustentáveis pode certamente significar a chance de conseguir melhores retornos econômicos e financeiros, além de fortalecer sua marca e imagem. Para tanto, "as empresas têm de compreender as preocupações do consumidor e analisar, cuidadosamente, os ciclos de vida dos produtos".[14]

14 Ibid., p. 9.

Dessa forma, é possível provocar as mudanças de hábitos e atitudes que passaram a ser vitais para o planeta e para os seres humanos.

Para ilustrar a urgência dessa transformação e a relação direta entre a ausência de sustentabilidade e o consumo, dados do relatório *Estado do Mundo 2010*, do *Worldwatch Institute*, somente no ano de 2008 as pessoas compraram 68 milhões de veículos, 85 milhões de geladeiras, 297 milhões de computadores e 1,2 bilhão de telefones celulares. Isso representa um volume de compras 28% maior do que o verificado em 2006, US$ 23,9 trilhões, e um aumento de seis vezes em relação ao montante gasto em 1960, US$ 4,9 trilhões. Além disso, como salienta o relatório, devido a esse aumento de consumo:

> [...] mais combustíveis, minerais e metais foram extraídos da terra, mais árvores foram derrubadas e mais terra foi arada para o cultivo de alimentos (muitas vezes para alimentar gado, visto que pessoas com patamares de renda mais elevada começaram a comer mais carne).[15]

PARA SABER MAIS

Todos os anos, o Worldwatch Institute (WWI, ONG ambientalista com sede em Washington, D.C.), realiza uma compilação das questões ambientais globais.

Em 2010 o tema do relatório foi "Transformando Culturas – do Consumo à Sustentabilidade", e foi produzido por Erik Assadourian, diretor do projeto.

O WWI é parceiro dos principais organismos internacionais envolvidos com o meio ambiente, e no Brasil é associado ao Instituto Ethos de Empresas e Responsabilidade Social e ao Instituto Akatu pelo consumo consciente e pela Universidade Livre da Mata Atlântica (UMA), ONG brasileira de produção do desenvolvimento socioeconômico--ecológico.

Fonte: Para o Relatório, ver ASSADOURIAN (2010).

Uma das soluções para esse estado de desequilíbrio denunciado no relatório é desenvolver produtos e serviços com base no conhecimento gerado e compartilhado em organizações que despertaram para a *Nova Economia*, conjunto de ações denominado *Cultura de Gestão de Conhecimento*.

15 ASSADOURIAN, Erik. The rise and fall of consumer cultures. In: *state of the world 2010* – transforming cultures: from consumerism to sustainability. Nova York/Londres: Worldwatch Institute, 2010, p. 4. Disponível em: <http://www.worldwatch.org/files/pdf/Chapter%201.pdf>. Acesso em: 4 abr. 2011.

A cultura da gestão do conhecimento é peça fundamental para se ter acesso à melhor informação no tempo certo, utilizando-se de soluções tecnológicas sustentáveis que agregam valor e qualidade aos produtos e serviços.

Nesse processo, as organizações procuram desenvolver e compartilhar o conhecimento gerado pelas estratégias implementadas, tendo, no entanto, a cautela de separar o que é conhecimento do que é apenas informação.

PARA SABER MAIS

A empresa Natura Cosméticos é reconhecida como uma empresa pioneira em sustentabilidade no Brasil. Em 1983, começou a vender produtos em embalagens de refil, estratégia que gerou economia de 30% no consumo de matéria-prima e respondeu por 21,3% do total de itens vendidos pela empresa.

Para minimizar o impacto dos produtos com embalagens convencionais, a Natura criou em 2007 um programa de logística reversa, no qual as consultoras recebem incentivos para coletar as embalagens descartadas e encaminhá-las às cooperativas de reciclagem. Em um ano, foram coletadas cerca de 90 toneladas de resíduos.

Estágio 4 – Novos modelos de negócios

Nidumolu, *Prahalad* e *Rangaswami* afirmam que muitos líderes empresariais acreditam que modelos de negócios sustentáveis implicam apenas repensar a proposta de valor para os seus clientes. Na prática, modelos de negócios sustentáveis de sucesso incluem novos caminhos a fim de obter rentabilidade com foco no retorno social e ambiental evidenciado e legitimado pelos *stakeholders*.[16]

GLOSSÁRIO

Proposta de valor: É o resultado tangível que os clientes de uma empresa terão ao adquirir seu produto ou serviço.

Fonte: Disponível em: <http://portal.cjf.jus.br/cjf/news/qual-e-a-sua-proposta-de-valor>.

Os autores citam também o exemplo da empresa norte-americana *Waste Management*, líder no mercado de lixo – estimado em US$ 14 bilhões –, que descobriu que materiais reutilizáveis, valendo US$ 9 bilhões,

16 NIDUMOLU, PRAHALAD e RANGASWAMI, op. cit., p. 63.

eram transportados para os aterros autorizados todos os anos. Ao mesmo tempo, os consumidores dessa empresa começaram a perceber que jogavam muito "dinheiro" no lixo. A empresa, então, abriu uma unidade de negócios verdes para gerar valor a partir do lixo reutilizável. Dessa iniciativa surgiu a parceria com a *Sony*, gigante da indústria de eletroeletrônicos, para coletar o lixo eletrônico que normalmente era encontrado em aterros, resultando, assim, num novo negócio altamente rentável e alinhado com os pilares da sustentabilidade.

Desenvolver novos modelos de negócios requer explorar as alternativas ao atual modo como as organizações fazem negócios, para entender, atender e, se possível, antecipar-se às necessidades e aos interesses dos *stakeholders*.

Com o passar do tempo, as organizações interiorizam e integram as inovações, as estratégias corporativas, os processos e, principalmente, motivam as pessoas por meio do diálogo, diversificando sua plataforma de negócios.

Em suma, as organizações abrem espaços formais e informais para que as plataformas de negócios possam ser reinventadas com foco no desenvolvimento sustentável.

Estágio 5 – Nova geração de plataformas de negócios

Na visão de *Nidumolu*, *Prahalad* e *Rangaswami*, as novas práticas empresariais devem desafiar os paradigmas e repensar as hipóteses enraizadas na cultura organizacional.[17]

Uma dessas hipóteses afirma que é nos valores e princípios da cultura organizacional que se encontra a sua utilidade essencial no processo de tomada de decisões. E, por isso, o desafio das novas práticas empresariais é construir novas suposições plausíveis, no âmbito dessa cultura, que avancem na curva de aprendizagem rumo à prosperidade duradoura pretendida pelos novos paradigmas da *Nova Economia*.

Com esses pressupostos, a sustentabilidade passa a ser uma suposição admissível que pode levar à geração de novas plataformas de negócios, colocando em xeque algumas das "verdades absolutas" que ainda existem em muitas organizações, para as quais o mundo real é aquele que satisfaz os interesses dos acionistas e executivos, em detrimento das demandas legítimas de seus *stakeholders*.

---

17 Ibid., p. 11.

Felizmente, até mesmo grandes empresas que atuam globalmente estão despertando, ou já despertaram, para a *Nova Economia.*

Num esforço coletivo, *Cisco*, *Dell* e *IBM* já estão investindo pesado no desenvolvimento de novas plataformas de negócios sustentáveis. Na visão dessas empresas, por exemplo, a interação entre Internet e gerenciamento de energia, por meio da tecnologia digital na transmissão e distribuição da informação, deverá fazer toda a diferença na relação entre os seus clientes e o meio ambiente.

PARA SABER MAIS

A Coca-Cola depende fortemente da água no seu processo produtivo. Em vários países a empresa enfrentou disputas com comunidades no entorno de suas fábricas, por recursos hídricos cada vez mais escassos.

Confrontada com essas pressões das comunidades e de organizações da sociedade civil, a empresa começou a desenvolver estratégias para tornar seus processos de produção mais sustentáveis. Sua meta em 2007 era devolver às comunidades e à natureza a mesma quantidade de água empregada na produção, incluída aquela contida nas bebidas. Isso significa reduzir o consumo de água no processo produtivo, reciclar e tratar a água utilizada para que possa ser devolvida em boas condições ao meio ambiente, além de recuperar mananciais.

A redução se efetivou no Brasil: em 1997, o consumo médio das fábricas da Coca-Cola Brasil era de 5,4 litros de água por litro de bebida produzida. Em 2009, o consumo caiu para 2,1 litros.

Fonte: ALMEIDA (2009).

No que diz respeito à geração de novas plataformas de negócios, pelo menos dois elementos devem ser levados em consideração, em função da sua importância:

- *Modelo de negócios inclusivo*: foco na solução de longo prazo que gere mudanças sustentáveis dentro e fora da empresa, ou seja, mobilizar um número maior de pessoas na construção cuidadosa dos pilares de sustentação social e ambiental de uma sociedade regenerativa.
- *Liderança inovadora*: contratar e desenvolver líderes em todos os níveis hierárquicos preparados para fazer da sustentabilidade uma prática corriqueira do processo de tomada de decisão da organização, ou seja, ter pessoas que consigam engajar-se e dialogar com os principais *stakeholders* para que novas plataformas de negócios possam ser lançadas, promovendo fundamentalmente o relacionamento responsável, ético e transparente.

ENTRE ASPAS

"Não basta sermos o melhor, fazer o possível ou impossível, devemos fazer o que as circunstâncias requerem."

Fonte: *Sir* Winston Churchill, primeiro-ministro do Reino Unido durante a Segunda Guerra Mundial.

Os modelos de negócios inclusivos são fatores críticos para a nova liderança rumo a uma nova ordem política, econômica e social.

O sistema econômico atual exerce grande pressão sobre o nível de consumo dos recursos naturais do planeta, enquanto atende às necessidades de apenas um quinto da população mundial. Nas próximas décadas, o dobro desse número se tornará consumidores e produtores em diversos setores da economia, os quais poderão optar por serem conscientes e responsáveis.[18]

O que está em jogo não é ter razão, mas, sim, fazer as melhores escolhas. Para isso, devemos falar um pouco sobre competências, habilidades e atitudes para aqueles que decidiram se reinventar diante dos desafios da sociedade moderna.

4.3 Competências, habilidades e atitudes dos profissionais da sustentabilidade

As empresas são sistemas sociais compostos por normas e condutas que governam os comportamentos e as atitudes de seus colaboradores, gestores e parceiros.

Para alguns especialistas, as organizações são organismos vivos que se comportam com os mesmos prazeres e as mesmas dores dos seres vivos. A cultura organizacional é formada por gestores que possuem crenças e valores que interagem com o jeito de fazer negócios da empresa em determinado setor da economia.

Os pilares de sustentação dos negócios de uma empresa são produtos gerados por esse relacionamento conflituoso, pois nem sempre atendem aos interesses dos seus *stakeholders*.

Sendo assim, como afirma *Bob Willard*,[19] os líderes das empresas são os grandes responsáveis por influenciar iniciativas que tenham condições de desenvolver e escalonar o que podemos chamar de *networking da sustentabilidade*.

O *networking* da sustentabilidade consiste em um tipo de rede de relacionamentos na qual os seus participantes extrapolam as fronteiras da empresa para cooptar as comunidades do seu entorno e de outras partes interessadas na construção de um mundo melhor e mais justo.

---

18 JACKSON, Tim. *Prosperity without growth? The transition to a sustainable economy.* Sustainable Development Commission, 2009, p. 6. Disponível em: <http://www.sd-commission.org.uk/publications/downloads/prosperity_without_growth_report.pdf>. Acesso em: 12 abr. 2011.

19 WILLARD, op. cit., 2009.

Entretanto, para o autor, os líderes das empresas normalmente se tornam conscientes das questões da sustentabilidade de forma gradual e desordenada. As fontes de informações existentes são diversas e, até certo ponto, de fácil acesso, mas o caminho a ser trilhado não é único e, em geral, recheado de incertezas.

Na verdade, os modelos de sustentabilidade empresarial sofrem de imperfeições operacionais, por exemplo, na maneira como as três dimensões da sustentabilidade não trabalham de forma integrada e sem gerar valor para os *stakeholders* no curto, médio e longo prazos. E a dificuldade, muitas vezes, está em perceber que este é um processo de desenvolvimento de vantagens competitivas sustentáveis, baseado na inclusão produtiva.

O objetivo principal de todo o processo que o modelo pretende emular é aumentar a base de consumo responsável, fazer com que os investimentos sociais e ambientais proporcionem retornos tangíveis e intangíveis sustentáveis e que recursos naturais se perpetuem em sua ampla e rica diversidade.

Para *Willard*, as lideranças empresariais, cedo ou tarde, passarão pelas fases de negação, medo e culpa. Uma das primeiras decisões que o líder da sustentabilidade precisa tomar é sobre como transformar suas expectativas e dúvidas em esforços para agir em prol da sustentabilidade na sua vida e da sociedade. O líder da sustentabilidade sabe que o discurso de que "alguém deveria fazer algo" não vai encontrar muito mais espaço na sociedade moderna; a atitude que se espera dele é a de que "eu posso e quero fazer algo" pela prosperidade duradoura.

PARA FIXAR

O líder da sustentabilidade sabe que o discurso de que "alguém deveria fazer algo" não vai encontrar muito mais espaço na sociedade moderna; a atividade que se espera dele é a de que "eu posso e quero fazer algo" pela prosperidade duradoura.

O que está em questão não são maneiras de nos tornarmos melhores, mas, sim, formas de nos reinventarmos sustentavelmente. Para ficar claro, o líder da sustentabilidade não é aquele que é contra tudo e todos; ao contrário, ele é a favor de que tudo e todos tenham o equilíbrio adequado para coexistir no longo prazo.

O esforço não é pela definição moderna da missão, visão e das crenças perfeitas; o foco está em como as pessoas podem contribuir para reorganizar, reestruturar e revigorar os negócios, sem perder de vista o legado que deixarão para as próximas gerações.

Certamente, a empresa deve ser vista como um excelente ambiente de mudança a ser explorado, pois não se pode esquecer de que as pessoas passam a maior parte do seu tempo no ambiente de trabalho.

Compartilhar a visão sistêmica dos negócios com os colegas de trabalho e parceiros é essencial para a continuidade e replicabilidade das propostas discutidas aqui.

Uma perspectiva geral de visão sistêmica baseia-se na noção de que qualquer mudança, não importa se grande ou pequena, tem um efeito cascata em toda a organização. Por isso, "fazer algo juntos" é essencial e primordial para a formação do caráter coletivo responsável voltado para a mudança.

No entanto, energia coletiva, inspiração e orgulho de agir de forma sustentável são forças que impulsionam a mudança, mas não garantem a transição para a nova economia.

Uma análise pragmática da situação atual *versus* a situação ideal é ainda mais importante nesse processo para evitar a falsa ideia de que é preciso priorizar os resultados financeiros de curto prazo, em detrimento dos resultados ambientais e sociais de longo prazo.

Boa parte dos líderes empresariais entende ecoeficiência, preservação ambiental e ação social responsável como processos ainda divorciados de suas estratégias e seus modelos de governança corporativa. Ficam surpresos quando percebem que esses tipos de iniciativas isoladas ajudam a alcançar os resultados organizacionais. Para completar, esquecem-se da importância da liderança para a sustentabilidade dos negócios, aumentando, assim, os riscos dos investidores e da sociedade.

Liderança é a capacidade de traduzir visão em realidade. Após análise criteriosa e detalhada da situação atual da empresa, os defensores da sustentabilidade precisam encontrar apoiadores e criar oportunidades para que de fato a mudança se materialize, agindo como um legítimo líder da mudança.

Identificar os principais fatos relevantes da organização para serem interpretados de forma integrada com base nas dimensões da sustentabilidade, buscar apoio de parceiros que já trabalham a visão sistêmica dos negócios, realizar consultas e pesquisas junto aos clientes que valorizam produtos e serviços sustentáveis e principalmente desenvolver habilidades e competências para a mudança são atributos esperados de um líder.

Paulo Gaudêncio, já citado anteriormente neste capítulo, considera que o líder da mudança é aquele que tem uma visão clara do futuro e maturidade emocional. A maturidade emocional está em saber o que quer e querer o que se sabe, sem desprezar a força da humildade de reconhecermos que somos eternos aprendizes. Além disso, o líder da mudança consegue provocar uma discussão interna na empresa entre aliados, opositores e apoiadores em torno da importância de uma organização aprendiz.[20]

As organizações estão descobrindo as vantagens de aprimorar e cultivar a capacidade de aprender para se posicionarem à frente dos concorrentes. Para *Kinicki* e *Kreitner*, "uma organização aprendiz é aquela que cria, adquire e transfere conhecimentos e que muda seu comportamento com base nos novos conhecimentos e ideias".[21]

São ingredientes indispensáveis para a mudança duradoura, mas a organização precisa estar disposta a desafiar práticas e paradigmas organizacionais que as tornaram bem-sucedidas até o presente.

A alta administração deve questionar seriamente os modos de pensar que funcionaram no passado se quiser transformar a sua organização em uma *organização aprendiz*. Por exemplo, chegou a hora de a alta administração e os empregados pensarem como líderes da sustentabilidade, e não como adversários, "nós" *versus* "eles".

Segundo *Willard*, poucas empresas estão assumindo uma postura de liderança no campo da nova economia, e enfatiza a necessidade de ampliar a participação empresarial nesse cenário sob pena de a transição para a sustentabilidade não se efetivar.

Esse movimento, afirma o autor, depende essencialmente dos chamados líderes da sustentabilidade, ou seja, de pessoas nos vários escalões das empresas que "aspiram persuadir suas companhias a se tornarem empresas sustentáveis modelo". Os líderes da sustentabilidade promovem um diálogo que cria as mudanças culturais e as transformações na gestão necessárias para que as empresas sejam realmente sustentáveis.[22]

Willard lembra que existem, hoje, milhares de livros que ensinam como liderar com sucesso um processo de mudança nas organizações. No entanto, a intenção aqui é chamar atenção para as competências, habilidades e atitudes necessárias para o líder da sustentabilidade provocar essas mudanças.

A pretensão não é classificar ou listar características, e muito menos definir categorias, mas, sim, mostrar o que é possível fazer na prática para que um profissional comprometido com a sustentabilidade

---

20 GAUDÊNCIO, Paulo. *Mudar e vencer* – como as mudanças podem beneficiar pessoas e empresas. 7. ed. São Paulo: Editora Palavra e Gestos, 2007.

21 KINICKI, A.; KREITNER, R. *Comportamento organizacional*. São Paulo: McGraw-Hill, 2006. p. 412.

22 WILLARD, op. cit., p. 4.

torne-se um líder. *Willard* lista sete práticas com base em experiências de diferentes organizações:[23]

- ganhe e mantenha credibilidade;
- dialogue;
- colabore, eduque e crie *networking*;
- busque colaboradores;
- influencie os influenciadores;
- utilize iniciativas existentes;
- elabore um plano para as oportunidades.

Antes de apresentar em detalhe cada uma dessas práticas, é preciso esclarecer que o processo de desenvolvimento dessas competências, habilidades e atitudes respeita uma lógica muito simples: aprender e/ou adquirir conhecimento é *saber fazer*, adquirir habilidades diz respeito a *poder fazer* e, por fim, atitudes são modificadas pelo ato de *querer fazer*.

Embora possa parecer trivial, sempre é bom reafirmar que essas sete práticas ganham força e concretude se estiverem embasadas em um plano de ação detalhado e orientado para a mudança.

PARA FIXAR

O processo de liderar é basicamente composto por influências e relacionamentos baseados na confiança. A confiança é depositada em determinado profissional se ele passa credibilidade por meio do seu desempenho, sua postura profissional e dos relacionamentos que nutre dentro e fora da organização. Raramente as pessoas são ouvidas se permanecem no anonimato: por isso, não apenas saia da zona de conforto, habitue-se a navegar por diferentes mares que tragam novas oportunidades de aprendizagem.

Ganhe e mantenha credibilidade

Para *Willard,* em primeiro lugar é importante analisar cuidadosamente o grau de credibilidade que temos perante a alta administração da organização. O profissional precisa ganhar o direito de fazer parte de uma eventual mudança de posicionamento da empresa rumo à sustentabilidade.

O caráter e a motivação do profissional são muito pessoais, mas esteja certo de que as pessoas sempre olham esses atributos antes de nos julgar confiáveis ou não. O potencial motivacional já existe dentro de cada um. O importante é não desperdiçá-lo. O "X" da questão é como as pessoas influenciam umas às outras nas organizações – tema que será discutido no item *influencie os influenciadores*, mais à frente.

O caráter, por sua vez, tem ligação direta com o grau de integridade de cada um, ou seja, se realmente colocamos em prática o que pensamos e acreditamos. Concentre-se nas oportunidades e não nos problemas,

23 Ibid., p. 37.

mas seja íntegro para adquirir confiança e credibilidade rapidamente. O profissional precisa ser reconhecido como:

- *Especialista em sustentabilidade*: conhecedor de estudos, pesquisas e práticas de sustentabilidade desenvolvidas no mundo empresarial e acadêmico.
- *Líder da mudança*: possuidor de uma visão clara do futuro e maturidade emocional conforme discutido anteriormente neste capítulo.
- *Empreendedor*: encara o fracasso e o erro como etapas de um processo de aprendizado e aquisição de experiência no caminho rumo ao sucesso.

Dialogue

O líder da sustentabilidade deve desenvolver habilidades de persuasão e convencimento para influenciar as atitudes e os comportamentos dos outros.

Para ficar bem claro, definimos diálogo, mesmo correndo o risco de críticas muito bem fundamentadas, como sendo a arte de convencer e persuadir. Para o professor de linguística da *Universidade de São Paulo (USP)*, *Antônio Suárez Abreu*, "convencer é saber gerenciar informação, é falar à razão do outro, demonstrando, provando. Etimologicamente, significa vencer junto com o outro e não contra o outro".[24]

Persuadir é saber gerenciar relação, é falar à emoção do outro. A origem da palavra está ligada à preocupação (*PER*, "por meio de") e à deusa romana da persuasão (*SUADA*). Persuadir é construir no terreno das emoções, é sensibilizar o outro para agir. Quando se persuade alguém, esse alguém realiza algo que se deseja que ele realize. Muitas vezes, pode-se convencer as pessoas, mas não se pode persuadi-las.

Podemos convencer um filho de que o estudo é importante e, apesar disso, ele pode continuar negligenciando suas tarefas escolares. Podemos convencer um fumante de que o cigarro faz mal à saúde, e, apesar disso, ele continuar fumando.

Algumas vezes, uma pessoa já está persuadida a fazer alguma coisa e precisa apenas ser convencida. Precisa de um empurrãozinho racional de sua própria consciência ou da de outra pessoa, para fazer o que

---

24 ABREU, Antônio Suárez. *A arte de argumentar* – gerenciando razão e emoção. 12. ed. São Paulo: Ateliê Editorial, 2009. p. 25-26.

deseja. É o caso de um amigo que quer comprar uma casa mais espaçosa, tem dinheiro para isso, mas hesita em fazê-lo por achar que se trataria de mera vaidade. Precisamos apenas dar-lhe uma boa razão para que ele feche o negócio.

Às vezes, uma pessoa pode ser persuadida a fazer alguma coisa, sem estar convencida. É o caso de alguém que consulta uma cartomante ou vai a um curandeiro, apesar de, racionalmente, não acreditar em nada disso.

Dialogar eficazmente é, pois, em última análise, a arte de, gerenciando a informação, convencer o outro de alguma coisa no plano das ideias e de, gerenciando a relação, persuadi-lo no plano das emoções a fazer alguma coisa que se deseja que ele faça.

PARA REFLETIR

O diálogo é a chave para influenciar altos executivos e profissionais de diferentes posições hierárquicas.

Os altos executivos, normalmente, preferem ser questionados sobre o que deve ser feito em vez de receber ordens sobre como algo deve ser feito. Alguns ficam incomodados se a ideia que lhe é sugerida era exatamente o que ele deveria propor. Nesse caso, eles podem se tornar verdadeiros opositores dessa ideia para evitar exposição desnecessária.

Uma formulação de *Willard*[25] mostra que o diálogo requer que o líder da sustentabilidade:

- investigue os detalhes;
- argumente eficazmente;
- ouça com atenção;
- proponha soluções.

PARA FIXAR

Entre as várias iniciativas e vários projetos do Instituto de Cidadania Empresarial (ICE), organização criada por empresários para contribuir para a diminuição das desigualdades sociais no Brasil, está o Projeto de Fortalecimento das Organizações do Real Parque e Jardim Panorama.

O fortalecimento das organizações se dá por meio do diálogo, apoio técnico e financeiro e do apoio à sua gestão e à implementação de seus projetos de intervenção comunitária.

Fonte: Instituto de Cidadania Empresarial. Disponível em:<http://www.ice.org.br/index.shtml>. Acesso em: 14 maio 2011.

O verdadeiro diálogo não abranda para dar espaço ao bom senso. Para se ter um verdadeiro diálogo, é necessário suspendermos os

25 WILLARD, op. cit.

preconceitos e suposições a respeito de um assunto e/ou uma pessoa. A busca pelo equilíbrio entre argumentação e investigação é determinante nesse processo. Pessoas que dialogam colocam seus pontos de vista por meio de questionamentos. Por exemplo:

> — Você pode me ajudar a entender como você vê a sustentabilidade de forma diferente?
> — Quais são as suposições por trás da sua conclusão?

O verdadeiro diálogo acontece quando aprendemos a escutar e exploramos o ponto de vista do outro com atenção para gerar soluções aplicáveis que tenham significado para todos os envolvidos. Escutar com atenção é uma habilidade que, para ser aprendida, requer esforço e escolha, ou seja, energia e disposição de escutar realmente os outros, para entender antes de sermos entendidos.

O diálogo ajuda o líder da sustentabilidade a valorizar o papel de cada um nesse processo de mudança, pois o foco está nos interesses e nas suposições dos outros e não em suas opiniões pessoais sobre determinado tema. O objetivo é chegar a um acordo "ganha-ganha" por meio da cooperação e de parcerias validadas e estruturadas.

Colabore, eduque e crie *networking*

Na visão de *Willard*,[26] a colaboração, a aprendizagem e o *networking* são os elementos edificantes da sustentabilidade. A colaboração efetiva ganha força nas empresas quando a cooperação se sobrepõe à competição. As pessoas colaboram para garantir os seus interesses pessoais e, por essa razão, o que precisamos é fazer a conexão com os interesses dos outros por um propósito ou causa maior. Pessoas que compartilham a mesma visão de futuro conseguem trabalhar juntas, trocar informações, realocar orçamentos e contribuir para o desenvolvimento sustentável. O pressuposto por trás dessa conexão é que um depende da ajuda do outro para a mudança realmente se concretizar.

A alta administração tem de ser convencida de que investimentos em treinamentos voltados para a sustentabilidade geram ganhos em eficiência, valor de mercado, mitigação de riscos e reputação. O comprometimento e o engajamento de outras áreas da organização são

26 Ibid.

extremamente importantes e, em alguns casos, indispensáveis para que as novas ideias ganhem força e legitimidade.

No entanto, as ideias por si só não são suficientes, e dessa forma faz-se necessário caminhar com as ideias para não ficar para trás. O *networking*, em certa medida, é a arte de caminhar com as ideias para compartilhar novas experiências e práticas por meio de redes de relacionamentos profissionais e pessoais, virtuais e/ou presenciais. Além disso, o poder do *networking* está em replicar rapidamente a cultura da sustentabilidade dentro e fora da organização.

Dessa forma, o líder da sustentabilidade enxerga na colaboração um instrumento para institucionalizar a cooperação como parte integrante da cultura organizacional da empresa, buscando aprender a reaprender com os outros e a dividir suas verdades com transparência e profissionalismo.

Busque colaboradores

Inevitavelmente, o líder da sustentabilidade terá de lidar com opositores na sua busca por colaboradores. Nesses casos, *Virgínia Satir*, autora e psicoterapeuta norte-americana, ensina: "praticamente não existe nenhuma situação problemática que não possa ser melhorada pela distribuição mais igualitária do poder".[27]

Quanto a essa problemática, *Willard*[28] argumenta que solucionar é cuidar do conflito para que não haja efeitos posteriores. O desafio maior é obter acordos de compromissos e interesses, dividindo inteligentemente o poder da proposta entre as partes interessadas.

Por isso, não fique preso às fronteiras da organização, encontre meios de aproximar formadores de opinião dos tomadores de decisão para avançar o diálogo em torno dos benefícios e vantagens da plataforma de negócios sustentáveis.

A credibilidade dos argumentos dos opositores precisa ser preservada para facilitar o diálogo em torno dos riscos e das oportunidades da proposta sob o ponto de vista dos *stakeholders*. Inclua experiências e relatos de profissionais e partes interessadas para não ser acusado de ter argumentos enviesados e parciais e, se for o caso, chame-os para participar dos diálogos.

---

27 SATIR, Virgínia. *The new peoplemaking*. Palo Alto: Science and Behavior Books, 1988.

28 WILLARD, op. cit.

PARA SABER MAIS

Faça um exercício de humildade e coloque-se no lugar dos seus opositores.
Fique atento aos valores e às crenças das pessoas para criar um elo emocional.
A atitude perante o conflito de ideias determinará a qualidade da solução.
Lide com as dúvidas e ansiedades; nunca se sabe o suficiente.

Influencie os influenciadores

Praticamente é impossível fazer a transição para uma cultura da sustentabilidade na organização sem o apoio e suporte dos influenciadores. Para os profissionais que não possuem cargos na alta administração parece ser uma péssima notícia. A boa notícia é que qualquer profissional da empresa pode influenciar o movimento em direção à sustentabilidade dos negócios e, eventualmente, mobilizar pessoas e recursos para que a proposta chegue ao conhecimento dos altos executivos.

A ação de mobilizar as pessoas é realmente aglutinadora quando entendemos que ninguém motiva ninguém, ou seja, o que conseguimos é, na melhor das hipóteses, influenciar o comportamento de grupos ou pessoas.

Partindo desse pressuposto, é possível listar três resultados da influência:

- *Compromisso*: acordo substancial seguido por iniciativa e persistência em busca de objetivos comuns.
- *Concordância*: acordo relutante ou não sincero exigindo incitação subsequente para satisfazer requisitos mínimos.
- *Resistência*: parar de trabalhar, discussão improdutiva ou rejeição clara.

A expectativa é de utilizar o *networking* da sustentabilidade como um dos canais de influência, mas sem esquecer que capacidade pouco vale sem oportunidade. Pessoas ouvem quem elas conhecem e, por isso, todos são responsáveis por criar oportunidades de diálogo com diversos públicos-alvo. Por isso reafirmamos ser possível influenciar os executivos da empresa – mesmo que você não faça parte desse seleto grupo –, pois o que deve ser feito é gerar oportunidades de diálogo com foco no resultado organizacional duradouro.

> **PARA REFLETIR**
>
> Pode até ser que as mudanças sejam um sonho – não é possível, mas tem tudo para se tornar realidade. Mudanças que não subvertem as relações de produção nem a ordem econômica. Trata-se, sim, de algo que abre caminho para lidar com a escassez de energia, garantir água potável, limpar o ar que se respira nas cidades e impor um controle maior das variações climáticas que têm desalojado muitas famílias no mundo todo.

Utilize iniciativas existentes

Aproveite iniciativas e ações da organização que trabalham as dimensões da sustentabilidade de alguma forma para avançar discussões nessa direção. Acima de tudo, elas facilitam a vida do líder da sustentabilidade, que pode acessar informações e adquirir conhecimento, num espaço curto de tempo, do que é praticado dentro da empresa.

Por exemplo, se a organização já se preocupa ou está em fase de desenvolvimento de um *Sistema de Gestão Integrada* (social, ambiental, saúde e segurança do trabalho), de um *Sistema de Gestão Ambiental*, de um *Programa de Qualidade Total* ou de uma *Certificação ISO*, sustentabilidade torna-se um tema mais fácil de ser trabalhado na plataforma de negócios.

Todos esses programas e sistemas possuem em comum processos e indicadores que têm por finalidade engajar os *stakeholders* de forma transparente, organizada e sistematizada, visando à validação dos resultados e dos impactos das atividades da empresa.

Da mesma forma, se a cultura organizacional já inclui a preocupação com a responsabilidade socioambiental da empresa, aproveite para utilizar essas crenças e valores para fortalecer e legitimar a proposta de sustentabilidade dos negócios. A ideia é se alinhar ao *DNA* da empresa com coerência, objetividade e clareza dos seus limites organizacionais e operacionais.

Um dos pontos cruciais é se tornar aliado das pessoas responsáveis pelas áreas da organização que estão à frente dessas iniciativas, mesmo que sejam ações isoladas ou estejam em estágio embrionário.

Não caia na tentação de "reinventar a roda", ou seja, o caminho da mudança pode já ter sido definido pelos gestores. O que realmente contribui nessas horas é mostrar as vantagens de integrar as iniciativas da empresa e principalmente trabalhar a comunicação.

A comunicação pode ser entendida pela troca interpessoal de informação e entendimento. Além disso, para a professora da *Universidade Federal de Minas Gerais (UFMG), Vera Veiga França:*

> [...] a comunicação é do domínio real, trata-se de um fato concreto de nosso cotidiano, ou seja, está nas bancas de revista, nos e-mails, na televisão, nas aulas, nas conversas informais, nas reuniões de trabalho e assim por diante.[29]

---

29 FRANÇA, Vera Veiga. O objeto da comunicação/A comunicação como objeto. In: *Teorias da comunicação*. Petrópolis: Vozes, 2001. p. 39.

A troca interpessoal de informação e entendimento é fortalecida se compreendemos a importância do processo de conhecer algo ou alguma coisa antes de comunicar. Conhecer significa apreensão e interpretação das informações, bem como do mundo por meio de esquemas já conhecidos, identificando no novo a permanência de algo já existente ou reconhecível.

Ao interpretar, organizar e trocar informações, é comum que as pessoas percam a noção de que elas estão, de certa forma, colocando em prática um plano de comunicação, consciente ou inconscientemente.

Para evitar riscos e desgastes desnecessários, uma abordagem eficaz no desenvolvimento consciente de um plano de comunicação consiste em encontrar respostas para os seguintes questionamentos:

- Quais são os cenários, os objetivos e as linhas estratégicas do plano de comunicação para a sustentabilidade na empresa?
- Quais são as justificativas e as restrições do plano de comunicação?
- O que as pessoas na empresa precisam pensar, sentir e fazer para tornar os objetivos do plano de comunicação uma realidade?
- O que as pessoas na empresa precisam conhecer e mudar em suas atitudes e comportamentos?
- Qual é o papel da comunicação no processo de estreitamento do *gap* entre a situação atual de entendimento da sustentabilidade na empresa e a situação ideal?
- Quais são as responsabilidades dos profissionais de comunicação da empresa e/ou terceiros na operacionalização do plano de comunicação?
- Quais são as atividades e os meios de comunicação que utilizaremos, bem como os recursos humanos, estruturais e financeiros necessários para viabilizar o plano de comunicação?

As pessoas que obtiveram sucesso na implementação do plano de comunicação são as que procuraram as circunstâncias de que precisavam e, quando não as encontraram, as criaram. Jamais se esqueça de que, se você quer ter algo que nunca teve, terá de fazer algo que nunca fez.

Elabore um plano para as oportunidades

Elaborar um plano para as oportunidades é o que você faz para estar no lugar certo, na hora certa e preparado para tirar o máximo de proveito da situação. Se você procurar incluir a discussão em torno da sustentabilidade dos negócios num momento inapropriado para a organização, ou da maneira errada, você corre o risco de diluir o impacto e minar qualquer tipo de conexão com a proposta.

Tenha o hábito de se preparar para as oportunidades, pois elas representam uma excelente chance para aprendermos a tomar decisões, fazer escolhas e argumentar em prol da sustentabilidade na empresa. Planeje estrategicamente como criar espaços para a sustentabilidade ser compreendida com naturalidade em diferentes ocasiões, como em reuniões de trabalho, apresentações, treinamentos e palestras, entre outras.

Metas não são suficientes. Você deve criar um plano estratégico que deixe claro como aproveitar as oportunidades geradas e concedidas. Cada objetivo que você estabelecer deve ter uma estratégia correspondente. Entre os fatores críticos de sucesso desse plano estão:

- definir objetivos gerais e específicos, mensuráveis, atingíveis, realistas e limitados por prazo definido;
- descrever as etapas da ação;
- estabelecer um prazo final para cada etapa da ação;
- analisar quais são os recursos necessários para cada etapa da ação;
- listar pessoas que devem ser envolvidas em cada etapa da ação;
- desenvolver indicadores qualitativos e quantitativos de monitoramento para você identificar se está no caminho correto.

Liderar soluções sustentáveis que são escalonáveis rapidamente dentro e fora da empresa é a razão da existência desse plano estratégico. As demandas por soluções sustentáveis estão em franca expansão e por isso a empresa deve estar preparada para maximizar os retornos por ter decidido trilhar o caminho da sustentabilidade.

Recue sempre que for preciso para ajudar os outros a encontrarem o caminho da sustentabilidade e a criarem valor para os negócios da empresa de forma inovadora. Pense e aja sistemicamente para distinguir práticas de sustentabilidade na perspectiva de longo prazo de tendências passageiras e iniciativas isoladas da empresa. O objetivo final é influenciar a forma de pensar e agir das pessoas, internamente, para que a empresa possa reavaliar como funciona o processo de engajamento dos *stakeholders*.

Zele pelas conexões entre os *stakeholders* e as práticas de sustentabilidade da empresa, sobretudo os clientes e parceiros dos negócios. Isso possibilita conciliar cobrança com cooperação para estabelecer as responsabilidades e os resultados esperados de cada parte interessada.

Influenciados pelo senso de urgência e gravidade da causa, os líderes da sustentabilidade podem cair na tentação de pressionar para que as coisas aconteçam mais rapidamente dentro da empresa. A ironia de uma decisão desse tipo é que, a cada avanço forçado, criam-se resistências internas inesperadas.

Essa questão pode ser elucidada com uma fábula famosa que diz o seguinte:

> Existia uma disputa entre o *Sol* e o *Vento do Norte*, cada um afirmando que era mais forte que o outro. Por fim, decidiram que eles deveriam verificar quem era o mais poderoso. A ideia era ver quem conseguiria primeiro fazer com que um viajante abandonasse seu casaco. O *Vento do Norte* utilizou toda a sua força para cumprir com o objetivo em apenas um golpe, mas a força do vento levou o viajante a ter ainda mais cuidado para que o seu casaco ficasse preso junto ao seu corpo.
>
> Depois foi a vez do *Sol*. Primeiro, o *Sol* aumentou um pouquinho a intensidade do seu calor e o viajante tirou o casaco, mas o pendurou no seu ombro direito. Logo em seguida, o *Sol* decidiu que aumentaria a intensidade do seu calor gradualmente em sintonia com as reações do viajante, e o viajante finalmente abandonou seu casaco. O viajante ainda agradeceu o *Sol* pela ajuda dispensada.[30]

Por isso, o avanço forçado deve ceder espaço para a sabedoria do engajamento para mobilizarmos, dialogarmos e fazermos juntos com as pessoas. Não subestime o quanto as conexões entre as pessoas contribuem para a inovação. As pessoas, em geral, tomam decisão baseadas em conversas e informações trocadas. Não subestime a rapidez com que as pessoas se envolvem e, muito menos, a de muitas organizações, que têm de desenvolver rapidamente práticas de sustentabilidade.

4.4 O empreendedor da sustentabilidade

Já se tornou comum ouvir que, no mundo atual, o emprego morreu. Para *Minarelli*, a afirmação não é totalmente verdadeira:

> É evidente que o emprego não morreu – como apregoam alguns economistas –, mas ele pode deixar de existir tal qual como o conhecemos. A forma tradicional do vínculo empregatício se desdobrou em contratos,

30 WILLARD, op. cit.

> projetos e prestações autônomas de serviço, com formas diferentes de remuneração, com honorários muitas vezes mais flexíveis e com um altíssimo nível de concorrência no mercado.[31]

Por isso, continua o autor, as relações de trabalho são menos duradouras, as pessoas trocam com mais frequência de emprego, ao mesmo tempo que as exigências do mercado de trabalho aumentam cada vez mais.

Nesse cenário, segurança profissional significa muito mais do que emprego e salário: é ter a possibilidade, a condição de conseguir trabalho e remuneração, independentemente da idade e de estar ou não empregado. Em outras palavras, a empregabilidade é a capacidade de prestar serviço e obter trabalho. Por isso, para "cultivar a empregabilidade", a pessoa precisa estar numa posição em que possa ser contratada por ser uma provedora de soluções para as demandas do mercado de trabalho.[32]

É por isso que muitos empregos estão, de fato, desaparecendo, ao mesmo tempo que aumenta a quantidade de prestadores de serviço, de trabalhadores autônomos, microempresários etc. Isso quer dizer que há horizonte para além do universo das corporações:

> [...] sempre haverá trabalho para aqueles que souberem oferecer soluções para os problemas existentes. Esse trabalho pode gerar remuneração e se desdobrar em vários outros contratos, se você souber empresariar seu talento e desenvolver sua capacidade de localizar oportunidades de negócio.[33]

Por isso, neste início de século XXI, trabalhar por conta própria não é algo absurdo – ao contrário, é um cenário cada vez mais concreto e real em várias partes do mundo. Nos Estados Unidos, mais de 20% dos profissionais em processo de recolocação profissional acabam adquirindo seu próprio negócio ou trabalhando por conta própria. No Brasil, o índice é próximo disso.[34]

Pode-se dizer, então, que é o mercado de empregos que está em xeque, não o mercado de trabalho e o empreendedorismo.

---

31 MINARELLI, José Augusto. *Carreira sustentável*: como enfrentar as transições de carreira e ter trabalho e renda dos 18 aos 81 anos. São Paulo: Editora Gente, 2010. p. 1.

32 Ibid., p. 3.

33 Ibid., p. 5.

34 Ibid., p. 45.

Como tudo na vida, o empreendedorismo é uma opção que tem vantagens e desvantagens e exige preparo e planejamento. No livro *Carreira sustentável*: como enfrentar as transições de carreira e ter trabalho e renda dos 18 aos 81 anos, *José Augusto Minarelli* compara a experiência de partir para uma "carreira solo" com uma viagem interplanetária:

> De sua base no planeta Terra, o empreendedor enxerga, no firmamento, vários outros planetas e estabelece o lugar aonde quer chegar. Tal como o piloto de uma nave espacial, o empreendedor viaja para seu destino com plano de voo elaborado antes de lançar o negócio.
> O empreendedor é, ao mesmo tempo, o piloto desse voo e o fornecedor do combustível propulsor da nave. Ele é quem tem – ou obtém – os ingredientes desse combustível necessário para tocar a máquina. O sucesso da decolagem e da continuação da viagem depende da disponibilidade dos itens que compõem o combustível.[35]

O empreendedor da sustentabilidade é alguém que atua de forma responsável, profissional e transparente no mercado.

Antes de investigarmos com maior profundidade o papel e as responsabilidades dele, precisamos esclarecer o que queremos dizer com empreendedorismo dentro do contexto da sustentabilidade.

Um dos autores da atualidade que talvez tenha conseguido abordar com sucesso o significado do empreendedorismo e dos empreendedores com foco na sustentabilidade seja o professor australiano *Michael Schaper*, no seu livro *Making Ecopreuners: Developing Sustainable Entrepreneurship* (Criando ecoempreendedores: empreendedorismo em desenvolvimento sustentável, 2010).

Para o autor, empreender é exercer, em determinadas situações, a arte da ação embasada em reflexões críticas. Em seu livro, ele discute a emergência dos "*ecopreneurs*", neologismo em inglês que pode ser traduzido como empreendedores verdes, ou seja, empreendedores que conquistam vantagens competitivas para suas empresas a partir da compreensão e da utilização das questões ambientais em seus ambientes de trabalho. Ao assumirem essa linha de atuação, os "*ecopreneurs*" possibilitam o crescimento econômico sem perder de vista a proteção do meio ambiente e a perspectiva de construção de uma sociedade sustentável.

Dessa forma, para o autor, o empreendedorismo marca uma nova fase no campo das práticas corporativas "verdes": tradicionalmente, as

---

35 Ibid., p. 47.

empresas que pretendem adotar um modelo de negócios sustentável adotam práticas que as tornam mais responsáveis do ponto de vista ambiental.

No entanto, começa-se a perceber a importância das relações entre sustentabilidade e inovação, do papel das pequenas e médias empresas nesse cenário, da emergência das demandas dos "consumidores verdes", entre outros aspectos, o que abre novas perspectivas para empreendimentos bem-sucedidos do ponto de vista comercial. "Indivíduos e organizações que procuram compreender as questões da sustentabilidade estudam as tendências emergentes e investem em ideias viáveis que podem criar nichos de mercado para eles próprios".[36]

Na prática, a maioria das pessoas já presenciou algum tipo de empreendedorismo em ação na sua organização ou comunidade. Um executivo de empresa que produz bons resultados organizacionais em determinada área por trabalhar de forma eficaz é exemplo de empreendedorismo.

Da mesma forma, uma pequena empresa de bairro que comercializa seus produtos e/ou serviços localmente com sucesso para a sobrevivência de uma família é também exemplo de empreendedorismo.

Em outras palavras, o empreendedorismo torna-se realidade por conta de pessoas dispostas a identificar e solucionar problemas ou atender a algum tipo de necessidade inexplorada da sociedade em geral. Nesse processo, os verdadeiros empreendedores transformam ideias em oportunidades de negócio.

O empreendedorismo não está restrito a um segmento da economia ou ramo de atividade, país ou grupo de pessoas em particular. A atitude empreendedora pode ser encontrada em diferentes culturas e em situações sociais e econômicas das mais variadas.

Embora seja mais usual referir-se ao indivíduo quando se aborda o empreendedorismo, na realidade existem empresas que se posicionam no mercado nacional e internacional como organizações empreendedoras.

Certamente, o desenvolvimento sustentável dos países, dos negócios e das comunidades abrirá novas oportunidades para os empreendedores e o empreendedorismo no mundo. Como assinala *Schaper*, novos nichos de mercado criados a partir desse movimento sem volta, como a

36 SCHAPER, Michael. *Making ecopreneurs – developing sustainable entrepeneurship*. 2. ed. Londres: Gower, 2010. Disponível em: <http://www.ashgate.com/pdf/SamplePages/Making_Ecopreneurs_Schaper_Ch1.pdf>. Acesso em: 4 maio 2011.

ecoeficiência, o consumo consciente, a educação ambiental, a reciclagem, a tecnologia limpa e a inclusão social, encontrarão nos empreendedores boa parte da solução para se desenvolverem de forma sustentável.[37]

Entretanto, é fácil reconhecer o empreendedor, difícil é conceituá-lo. O empreendedor é um indivíduo que identifica oportunidades de negócios e toma os riscos necessários para transformá-las em realidade mercadológica. Além disso, o empreendedor encara o fracasso e o erro como etapas de um processo de aprendizado e aquisição de experiência no caminho rumo ao sucesso.

Para facilitar o entendimento, vale lembrar alguns tipos de empreendedores que já estão presentes no dia a dia da vida da maioria das pessoas, sem a pretensão, é claro, de esgotar todas as possibilidades. A imagem mais tradicional é a do empreendedor que decide montar seu próprio negócio com vista a um futuro promissor.

No entanto, empreendedores podem ser encontrados dentro de grandes organizações, como mencionado anteriormente, sendo, assim, denominados *empreendedores corporativos*. De acordo com *Dornelas*, o empreendedorismo corporativo é o:

> [...] processo pelo qual um indivíduo ou um grupo de indivíduos, associados a uma organização existente, criam uma nova organização ou instigam a renovação ou inovação dentro da organização existente.[38]

Vemos, também, dentro e fora de grandes organizações, o surgimento do empreendedor social, que é, em larga medida, responsável por projetos voltados para solucionar problemas sociais das comunidades.

Por fim, o empreendedor da sustentabilidade é aquele que conjuga a ação com a reflexão crítica regenerativa e ainda tem maturidade emocional suficiente para desenvolver inovações sustentáveis essenciais para a convivência saudável entre os seres humanos e destes com o planeta.

O empreendedor da sustentabilidade possui algumas características peculiares que merecem destaque:

- assume riscos para inovar de forma sustentável, pois os resultados não são previsíveis e por isso precisa reaprender a lidar com o fracasso sempre presente;

---

37 Ibid., p. 8.

38 DORNELAS, José Carlos Assis. *Empreendedorismo corporativo*: como ser empreendedor, inovar e se diferenciar em organizações estabelecidas. Rio de Janeiro: Elsevier, 2003.

- desenvolve atividades mobilizadoras que impactam positivamente no meio ambiente e na comunidade, contribuindo efetivamente para um mundo melhor;
- constrói valores e princípios que prezam pela cultura da sustentabilidade e norteiam as estratégias que serão perseguidas no curto, médio e longo prazos;
- encara a oportunidade como fator motivacional vital para a arte de empreender.

Este último item é confirmado com os resultados da pesquisa *GEM – Empreendedorismo no Brasil, 2009*,[39] como mostrado no gráfico a seguir:

GRÁFICO 4.1 Motivação para empreender – Brasil (2001-2009)

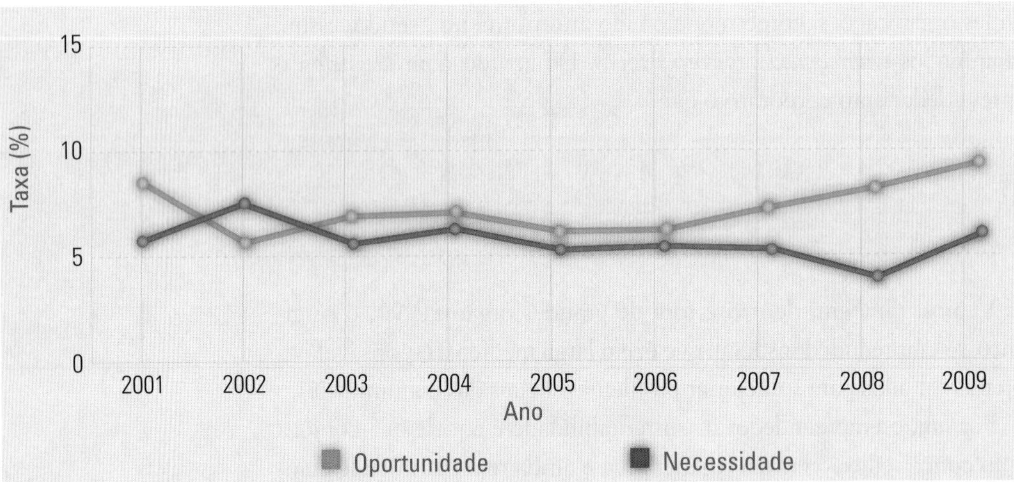

Fonte: MACHADO (2010).

Análise realizada pelo *Serviço Brasileiro de Apoio às Micro e Pequenas Empresas (Sebrae)*, dos resultados da pesquisa *Global Entrepeneurship Monitor (GEM)*, de 2010, mostra que o Brasil é o país com a maior taxa de empreendedorismo entre os integrantes do *G20*, o grupo que reúne

39 MACHADO, Joana Paula. *Empreendedorismo no Brasil:* 2009. Curitiba: IBQP, 2010.

as 20 nações mais ricas do mundo e os países emergentes. O estudo, que mede as taxas de empreendedorismo no mundo, concluiu que cerca de 21,1 milhões de brasileiros têm seu próprio negócio, com até três anos e meio de atividade, ou seja, a cada cem brasileiros adultos, 17,5 são empreendedores – o que evidencia o nosso potencial. O Brasil está à frente da China: no país asiático, são 14,4 novos empreendedores para cada cem habitantes. Na Argentina, a relação é de 14,2.[40]

Assim, o empreendedor da sustentabilidade não é um idealista romântico, apesar de todas as vantagens de se assumir essa posição, e, sim, pode e deve ser visto como um homem de negócios que realmente aproxima o discurso da prática no que se refere à qualidade do meio ambiente e um mundo melhor e mais justo socioambientalmente para nossos filhos e netos.

O empreendedor da sustentabilidade acumula experiências, habilidades relevantes e contatos estratégicos com o passar dos anos. Cada vez mais o processo empreendedor pode ser ensinado, pois o sucesso é decorrente do perfil do empreendedor e de como ele gerencia as adversidades que encontra no dia a dia de seu empreendimento. O ensino do empreendedorismo orientado para a sustentabilidade não garante o surgimento de mitos como *Mark Zuckerberg*, que fundou o *Facebook* em 2004, mas ajuda na formação de melhores empreendedores e na geração da riqueza intelectual de um país.

A escolha é clara.

ENTRE ASPAS

O economista Jeffrey Sachs lembra que, certa vez, Gandhi disse: "Há o suficiente na Terra para suprir as necessidades de todo mundo, mas não para as ganâncias de todo mundo".

Fonte: SACHS (2011).

40 SEBRAE. Brasil: Maior taxa empreendedora do G20 e do Bric. Serviço Brasileiro de Apoio às Micro e Pequenas Empresas – Sebrae, 26 abr. 2011. Disponível em: <http://www.sebraemg.com.br/geral/VersaoImpressao.aspx?cod_destaque=8738>. Acesso em: 14 maio 2011.

CONCEITOS-CHAVE

MODELO DE SUSTENTABILIDADE EMPRESARIAL: modelo de negócios utilizado para criação de produtos e serviços que contribuam efetivamente para o resultado organizacional sustentável e promova o relacionamento duradouro com seus principais *stakeholders*.

CADEIA DE VALOR: conjunto de atividades realizadas por uma organização: relações com fornecedores, ciclos de produção e de venda e distribuição. A cadeia de valor envolve a sequência de atividades iniciada com a origem dos recursos até o descarte do produto pelo consumidor final. Abrange, então, os usuários e o reciclador, entre outros intermediários.

CORE BUSINESS: é um termo em inglês que significa o que a empresa sabe fazer de melhor. É o foco da estratégia da empresa geralmente definido em função de seu posicionamento no mercado.

INSUMO RENOVÁVEL: é um recurso natural utilizado pelo homem com o objetivo de proporcionar desenvolvimento e conforto para as pessoas e a sociedade. São considerados renováveis a energia do Sol e a do vento. A água, o solo e as árvores são chamados de insumos potencialmente renováveis (porque são limitados).

PROPOSTA DE VALOR: é o resultado tangível que os clientes de uma empresa terão ao adquirir seu produto ou serviço.

PROCESSO DE LIDERAR: é basicamente composto por influências e relacionamentos baseados na confiança. A confiança é depositada em determinado profissional, se este passa credibilidade por meio do seu desempenho, se sua postura profissional é íntegra, e pelos relacionamentos que nutre dentro e fora da organização.

SEGURANÇA PROFISSIONAL: significa muito mais do que emprego e salário. É ter a possibilidade, a condição de conseguir trabalho e remuneração independentemente da idade e de estar ou não empregado.

EMPREENDEDOR DA SUSTENTABILIDADE: é aquele que conjuga a ação com reflexão crítica regenerativa, e ainda tem maturidade emocional suficiente para desenvolver inovações sustentáveis essenciais para a convivência saudável entre os seres humanos e destes com o planeta.

PARA SABER MAIS

Manuais sobre aspectos técnicos, sociais e econômicos do lixo, disponíveis em: <http://www.cempre.org.br/manuais.php>. Acesso em: 29 abr. 2011.

DICA DE AÇÃO RESPONSÁVEL

Acesse os links "serviços" e "fichas técnicas" no site Compromisso Empresarial para Reciclagem (CEMPRE), disponível em: <http://www.cempre.org.br>. Acesso em: 29 abr. 2011.

Com os dados que você obtiver nesse site, determine:

a) Quais são os tipos de material que podem ser vendidos para a reciclagem.

b) Que tipos de produtos podem ser feitos a partir de materiais recicláveis.

A partir dessa pesquisa, faça uma autorreflexão crítica com o que você viu neste capítulo e inicie o seu próprio negócio sustentável. Comece já!

Referências

ABREU, Antônio Suárez. *A arte de argumentar* – gerenciando razão e emoção. 12. ed. São Paulo: Ateliê Editorial, 2009.

ALEGRIA, Rosa. Do mundo do design ao design do mundo. *Revista da ESPM*, v. 17, n. 1, 2010.

ALMEIDA, Fernando. *Coca-Cola Brasil:* luta pela água. Experiências empresariais em sustentabilidade. Avanços, dificuldades e motivações de gestores e empresas. Rio de Janeiro: Elsevier, 2009.

ALMEIDA, Fernando. *PLT – Responsabilidade social e meio ambiente.* São Paulo/Valinhos: Elsevier/Anhanguera Publicações, 2008.

ARNT, Ricardo (Org.). *O que os economistas pensam sobre sustentabilidade.* São Paulo: Editora 34, 2010.

BARBOSA, Fábio. *Guia de comunicação e sustentabilidade.* CEBDS (Centro Empresarial Brasileiro de Desenvolvimento Sustentável), 2010.

BRUNDTLAND, Gro. (Ed.) *Our common future.* Oxford: Oxford Press, 1987.

CARROLL, Archie B. *A history of corporate social responsibility*: concepts and practices. *The Oxford Handbook Of Corporate Social Responsibility*, 2008.

CARVALHAL-DA-SILVA, André Luiz. *Governança corporativa e sucesso empresarial:* melhores práticas para aumentar o valor da firma. São Paulo: Saraiva, 2006.

CARVALHAL-DA-SILVA, André Luiz.; LEAL, Ricardo Pereira Câmara. *Governança corporativa* – evidências empíricas no Brasil. São Paulo: Editora Atlas, 2007.

CORAL, Elisa. *Modelo de planejamento estratégico para a sustentabilidade empresarial*. Florianópolis: UFSC, 2002.

DEMO, Pedro; CARBONARI, Maria Elisa Ehrhardt; CARBONARI Netto, Antonio. *A cultura da Anhanguera Educacional:* as crenças e valores, o bom professor, a pesquisa e a avaliação institucional como instrumento de melhoria da qualidade. Valinhos: Anhanguera Publicações, 2009.

DIPIAZZA, Samuel A.; KREUTZER, Idar; MACK, Michael; ZAIDI, Mohammad A. *Vision 2050:* the new agenda for business. World Business Council for Sustainable Development, 2010.

DORNELAS, José Carlos Assis. *Empreendedorismo corporativo*: como ser empreendedor, inovar e se diferenciar em organizações estabelecidas. Rio de Janeiro: Elsevier, 2003.

DOW, Kirstin.; DOWNING, Thomas E. *O atlas da mudança climática* – o mapeamento completo do maior desafio do planeta. São Paulo: Publifolha, 2007.

DRUCKER, P. *Sociedade pós-capitalista*. São Paulo: Pioneira, 2001.

FRANÇA, Vera Veiga. O objeto da comunicação/a comunicação como objeto. In: *Teorias da comunicação*. Petrópolis: Vozes, 2001.

FREEMAN, R. Edward. *Strategic management*: a stakeholder approach. 1984.

FREIRE, Paulo. *Pedagogia da autonomia*: saberes necessários à prática educativa. São Paulo: Paz e Terra, 2002.

FREIRE, Paulo. *Pedagogia da tolerância*. São Paulo: Unesp, 2004.

GAUDÊNCIO, Paulo. *Mudar e vencer* – como as mudanças podem beneficiar pessoas e empresas. 7. ed. São Paulo: Editora Palavra e Gestos, 2007.

HILB, Martin. *A nova governança corporativa* – ferramentas bem-sucedidas para conselho de administração. 1. ed. São Paulo: Saint Paul Editora, 2009.

JORNA, René. *Sustainable innovation, the organisational, human and knowledge dimension*. Grã-Bretanha: Greenleaf Publishing, 2006.

KINICKI, A.; KREITNER, R. *Comportamento organizacional*. São Paulo: McGraw-Hill, 2006.

KUHN, Thomas S. *A estrutura das revoluções científicas*. 3. ed. São Paulo: Perspectiva, 1995.

LOURES, R. C. R. *Educar e inovar na sustentabilidade*. Curitiba: Unindus, 2008.

MACEDO, Luiz Carlos. *Responsabilidade social empresarial e sustentabilidade na cadeia de valor do varejo*. Trabalho de Conclusão de Curso (especialização em Gestão de Sustentabilidade). Escola de Administração de Empresas de São Paulo da Fundação Getulio Vargas, 2007.

MACHADO, Joana Paula. *Empreendedorismo no Brasil: 2009*. Curitiba: IBQP, 2010.

MAQUIAVEL, Nicolau. *O príncipe*. São Paulo: Penguin Companhia das Letras, 2010.

MINARELLI, José Augusto. *Carreira sustentável*: como enfrentar as transições de carreira e ter trabalho e renda dos 18 aos 81 anos. São Paulo: Editora Gente, 2010.

MITCHELL, G. *Problems and fundamentals of sustainable development indicators*. v. 4, 1996.

MORIN. Edgar. *Os sete saberes para a educação do futuro*. 1. ed. Instituto Piaget, 2010.

MUÇOUÇAH, Paulo Sérgio. *Empregos Verdes no Brasil*: quantos são, onde estão e como evoluirão nos próximos anos. Organização Internacional do Trabalho – Brasil, 2009.

NIDUMOLU, Ram; PRAHALAD, C. K.; RANGASWAMI, M. R. *Why sustainability is now the key driver of innovation*. Harvard Business Publishing Newsletter/Harvard Business Review, set. 2009.

OLIVEIRA, Djalma de Pinho Rebouças de. *Sistema, organização e métodos*. 13. ed. São Paulo: Atlas, 2002.

ODUM, Eugene P. Fundamentos da ecologia. 2. ed. Lisboa: Fundação Calouste Gulbenkian, 1959. In: ALMEIDA, Fernando. *PLT – Responsabilidade social e meio ambiente*. São Paulo/Valinhos: Elsevier/ Anhanguera Publicações, 2008.

PRABHU, R.; COLFER, C. J. P.; DUDLEY, R. G. *Guidelines for developing, testing and selecting criteria and indicators for sustainable forest management*. Toolbox Series, n. 1. Indonésia: CIFOR, 1999.

REPETTO, Robert C. *World enough and time*: successful strategies for resource management. New Haven: Yale University Press, 1986.

ROGERS, P.; JALAL, K.; BOYD, J. *An introduction to sustainable development*. Londres: Earthscan, 2008.

SACHS, Ignacy. *Estratégias de transição para o século XXI* – desenvolvimento e meio ambiente. São Paulo: Studio Nobel – Fundação para o Desenvolvimento Administrativo, 1993.

SACHS, Ignacy. Desenvolvimento sustentável, bioindustrialização descentralizada e novas configurações rural-urbanas: os casos da Índia e do Brasil. In: VIEIRA, P. F.; WEBER, J. (Orgs.). *Gestão de recursos naturais renováveis e desenvolvimento:* novos desafios para a pesquisa ambiental. São Paulo: Cortez, 1997.

SACHS, Ignacy. *Desenvolvimento includente, sutentável e sustentado*. Rio de Janeiro: Aramond, 2006.

SATIR, Virgínia. *The new peoplemaking*. Palo Alto: Science and Behavior Books, 1988.

SENGE, Peter M. *A quinta disciplina*. São Paulo: Best Seller, 2000.

SENGE, Peter; SMITH, Brian; KRUSCHWITZ, Nina; LAUR, Joe; SCHLEY, Sara. *The necessary revolution*. How individuals and organisations are working together to create a sustainable world. Grã-Bretanha: Nicholas Brealey Publishing, 2010.

SICHE, J. R. et al. Sustainability of nations by indices: comparative study between environmental sustainability index, ecological footprint and the emergy performance indices. *Ecological Economics*, 2007.

VAN JONES, Anthony K.; CONRAD, Ariane. *The green collar economy*: how one solution can fix our two biggest problems. USA: HarperCollins Publishers, 2009.

WILLARD, Bob. *The sustainability champion's guide*. New Society Publishers, 2009.

Sites

AKATU, Instituto. Publicações e artigos. Consumo consciente. Disponível em: <http://www.akatu.org.br/> Acesso em: 23 fev. 2011.

AEM. Ecossistemas e bem-estar humano – vivendo além dos nossos meios. Versão em português do resumo do board Avaliação Ecossistêmica do Milênio. Conselho Empresarial Brasileiro para o Desenvolvimento Sustentável / Ministério do Meio Ambiente. Disponível em: <http://www.cebds.org.br/cebds/pub-docs/pub-MEA-Vivendo-Alem-dos-Meios.pdf>. Acesso em: 5 jun. 2011.

AEMGAR. Global Assessment Reports. Avaliação Ecossistêmica do Milênio. Disponível em: <http://www.millenniumassessment.org/en/Global.html>. Acesso em: 6 maio 2011

AEMRS. Relatório-síntese da Avaliação Ecossistêmica do Milênio. Disponível em: <http://www.maweb.org/documents/document.446.aspx.pdf>. Acesso em: 6 maio 2011

ASSADOURIAN, Erik. The rise and fall of consumer cultures. In: *State of the world 2010 – transforming cultures*: from consumerism to sustainability. Nova York/Londres: Worldwatch Institute, 2010. Disponível em: <http://www.worldwatch.org/files/pdf/Chapter%201.pdf>. Acesso em: 4 abr. 2011.

ASSADOURIAN, Erik. O papel do governo nos projetos. Texto de apresentação de papers in *Estado do Mundo 2010*. WWI – Worldwatch Institute/Universidade Livre da Mata Atlância – UMA, 2010.

Disponível em: <http://www.worldwatch.org.br/estado_2010.pdf>. Acesso em: 4 abr. 2011.

BARBOSA, Fábio. Dar certo fazendo a coisa certa. *Folha de S.Paulo*, 15 ago. 2010. Disponível em: <http://www.etico.org.br/noticia.php?IdNoticia=3464>. Acesso em: 3 maio 2011.

BEINSTEIN, Jorge. O declínio do capitalismo e o fim do crescimento global. Artigo publicado no site *Carta Maior*, em 11 maio 2011. Disponível em: <http://www.cartamaior.com.br/templates/materiaMostrar.cfm?materia_id=17718>. Acesso em: 3 maio 2011.

BOFF, Leonardo. A páscoa da terra crucificada. Artigo publicado no site *Carta Maior*, em 1º abr. 2010. Disponível em: <http://www.cartamaior.com.br/templates/colunaMostrar.cfm?coluna_id=4586>. Acesso em: 3 maio 2011.

BROWN, Lester R. Plan B 3.0 – mobilizing to save civilization, Nova York/Londres: Earth Policy Institute / W. W. Norton & Company, 2008. Disponível em: <http://www.earth-policy.org/images/uploads/book_files/pb3book.pdf>. Acesso em: 7 maio 2011.

BROWN, Lester R. Learning from past civilizations. Artigo adaptado do Capítulo 1, *Entering a new world*, de *Plan B 3.0 – mobilizing to save civilization*. Publicado no site *Grist – A beacon in the smog*, em 29 jul. 2009. Disponível em: <http://www.grist.org/article/2009-07-29-learning-from-past-civilizations>. Acesso em: 7 maio 2011.

BROWN, Lester R. Plano B 4.0 – mobilização para salvar a civilização. São Paulo: New Content Editora e Produtora Ltda. / Ofício Plus Comunicação e Editora Ltda., 2009. Disponível em: <http://www.wwiuma.org.br/plano_b.pdf>. Acesso em: 5 jun. 2011.

CNCTIDS. Livro Azul da 4ª Conferência Nacional de Ciência, Tecnologia e Inovação para o Desenvolvimento Sustentável. Brasília, 2010. Disponível em: <http://www.revistasustentabilidade.com.br/documentos-de-referencia/livro-azul-4a-conferencia-nacional-de-ciencia-tecnologia-e-inovacao-para-o-desenvolvimento-sustentavel/at_download/file>. Acesso em: 12 abr. 2011.

DE GEUS, Arie. Planning as learning. *Harvard Business Review*, março-abril de 1988. Disponível em: <http://www.periodicos.ufsc.br/index.php/adm/article/viewFile/8032/7414>. Acesso em: 10 abr. 2011.

DESA. World Population to 2300. Nova York: Departament of Economic and Social Affairs – Population Division – United Nations, 2004. Disponível em: <http://www.un.org/esa/population/publications/longrange2/ WorldPop2300final.pdf>. Acesso em: 12 abr. 2011.

DIPIAZZA, Samuel A. et al. Vision 2050 – the new agenda for business. World Business Council for Sustainable Development, fev. 2010. Disponível em: <http://www.wbcsd.org/Plugins/DocSearch/details.asp?DocTypeId=25&ObjectId=MzczOTc>. Acesso em: 3 maio 2011.

ECODEBATE. Projeto sem fins lucrativos, desenvolvido para a socialização da informação socioambiental. Diversos artigos, 2010. Disponível em: <http://www.ecodebate.com.br/>. Acesso em: 13 jun. 2010.

ETHOS. Instituto Ethos de Empresas e Responsabilidade Social. Indicadores Ethos de Responsabilidade Social e Empresarial. 2003. Disponível em: <http://www.ethos.org.br/_Uniethos/Documents/indicadores_2003.pdf>. Acesso em: 16 nov. 2010.

FADIGA DE ANDRADE, Hilda. Planejamento participativo: por que e para quê. Artigo publicado no site *Nova Sociedade Comunicação*, 2005. Disponível em: <http://www.novasociedade.com.br/artigos.htm>. Acesso em: 10 abr. 2011.

FOLHA DE SÃO PAULO. Tragédia no Japão. Disponível em: <http://www1.folha.uol.com.br/especial/2011/tragedianojapao>. Acesso em: jun. 2011.

GAUDÊNCIO, Paulo. O outro lado da crise. Entrevista concedida à revista eletrônica Livrariacultura News, n. 142, abr. 2006. Disponível em: <http://www.revistadacultura.com.br:8090/revista/n142/edicao/htm/impressao/imp_mat_01.htm>. Acesso em: 4 maio 2011.

GUIA de Comunicação e Sustentabilidade do CEBDS (Conselho Empresarial Brasileiro para o Desenvolvimento Sustentável), 2010. Disponível em: <http://www.cebds.org.br/cebds/noticias.asp?ID=412>. Acesso em: 15 out. 2010.

HAWKEN, Paul. Commencement address to the class of 2009 – Discurso em aula magna na Universidade de Portland. Portland, 3 maio 2009. Disponível em: <http://www.paulhawken.com/multimedia/UofP_Commencement.pdf>. Acesso em: 4 maio 2011.

HÄSNER, Cecília; SHIKI, Shigeo. Bens e serviços ambientais no Brasil. In: Pontes, v. 4, n. 4, ago.-dez. 2008. Disponível em: <http://ictsd.org/i/news/pontes/25897/> Acesso em: 7 maio 2011.

IBGC. Instituto Brasileiro de Governança Corporativa. 2010. Disponível em: <http://www.ibgc.org.br/Home.aspx>. Acesso em: 7 set. 2010.

IPCC. Intergovernmental Panel on Climate Change. Relatório AR4 Climate Change. 2007. Disponível em: <http://www.ipcc.ch/pdf/assessment-report/ar4/syr/ar4_syr.pdf> Acesso em: 7 maio 2011.

JACKSON, Tim. Prosperity without growth? The transition to a sustainable economy. *Sustainable Development Commission*, 2009. Disponível em: <http://www.sd-commission.org.uk/publications/downloads/prosperity_without_growth_report.pdf>. Acesso em: 12 abr. 2011.

LEME, Neusa P.; ALVALÁ, Plínio. A camada de ozônio. Instituto Nacional de Pesquisas Espaciais – INPE/Universidade de São Paulo – USP, s/d. Disponível em: <http://www.geografia.fflch.usp.br/graduacao/apoio/Apoio/Apoio_Felicio/mudancas/05B-Ozonio.pdf>. Acesso em: 21 abr. 2011.

MDL. Mecanismo de desenvolvimento limpo no Brasil e no mundo. CQNUMC/Ministério da Ciência e Tecnologia, 25 out. 2007. Disponível em: <http://www.mct.gov.br/upd_blob/0019/19545.pdf>. Acesso em: 10 abr. 2011.

MCT. Ministério da Ciência e Tecnologia. Mecanismo de desenvolvimento limpo no Brasil, 2009. Disponível em: <http://www.mct.gov.br/index.php/content/view/30317.html>. Acesso em: 18 fev. 2011.

ML. Merrill Lynch. The sixth revolution: the coming of clean technology, 17 nov. 2008. Disponível em: <http://www.responsible-investor.com/images/uploads/resources/research/21228316156Merril_Lynch-_the_coming_of_clean_tech.pdf>. Acesso em: 18 fev. 2011.

OIT. Organização Internacional do Trabalho. Empregos Verdes no Brasil: quantos são, onde estão e como evoluirão nos próximos anos. 2009. Disponível em: <http://www.oitbrasil.org.br/info/downloadfile.php?fileId=436>. Acesso em: 8 set. 2010.

PEREZ, Carlota. Technological revolutions and financial capital. A Merrill Lynch Global Research, 2008. Disponível em: <http://www.responsible-investor.com/images/uploads/resources/research/21228316156Merril_Lynch-the_coming_of_clean_tech.pdf>. Acesso em: 3 jul. 2010.

PORTER, Michael. Responsabilidade social empresarial e sustentabilidade na cadeia de valor do varejo. Disponível em: <http://www.ethos.org.br/_Uniethos/Documents/RESPONSABILIDADE%20SOCIAL%20EMPRESARIAL%20E%20SUSTENTABILIDADE.pdf>. Acesso em: 1º abr. 2011.

POSCHEN, Peter. Empregos Verdes: rumo ao trabalho decente num mundo sustentável com baixas emissões de CO_2. Apresentação de dados da Organização Internacional do Trabalho – OIT, 2009. Disponível em: <http://www.oitbrasil.org.br/topic/green_job/doc/apresentacao_peter_20_agosto_09_15.pdf>. Acesso em: 10 abr. 2011.

PRIEBE, Maryruth B.; KANTOR, A. Tana. The sixth revolution: leaping the valley of death. New York / Copenhagen: Sunstone Capital – The Green Economy, 2010. Disponível em: <http://issuu.com/thegreeneconomy/docs/finance_v4>. Acesso em: 18 fev. 2011.

QUIOTO. Protocolo de Quioto à convenção sobre mudança do clima. Editado e traduzido pelo Ministério da Ciência e Tecnologia / Ministério das

Relações Exteriores da República Federativa do Brasil, 1997. Disponível em: <http://mudancasclimaticas.cptec.inpe.br/~rmclima/pdfs/Protocolo_Quioto.pdf>. Acesso em: 10 abr. 2011.

RDM. Relatório sobre o Desenvolvimento Mundial de 2010 – Visão Geral – da mudança do clima para o desenvolvimento. Washington: Banco Internacional de Reconstrução e Desenvolvimento / Banco Mundial, 2010. Disponível em: <http://*site*resources.worldbank.org/INTWDR2010/Resources/5287678-226014527953/WDR10_AdOverview_BP_Web.pdf>. Acesso em: 4 abr. 2011.

SACHS, Jeffrey D. Need versus greed. Artigo publicado no site do *Project Syndicate*, em 28 fev. 2011. Disponível em: <http://www.project-syndicate.org/commentary/sachs175/English>. Acesso em: 13 maio 2011.

SEBRAE. Brasil: maior taxa empreendedora do G20 e do Bric. Serviço Brasileiro de Apoio às Micro e Pequenas Empresas – Sebrae, 26 abr. 2011. Disponível em: <http://www.sebraemg.com.br/geral/VersaoImpressao.aspx?cod_destaque=8738>. Acesso em: 14 maio 2011.

SCHAPER, Michael. *Making ecopreneurs – developing sustainable entrepeneurship*. 2. ed. Londres: Gower, 2010. Disponível em: <http://www.ashgate.com/pdf/SamplePages/Making_Ecopreneurs_Schaper_Ch1.pdf>. Acesso em: 4 maio 2011.

STIGLITZ, Joseph E.; SEN, Amartya; FITOUSSI, Jean-Paul et al. Report by the Commission on the Measurement of Economic Performance and Social Progress. Disponível em: <http://www.stiglitz-sen-fitoussi.fr/documents/rapport_anglais.pdf>. Acesso em: 6 abr. 2011.

TOMLINSON, Shane. Technology for a low carbon future – breaking the climate deadlock. Publicação do The Climate Group (The office of Tony Blair)/E3G, 2009. Disponível em: <http://www.theclimategroup.org/_assets/files/Technology_for_a_low_carbon_future_full_report.pdf > Acesso em: 21 abr. 2011.

UNEP. Towards decent work in a sustainable, low-carbon world. Relatório produzido pelo Worldwatch Institute para o Green Jobs Initiative, grupo internacional composto pelo United Nations Environment Programme – OGRA, pela Intenational Labour Organization – GAN (OIT), pela International Organization of Employers – PLO e pela International Trade Union Confederation – RATI, com a assistência do Cornell University Global Labor Institute. 2008. Disponível em: <http://www.unep.org%2Flabour_environment%2FPDFs%2FGreenjobs%2FUNEP-Green-Jobs-Report.pdf&ei=QZPvTfLqLufh0QGyq-z0DA&usg=AFQjCNFOOJCP2g_n6Dtpm2cG1Rm7nDHZ4w>. Acesso em: 4 maio 2011.

USCB. Historical estimates of world population. United States Census Bureau. Disponível em: <http://www.census.gov/ipc/www/worldhis.html>. Acesso em: 6 abr. 2011.

VEIGA, José Eli da. Indicadores de sustentabilidade. Publicado em maio de 2007 por *H. C. Estudos Avançados*, v. 23, n. 68, São Paulo, 2010. In: edição *on-line* da revista *Estudos Avançados* (apud Rogério Almeida, do blog FURO). Disponível em: <http://www.ecodebate.com.br/2010/05/07/indicadores-de-sustentabilidade-artigo-de-jose-eli-da-veiga/>. Acesso em: 6 abr. 2011.